Die Heilkunst der Sufis

Grundsätze und Praktiken

بسم الله الرحمن الرحيم

Die Heilkunst der Sufis
Grundsätze und Praktiken

Kitab al-Ṭibb
al-Rawḥi as-Sūfi

von

Shaykh Hakim Abu
Abdullah Ghulam Moinuddin,

al-Chishtiyyah, al-Sabiriyyah,
al-Naqshbandiyyah,
al-Qadiriyyah, al-Rizaqiyyah

CIP-Kurztitelaufnahme der Deutschen Bibliothek

Moinuddin, Abū ʿAbdallāh Gulām:
Die Heilkunst der Sufis: Grundsätze und Praktiken
= Kitab al-Ṭibb al-Rawḥi as-Sūfi / von Shaykh
Hakim Abu Abdullah Ghulam Moinuddin. –
Freiburg im Breisgau: Bauer, 1984.
Einheitssacht.: Book of Sufi Healing ⟨dt.⟩
ISBN 3-7626-0283-2

Die amerikanische Originalausgabe erschien 1984 bei
Inner Traditions International Ltd., New York, unter dem Titel
The Book of Sufi Healing.

Ins Deutsche übertragen und bearbeitet
von Franz Langmayr und Roland Pawlowski.

Mit 29 Abbildungen.

1984
ISBN 3-7626-0283-2

Satz und Druck: Zobrist & Hof AG, 4410 Liestal/Schweiz.
Bindung: Walter Verlag GmbH, Buchbinderei, Heitersheim.
Printed in Switzerland.

Inhalt

العلم علمان علم الأبدان ثم علم الأديان

Es gibt zwei Arten des Wissens:
das Wissen der Religionen
und das Wissen des Körpers.

ما خلق الله داء إلا وخلق له الدواء إلا الهرم

Gott hat keine Krankheit erschaffen,
ohne zugleich auch das Heilmittel gegen sie zu erschaffen.
Davon ausgenommen ist nur das Altern.

Im Namen Gottes, des Allergnädigsten und Allbarmherzigsten.

Gelobt und gepriesen sei Gott, der Hüter, Erhalter, Bewahrer der Welten; Allergnädigster, Allbarmherzigster; Herr an dem Tage des Großen Gerichtes. Anbetend verehren wir Dich, und Deines Beistands begehren wir innigst. Führe uns den rechten Weg, den Weg derer, die Deiner Gnade sich freuen, derer, denen Dein Zorn nicht beschieden ist, derer, die nicht in die Irre gehen.

Vorwort
von
Sufi Abu Anees Muhammad Barkat Ali

Bismi Llāh ir-Raḥmān, ir-Raḥīm

Selbst die innigste Verehrung Gottes vermag dem einzelnen die göttliche Vergebung oder Belohnung irgendwelcher Art keineswegs zu sichern. Etwas gibt es jedoch, wonach ein jeder streben sollte, etwas, das Allah nie und nimmer unbelohnt läßt: nämlich der selbstlose Dienst an der leidenden Menschheit. Es gibt kein anderes menschliches Tun, das Allah wohlgefälliger wäre, als Seinen kranken und leidenden Geschöpfen zu helfen. Eben das ist der Grund, weshalb Shaykh Hakim Abu Abdullah Moinuddin Chishti dieses Buch über *Die Heilkunst der Sufis* vorlegt.

Das Thema ist anspruchsvoll und ungewöhnlich, und es gibt nicht sehr viel Literatur auf diesem Wissensgebiet. Um so erfreulicher ist die Feststellung, daß sich der Autor die Niederschrift dieses empfehlenswerten und rühmlichen Buches nicht leicht gemacht hat. Er hat dieses Werk mit Hilfe seines unerschütterlichen Vertrauens auf Allah und mit dem festen Willen, der Menschheit zu dienen, geschaffen. Der Autor entfaltet sein ausgedehntes Wissen auf vielfältigen Gebieten: Theologie, Mystik, islamischer Sufismus, Medizin, Hygiene, Astronomie und in dem Bereich moderner Wissenschaften. Über die Einsichten und die Tiefe seiner Kenntnisse, im wesentlichen das Ergebnis gründlicher und umfassender Studien verschiedener Themenkreise, ist man erstaunt. Er behandelt unterschiedliche Gegenstände im einzelnen und verbindet und koordiniert sie so, daß sie alle auf einen zentralen Punkt zulaufen. Dieser Punkt ist die physische und geistige Gesundheit sowie die Reinigung der Seele. Bei der Darstellung geht der Autor überaus folgerichtig, logisch und methodisch vor. Welche Rolle bei der körperlichen und mentalen Gesundheit und bei der Reinigung des *nafs* spielen *ṣalāt,* Fasten, *ta'wīdh,* die Rezitation des Heiligen Korans oder das *dhikr* in bezug auf Allah? Man braucht die Antwort nicht lange zu suchen.

Darüber hinaus war der Autor aber auch bestrebt, Zweifel, Mißverständnisse und Vorurteile über den islamischen Sufismus, ein im Westen höchst mißverstandenes Thema, zu zerstreuen. Ganz besondere Mühe wandte der Autor darauf, die Lehren des Islam und des Sufismus zu untermauern. Für den Durchschnittsleser besonders nützlich sind die noch hinzukommenden Informationen in Gestalt von Abbildungen, Tabellen, Verzeichnissen von Heilkräutern mit ihren Eigenschaften, Unterrichtung über Leiden und deren Behandlung, die Erläuterung mystischer Fachausdrücke in einem Glossar, die ausgewählten Koranverse sowie die Grunddarstellungen der Themen *ṣalāt,* Fasten, *dhikr* usw. *Die Heilkunst der Sufis* ist ein Segen für die westliche Welt im allgemeinen und für die Freunde des Autors in Amerika und für seine moslemischen Glaubensgefährten im besonderen. Dadurch, daß der Autor ein so hervorragendes Buch geschaffen hat, erwies er der Sache des Islam in dem Sinne einen großen Dienst, als der Islam der allernatürlichste Glaube ist, und daß die Vervollkommnung des Menschen und die Herstellung der Herrschaft Allahs des Allmächtigen auf dieser Erde allein durch die Anerkennung der Lehren und Prinzipien des Islam erreicht werden kann. Für den Sufismus in seiner reinsten Form kommt ausschließlich der Islam in Betracht.

Ich wünsche dem Autor noch weiteren Mut und Entschlossenheit, der Sache des Islam zu dienen und der leidenden Menschheit zu helfen.

Abu Anees Muhammad Barkat Ali
Dar-ul-Ehsan,
Faisalabad,
Pakistan
7. November 1983

Shajarah Sharif
des
Shaykh Hakim Abu Abdullah Moinuddin

Eine *shajarah* ist gewissermaßen die Ahnentafel eines *Shaykh.* Sie ist die geistige Genealogie des jeweiligen *Shaykh,* die bis auf den Propheten *Muhammad (s.a.w.s.* [Die in Klammer stehenden Abkürzungen hinter manchen Namen stehen für arabische Segenssprüche, deren Bedeutung im Anhang IV erklärt ist. Anmerkung des Übersetzers].) zurückgeht, der die geistigen Schätze als erster vermachte.

Die Traditionsreihe der Sufis beruht auf dem *Ṣābiriyyah*-Erbe des *Chishtiyyah*-Sufi-Ordens mit dem Hauptsitz in Ajmer [Adschmir], in Rajasthan [Radschasthan]/ Indien.

Alle, die die Lehre des Sufismus an andere weitergeben, sind dazu von den jeweils lebenden *Shaykhs* ermächtigt; von den *Shaykhs,* welche den Sufismus physisch fortsetzen und Autorität über jene haben, die ihnen unterstehen. Diese Autorität wird durch eine förmliche und feierliche Einweihung verliehen, und die durch diese Weihe übertragenen Rechte der geistigen Nachfolge werden in einem *Khilāfat-Nama,* einem Nachfolgerbrief festgehalten, der von den Alt-Shaykhs des Ordens unterschrieben und gesiegelt sein muß. Hazrat Niẓāmuddīn Awliyā' *(r.a.)* erklärte die Ausstellung des *Khilāfat* so: »*Khilāfat* ist das Recht dessen, der gar nicht vom Ehrgeiz erfüllt ist, dieses Recht zu haben, und den folgende Eigenschaften auszeichnen: 1. *'aql salim* (gesunde Urteilskraft), das heißt die Reife und das Wissen, alle Verwicklungen und Schwierigkeiten der Welt mit strenger Unparteilichkeit und Gerechtigkeit zu beurteilen; 2. bedeutende Gelehrsamkeit und 3. ein Herz, erfüllt von göttlicher Liebe und Weisheit.«

Der *Shaykh* ist ein mittelbares Bindeglied zur Göttlichen Herrschaft und Macht. Die *tabarrukāt muṣṭafawī,* die ehrwürdigen Gewänder und Reliquien, die von der Reihe der Chishti-Shaykhs stammen, werden dem neuen *Shaykh* zusammen mit dem *Khilāfat* überreicht.

Hazrat Abu Abdullah Moinuddin ist der 26. Nachfolger des Hazrat Khwāja Mu'īnuddīn Chishtī *(r.a.).*

Bismi Llāh Ir-Raḥmān, Ir-Raḥīm
Ḥaqq. Ḥaqq. Ḥaqq.

Shajarah Sharif

Allah, der Gepriesene, der Allmächtige

Huẓur Sar-dār-i-Ka' ināt Muḥammad Musṭafā
Der Heilige Prophet des Islam *(s.a.w.s.)*

↓

Hazrat Khwāja Hasan Baṣri

↓

Khwāja ʿAbdul-Wāḥid

↓

Fuḍayl ibn Ayaḍ

↓

Ibrahim ibn Adham

↓

Sadīq Marʿashī

↓

Ulū Namshād

↓

Abū Isḥāq Shami

↓

Abū Aḥmad Abdāl Chishtī

↓

Muḥammad Zāhid Maqbūl Chishtī

↓

Abū Yūsuf Chishtī

↓

Naṣiruddīn Chishtī

↓

Mawdūd Chishtī

↓

Sharif Zindāni

↓

Khwāja ʿUthmān Harūnī

↓

Khwāja Mu ʿinuddīn Chishtī von Ajmer

↓

Khwāja Quṭbuddīn Bakhtiār Kākī

↓

Shaykh Farīduddīn Masūd Ganj-i Shakar

↓

Hazrat ʿAlāuddin ʿAli Aḥmad Sābir von Kalẏar

↓

Hazrat Shamsuddīn Turk von Panipat

↓

Hazrat Jalāluddin Mahmūd von Panipat

↓

Hazrat Aḥmad ʿAbdul-Haqq von Randauli

↓

Hazrat Shaykh ʿĀrif von Randauli

↓

Hazrat Shaykh Muhammad

↓

ʿAbdul-Quddūs von Gangoh

↓

Jalāluddīn Farūqī von Thanesar

↓

Niẓāmuddin Farūqī von Balkh

↓

Abū Sacid Gangohī

↓

Muḥammad Sadīq

↓

Muḥammad Daʿūd

↓

Shāh Abūl-Māʿalī

↓

Muḥammad Saʿid

↓

Sayʾid Shah Muḥammad Salīm

↓

Shah ʿInayatullāh

↓

ʿAbdul-Karīm

↓

Ḥafiẓ ʿAbdul-Raḥīm

↓

Hazrat Shāh Hassān

↓

Ḥafiẓ Husayn Shah

↓

Muḥammad Husayn

↓

Muḥammad Murtaza Aḥmad

↓

Sayyed Safdar ʿAlī Shāh Chishtī

↓

Hazrat Abu Abdullah Ghulam Moinuddin

Anmerkungen zur Schreibweise und Aussprache des Arabischen

Die arabischen Worte werden hier in englischer Transliteration wiedergegeben. Die Konsonanten sind so auszusprechen wie im Englischen, mit folgenden Ausnahmen:

ʾ	Einfaches Anhalten des Atems
th	wie *th* in *thin*
kh	wie *ch* im Schottischen *loch* (oder wie im Jiddischen *challah*)
ḥ	ein *h* verbunden mit starkem Ausatmen
dh	wie *th* in *the*
r	ein leicht rollendes *r*
ṣ	ein betontes *s*, das mit der Zunge am Gaumen artikuliert wird
ḍ	ein betontes *d*, das mit der Zunge am Gaumen artikuliert wird
ṭ	ein betontes *t*, das mit der Zunge am Gaumen artikuliert wird
ẓ	ein stimmhafter Laut zwischen *z* und *dh*
ʿ	ein Konsonant, der durch Zusammenziehung der Stimmritzen im Rachen und Herausstoßen des Atems gebildet wird
gh	ein Laut, der sich wie Räuspern anhört oder wie das gutturale *r* im Französischen
q	ein *k*-Laut, der wie beim Wort *court* im Rachen gebildet wird (im Gegensatz zum Wort *cat*)

Im Arabischen gibt es lange und kurze Vokale. Die kurzen Vokale sind *a, i* und *u;* sie werden wie *fat, fit* und *duty* ausgesprochen, diese Buchstaben werden in der Transliteration nicht besonders gekennzeichnet. Die langen Vokale werden ungefähr doppelt so lange ausgesprochen wie die kurzen und werden wie folgt gekennzeichnet:

ā langes *a* wie in *father*
ī wie *i* in *seen*
ū langes *u* wie in *rule*

Im Arabischen gibt es zwei zusammengesetzte Vokale, nämlich *ay,* häufig ausgesprochen wie *eye,* manchmal auch wie *bay,* und *aw,* das wie *cow* oder *boat* gesprochen wird.

Um dem Leser die Aussprache zu erleichtern, wurden alle Gebete und heiligen Formeln entsprechend der Aussprache des Arabischen transliteriert. Die Bezeichnungen für Gott werden zwecks besserer Hervorhebung groß geschrieben. Der Anlaut des Wortes *Allāh* verschwindet oft durch Elision. In solchen Fällen wird der Name Gottes dadurch angedeutet, daß der erste nicht weggelassene Buchstabe groß geschrieben wird: *Llāh.*

Die Namen der alten *Shaykhs* sind arabisch transliteriert. Die Namen zeitgenössischer *Shaykhs* sind unverändert wiedergegeben. Bestimmte vom Persischen, Türkischen oder Urdu abgeleitete oder in diesen Sprachen am häufigsten gebrauchte Ausdrücke sind nicht arabisch transliteriert. Das gilt auch für alle Begriffe, die in die deutsche Sprache Eingang gefunden haben.

Vorwort

Bismi Llāh ir-Raḥmān, ir-Raḥīm

Subḥān Allāhi wal ḥamdu li-Llāhi wa lā ilāha illā Llāh wa Allāhu akbar!

Aller Dank gebührt Allah und aller Lobpreis gebührt Allah, und es gibt keinen Gott außer Allah und Allah ist größer (als alles was wir Ihm zuschreiben).

Allah, erhaben ist Er, will ich zuvörderst Dank sagen für die vollendete Fülle Seiner Schöpfung und für die Allgegenwärtigkeit Seiner Barmherzigkeit und Gnade, die Er Seinen Weltbewohnern im Überfluß gewährt. Sichtbar werden Seine Wohltaten in Seinen Werken und im Leben und in den Lehren all Seiner Propheten (möge Sein Segen ihnen allen zuteil sein), aber am deutlichsten kommen sie in der Gestalt Seines letzten Propheten zum Ausdruck, in dem größten Lehrer der Menschheit, dem ersten der Menschen in beiden Welten, in Hazrat Muhammad (Friede und Segen Allahs seien mit ihm).

Soweit es Allah mir vergönnt und mir das Wissen dazu verleiht, will ich einige der allgemeinen und der besonderen der Gesundheit und dem Wohlergehen des Menschen dienlichen Grundlagen darstellen, wie sie von den islamischen Mystikern, die im Westen meist Sufis genannt werden, entwickelt und geübt worden sind. Obwohl ich davon ausgehe, daß viele Leser durch dieses Buch zum ersten Male etwas von diesen Lehren erfahren, hoffe ich doch sehr, daß auch praktizierende Mohammedaner durch dieses Buch in ihrem Glauben bestärkt werden. *Mā shāʾ Allāh!* (So es Allah, dem Allmächtigen gefällt!)

Im wesentlichen verfolgt dieses Buch zwei Ziele: Einmal sollen die spezifisch sufitischen Heilmethoden dargestellt, und zum anderen soll allgemein das Wesen des Sufismus, der Stufenweg allmählichen Fortschreitens derer aufgezeigt werden, die das Leben eines Sufi führen.

Man hätte das Thema Heilkunde der Sufis, das hier erstmals in deutscher Sprache abgehandelt wird [Anmerkung des Bearbeiters: dasselbe gilt für den englischen Sprachraum], auch auf manch andere Weise darstellen können. Man muß sich dessen bewußt sein, daß bereits der Sufismus ein Spezialgebiet des Islam ist. Die Heilkunde des Sufismus ist nun gar ein Spezialthema des Sufismus. Hinzu kommt, daß der gesamte Stoff, wollte man ihn im einzelnen niederschreiben, nicht nur einen Band, sondern Zehntausende von Bänden füllen würde.

Außerdem ist es ein Problem, die authentischen Praktiken der Sufis einem Publikum vorzustellen, das derzeit vielleicht nur ein verzerrtes Bild vom Sufismus hat. Ich hoffe, daß diejenigen, die mit dem Sufismus nur eine vage und verzerrte Vorstellung von »Gott und dem Guten« verbinden, aus diesem Buch erfahren werden, daß der Sufismus zugleich auch ein System spezifischer und praktischer Richtlinien für die Entwicklung der Menschheit ist. Auf jeden Fall sei der Inhalt dieses Buches ein Tropfen im göttlichen Ozean des Wissens.

Wir wollen versuchen, die zahlreichen Vorstellungen, Definitionen und Begriffe, die sich mit dem Wort »Sufi« verbinden, auf einen gemeinsamen Nenner zu bringen. Ein Kenner des Sufismus hat es so formuliert: »Es gibt einen einzigartigen, unmittelbaren Zustand der Seele *(ḥāl),* der in der Terminologie der Sufis *afghan* genannt wird; bezeichnet wird damit die überwältigende Freude und Liebe, die man fühlt, wenn man auch nur einem kleinen Schimmer der wahren Gegenwart und Wirklichkeit Gottes gegenübersteht. Man kann dann nicht umhin, süße Tränen zu vergießen.« Wenngleich dieses Glücksgefühl zweifellos nicht von Dauer ist, gibt es doch nicht wenige Berichte von Frommen, die diesen Seelenzustand jahrelang innehatten.

Eine zweite Bedeutung des Wortes *afghan* bezieht sich auf den geistigen Zustand *(maqām)* der Seele, die durch die Reinheit dessen gekennzeichnet ist, der ihn erreicht hat. Von einem solchen Menschen kann man sagen, daß er die Flammen oder das Brennen *(ātish)* der vielfachen Wünsche des Ego *(nafs)* derart zum Erlöschen gebracht hat, daß sie nie wieder entfachen. Jeder, der sich dieses Zustands erfreut, kann ein Sufi genannt werden. Genauer noch hieße man einen solchen Menschen, sei es ein Mann oder eine Frau, einen *walī* (Mehrzahl: *awliyā*), was »geliebter Freund Gottes« bedeutet.

Manche, besonders Menschen im Westen, die sich und andere schlechtweg als Sufi bezeichnen, haben von der Verzückung derer, die dank der Gnade und dem Segen Gottes des Allmächtigen einen solch hohen Seelenzustand erreicht haben, keine Ahnung. Es wäre in der Tat ein Fall beispielloser Arroganz, nähme jemand für sich in Anspruch, den Höhepunkt geistiger Vollkommenheit erreicht zu haben. Da die wahren Sufis notwendigerweise tief demütig und selbstlos sind, wäre es schwer, einen unter ihnen zu finden, der zugeben würde, sich in einem solchen Seelenzustand zu befinden.

Der Gründer des Chishtiyyah-Sufi-Ordens in Indien, Hazrat Khwāja Muʿīnuddin Chishtī *(r.a.),* nannte einen wahren Sufi den, der Übles nicht sieht, Übles nicht hört, Übles nicht spricht und Übles nicht denkt.

Die immerhin über 150 Sufi-Orden verbindet eines, daß nämlich alle ihnen Angehörenden, von den Novizen bis zu den größten Meistern, innerlich und äußerlich an die religiösen Gebote des Islam, an die *sharīʿat,* ausgerichtet sind.

Irrtümlicherweise behaupten manche, der Sufismus sei eine Sonderform des Islam; jener sei tolerant und unvoreingenommen, der Islam dagegen sei engherzig, konservativ, rückschrittlich und altmodisch. Eine solche Vorstellung basiert nicht nur auf Unwissenheit, sie leistet auch denen, die aufrichtig nach der richtigen Lebensweise und nach göttlicher Führung suchen, einen sehr schlechten Dienst. Denen, die da behaupten, alle Wege führten zu Gott, hat Er geantwortet: »Wenn ihr nicht wißt, wohin ihr geht, dann ist jeder Weg richtig.«

Buchstäblich Millionen von Büchern läßt sich ohne auch nur eine Spur von Zweifel entnehmen, daß der Ursprung des Sufismus unmittelbar im Islam liegt, daß der Sufismus durch den Islam genährt wurde und daß er im Islam seine Reife erreicht hat. Keinesfalls ist der Sufismus vom Islam zu trennen, ja er ist vielmehr die Seele des Islam, ausgedrückt in einem Rahmen von bestimmten Vorstellungen. (Im Rahmen dieses Buches ist es uns nicht möglich, dazu Näheres auszuführen. Der daran Interessierte wird auf folgende Bücher verwiesen: Annemarie Schimmel: *Mystical Dimensions of Islam,* University of North Carolina Press, und Dr. Mir Valiuddin: *Contemplative Disciplines in Sufism,* London, East-West).

Man kann sagen, daß die Sufis eine besondere Art von Lehrern innerhalb des Islam sind, deren Aufgabe es ist, das im heiligen Qurʾan [Koran] enthaltene tiefere Wissen *(ʿilm)* zu pflegen. Es gibt die *muḥkamāt* (Einzahl: *muḥkām*), die allgemein bekannten und allgemeinverständlichen Lehren des Heiligen Buches, die sich jedem ohne weiteres erschließen. Daneben gibt es noch jene göttlichen Geheimnisse, die sogenannten *mutashābihāt* (Einzahl: *mutashābih*), die der Heilige Prophet Muhammad *(s.a.w.s.)* an Hazrat ʿAli *(r.a.a.)* weitergab, der wiederum dieses Wissen anderen verkündete; woraus sich eine Tradition entwickelte, die mittels der Verbindungszweige der Sufi-Orden bis heute fortgesetzt wird.

Das Leben des Sufi ist das Leben des Geistes. Es ist ein Leben, das durch die klare Linie, die Gott selbst der Menschheit im Heiligen Qurʾan vorgezeichnet hat, ausgerichtet ist. Demjenigen, der solch ein Leben mit Erfolg besteht, ist es am Ende verstattet, der mächtigen Wirklichkeit des Schöpfers, Eigners und Erhalters alles Seienden selbst gegenüberzustehen und aufzugehen in Ihm, in Allah.

Wichtig ist die Feststellung, daß das Wort *Allah* nicht etwa (irgend) »einen« Gott oder einen Gott der Moslems bezeichnet. Auch die arabisch sprechenden Christen verwenden das Wort *Allah* für Gott. Wir gebrauchen das Wort *Allah,* weil es nie für etwas anderes verwendet wurde als zur Bezeichnung des einen Gottes. Darüber hinaus ist der Gebrauch arabischer Schriftzeichen und Worte noch von weiterem Nutzen, worauf wir später noch zurückkommen *in shā' Allāh* (so Gott will).

Das höchste Lebensziel der Sufis ist es, Allah zu dienen, Allah zu gehorchen und dadurch Sein Wohlgefallen zu finden. Wie der Schöpfer allen Seinen Kreaturen ohne jeden Unterschied Sonne, Regen und Liebe schenkt, ist auch der Sufi bemüht, alle Menschen zu lieben – ohne Rücksicht auf Kaste, Glauben, Alter, Geschlecht, Hautfarbe, Religion oder Nationalität.

Der geistige Fortschritt im Sinne des Sufismus entwickelt sich dadurch, daß der Mensch durch fortwährende Sammlung und stetes Denken an Allah, aber auch durch Seine Gnade schließlich in Ihm, dem Einen, aufgeht, eben in dem, dessen sich der Mensch unaufhörlich bewußt ist.

Am Hauptsitz des Chishti-Ordens in Ajmer/Indien gibt es eine Straße (es ist eher ein mit Bäumen gesäumter Weg), die am *dargah,* der Ruhestätte von Hazrat Khwāja Mu'inuddīn Chishtī *(r.a.)* entlangführt. Auf dieser Straße sitzen zu jeder Zeit etwa drei Dutzend Männer und Frauen, bei deren Anblick man annehmen müßte, sie seien kastenlos und die erbärmlichsten Bettler der Welt. Allein ein Blick in ihre Augen offenbart, daß sie sich in einem Zustand höchster Freude, tiefsten Friedens, größter Zufriedenheit und vollständigen Vertrauens auf Allah *(tawwakul Allāh)* befinden, der ihnen alles gibt, was sie brauchen. Für diese Menschen spielt es keine Rolle, ob sie zu essen haben oder nicht. Sie wissen nicht einmal, ob sie sauber oder schmutzig sind. Jeder, der an ihnen vorübergeht, sei es ein Verbrecher oder ein Heiliger, ihnen allen wird derselbe Gruß zuteil, nämlich ein Ausdruck unbegrenzter Liebe und ein tiefes Gebet, daß der also Gegrüßte der Gnade und des Segens Allahs teilhaftig werden möge. Wenn dieser Zustand völliger Hingabe an Allah einmal eingesetzt hat, bleibt er für immer bestehen. *Subḥān Allāh! Subḥān Allāh! Subḥān Allāh!*

In solchem Zustand hat sich auch der weithin bekannte Sufi Hazrat Mawlānā Rūmī *(r.a.)* nach Vollendung seines Werkes *Masnavi,* der ganzen Welt größter Schatz mystischer Dichtung, befunden. Um zu zeigen, daß er dem Willen Gottes des Allmächtigen völlig hingegeben war, und um sichtbar zu machen, daß er nur dank der Gnade Gottes und weil es Gott so gefiel, lebe, nicht aber durch das in seinen Adern fließende Blut, ließ Mawlānā in der Gegenwart einer großen Zahl bedeutender Persönlichkeiten nach einem Arzt *(ḥakīm)* rufen. Als dieser eintraf, hieß Mawlānā ihn, alle seine, Mawlānās, Adern zu öffnen und das Blut so lange entströmen zu lassen, bis das Fließen aufhöre. Als das geschehen war und kein

Blut mehr floß, erhob sich Mawlānā, vollführte seine Waschungen, begab sich in seinen Rosengarten und begann, sich ekstatisch im heiligen Tanze zu drehen. *Mā shā' Allāh! Al-ḥamdu li-Llāh al-Ḥayyu! Al-Qayyūm!*

Hazrat Bābā Farīd Ganj-i Shakar *(r.a.),* einer der Heiligen des Chishtiyyah-Ordens, sagte, der erste Schritt in den Sufismus oder seine erste Phase bestehe in dem Wissen um die 18000 erschaffenen Welten *('ālamīn,* Einzahl: *'ālam)* und in dem Zugang zu ihnen. Das erfordert zweifellos eine derartige Entschlossenheit und eine solch tiefe Hingabe, daß es sich die meisten nicht einmal vorstellen können, auch nur die Schwelle eines solchen Zustands der Hingabe zu erreichen.

Es wird berichtet, daß Allah, der Allmächtige, also gesprochen hat: »Solange hört Mein Diener nicht auf, Meine Nähe durch eine ganz besondere Art von Anbetung zu suchen, bis Ich ihm Mein Wohlwollen schenke und so zu den Ohren werde, mit denen er hört, zu den Augen, mit denen er sieht, zu den Händen, mit denen er faßt und zu den Füßen, mit denen er schreitet.«

Diese »besondere, spezielle Art von Anbetung« wird am Tage in der Form der freien Gebete ausgeführt, in der Nacht in der Form ausgedehnter Anbetungen und Bittgebete. Die Meister des wahren Weges behaupten übereinstimmend, daß ohne die zusätzlichen, über die freien Pflichtgebete hinausgehenden Andachtsübungen in der Mitte der Nacht *(tahajjud)* überhaupt kein Fortschritt erzielt werden könne.

Mittels dieser ganz besonderen Verehrung Gottes, mittels ihrer restlosen Hingabe an Allah, erschließen die Sufis den Anfang der Wunder, die ihnen den Zugang zu den Attributen Allahs, des Allmächtigen, gewähren; all diese Qualitäten widerspiegeln sich in den einzelnen Persönlichkeiten und in den Handlungen der Sufis, soweit dies Menschen überhaupt möglich ist.

Ebenso wie das Mitleid mit der Menschheit das wesenhafteste Attribut Allahs ist, sind auch die Sufis bemüht, den Menschen dieses Mitleid zukommen zu lassen und es unter ihnen zu verbreiten. Der Dienst, der in der Heilung Kranker und Leidender besteht, gilt für die Sufis als der vornehmste Dienst. Jedenfalls ist ein großer Teil der Sufi-Shaykhs für die Fähigkeit bekanntgeworden, bei der Heilung verschiedener Leiden Erfolg zu erzielen. Letztlich ist es natürlich Allah, der diese Heilungen tatsächlich vollbringt, der Shayk ist nur der Mittler für den Willen Allahs. Gepriesen sei Er!

Der Chishtiyyah-Sufi-Orden, einer der vier größten Orden des Islam, pflegt seit bereits achthundert Jahren, seit seiner Gründung, diese Tradition des Dienstes an der bedrückten Menschheit, an den Kranken und Leidenden. Zum *dargah*-Areal in Ajmer gehört eine große Klinik für Kräutermedizin; und alle, die dorthin kommen (es sind täglich mehr als 60000 Menschen), werden kostenlos und ohne besondere Verpflichtungen einzugehen, behandelt. *Mā shā' Allāh!*

Wenn dich Allah mit einem Unglück heimsucht,
so kann es dir niemand abnehmen,
außer Er selbst.
(Qur'an 6:17)

Dieser Vers ist die Grundlage dieses Buches, das geschrieben wurde, um bestimmte Mittel zur Erlangung wahrer Gesundheit von Körper, Geist und Seele mitzuteilen. Um diese Empfehlungen erfolgreich in die Praxis umzusetzen, bedarf es nur noch des *tawwakul Allāh* (Vertrauen zu Allah, den Allmächtigen). Damit der Leser den hier folgenden Empfehlungen mehr vertraut, bringe ich Beispiele verschiedener Sufi-Persönlichkeiten aus Vergangenheit und Gegenwart. Ihre Beispielhaftigkeit und ihre Inspirationen haben sie alle vom Heiligen Propheten Muhammad *(s.a.w.s.),* dessen Leben man wahrhaft als den »gelebten Qur'an« bezeichnen kann.

Die physischen Heilmethoden der Sufis leiten sich in erster Linie vom Qur'an, und erst in zweiter Linie von den Überlieferungen über den Propheten Muhammad (Friede sei mit ihm) und von seinen Handlungen ab. Außerdem gibt es eine Reihe hervorragender Männer und Frauen, die das Wissen um die physische Medizin auf der Grundlage der islamischen Gesellschaft und Kultur entwickelt haben. Von diesen Autoritäten der Medizin, die häufig von den Sufis studiert werden, seien allein nur Avicenna, Rhazes und Al-Suyuti genannt.

Ich habe mich nur wenig darum bemüht, die Heilkräfte, von denen in diesem Buch die Rede ist, rationell oder sonstwie intellektuell zu begründen. Ich habe nur versucht, ihre Quelle und ihren Ursprung, die ja letztendlich in Gott selbst ruhen, deutlich zu machen. Tatsächlich können materialistische Ideologien und wissenschaftliche Theorien ohnehin nie die göttlichen Mysterien erklären. Immerhin haben sich die hier vorgestellten Behandlungsweisen bei unzähligen Menschen als hilfreich und nützlich erwiesen, und auch gegenwärtig werden sie von den Mystikern des Islam angewandt.

Zugleich muß man sich jedoch dessen bewußt sein, daß es nicht genügt, bloß dieses Buch zu lesen, um den Zustand eines *walī* oder Sufi zu erreichen und sich die darauf beruhenden Heilmethoden zu eigen zu machen. Wer ernsthaft darum bemüht ist, die Sufi-Heilkunde förmlich zu studieren, muß einen glaubwürdigen Shaykh oder Meister finden und sich von ganzem Herzen dessen Ratschlägen unterwerfen. Manche sagen, die Mindestdauer einer solchen Ausbildung erfordere zwölf Jahre.

Die Behandlungsmethoden, von denen hier die Rede ist, fallen in drei Kategorien:

1. Behandlungsmethoden für den Körper,
2. Behandlungsmethoden für den Geist und die Emotionen,
3. Behandlungsmethoden für die Seele.

Die besten und wichtigsten Behandlungsmethoden sind die für die Seele. Es mag sein, daß ein Mensch, dessen Geist und Seele degeneriert und schwach sind, außerstande ist, sich an rein geistige Übungen zu halten oder mit ihrer Hilfe behandelt zu werden. In einem solchen Fall verwendet man Kräutermedizin, Diät- oder Fastenkuren oder ähnliches. Auch dem Herzen zuträgliche Übungen werden in solchen Fällen gern angewandt, denn sie erwecken, beleben und stärken die verschiedenen göttlichen Potentiale, die im Menschen vorhanden sind.

Die Übungen für die Seele bringen, richtig angewandt, ein hohes Maß von göttlicher Gnade und göttlichem Segen, und es ist unmöglich, daß sie ohne Ergebnis bleiben. Es ist ein Prinzip der Natur, daß das Geistige dem Materiellen immer vorangeht.

Mein eigenes Studium der Wissenschaften der islamischen Mystik *(taṣawwuf)* begann im Jahre 1968 durch einen Briefaustausch mit meinem inzwischen verstorbenen Shaykh Hazrat Maulana Sufi Wahiduddin Begg (Möge Allah ihm die ganze Fülle Seines Segens gewähren, *amīn!*). Bis zu seinem Ableben in Ajmer im Februar 1979 hatten wir uns etwa 4000 Briefe geschrieben, durch die er seine Lehre an mich weitergab.

In dieser Zeit war es mir vergönnt, nach Afghanistan zu reisen, wo ich mich auch einem förmlichen Studium der Heilkunde unter der Leitung von Sufi-Persönlichkeiten dieses von mir so geliebten Landes unterzogen habe. Während dieses Aufenthaltes wurde ich von Pir Syed Daoud Iqbali, dem Oberhaupt der Naqshbandiyyah-Sufis zu Dehdadi, nahe von Balkh, in die Heilpraxis und in die Trauminterpretation eingeführt. Ebenfalls während meines Aufenthaltes in Afghanistan wurde ich durch Hajji Shaykh-ul-Islam Nimayatullah Shahrani in der islamischen Jurisprudenz *(fiqh)* und in der Wissenschaft der Verwendung verschiedener Verse des *Qur'an* zu Heilzwecken *(ta'wīdh)* unterwiesen.

Als ich im April 1976 dem Oberhaupt und höchsten *murshid* (Lehrer) des Chishtiyyah-Ordens Hazrat Khwāja Mu' īnuddīn Chishtī *(r.a.)* im *dargah* einen Besuch abstattete, erlebte ich das erste einer fortgesetzten Reihe von Wundern *(karamat)*. Dort war ich unter der Anleitung meines *Shaykhs* in der Lage, eine bestimmte Behandlung auszuführen, durch die der spontane Abortus aufgehalten werden konnte, den meine Frau sonst im fernen Kabul erlitten hätte. Dieses Ereignis wurde später auch von den behandelnden Ärzten ein Wunder genannt.

Daraufhin leistete ich den Eid, den Rest meines Lebens um Allahs des Allmächtigen willen, und nur um Seinetwillen, dem Dienste der Menschheit zu widmen. *Mā shā' Allāh.*

Damit dieser Band möglichst vielen Menschen zugute kommt, habe ich, wo immer möglich, die ursprüngliche arabische Schreibweise zusammen mit der Transliteration beibehalten und auch verschiedene Gebete transliteriert. Diese Worte sollten, wie ich weiter unten noch erläutern werde, arabisch ausgesprochen werden.

Besonderen Dank schulde ich meinem derzeitigen Shaykh, Syed Safdar Ali Shah Chishtī von Lahore/Pakistan, der seinen geistigen Reichtum mit mir geteilt hat; eine Ehre und Gnade, für die ich ihm nie genug danken kann.

Eines der besten Beispiele und eine der besten Verkörperungen der in diesem Band zum Ausdruck gebrachten Ideale bieten Leben und Persönlichkeit des Sufi Abu Anees Muhammad Barkat Ali von Dar-ul-Ehsan in Pakistan. Seine wunderbaren Heilerfolge sind auf der ganzen Welt Legende geworden. Eine große Hilfe für die Fertigstellung der endgültigen Fassung dieses Buches war mir Bernard Glicksberg, der den Text mit der Maschine schrieb, und der es mir ermöglichte, daß ich trotz verschiedener äußerer Probleme ungehindert arbeiten konnte. Er erwies sich im wahrsten Sinne des Wortes als mein Freund.

Ein besonderes Problem bot auch die Verbesserung des Manuskripts. Rabia Harris steuerte ihre Kenntnisse des Arabischen bei, um die verschiedenartigen fremdsprachigen Elemente zu vereinheitlichen. Kendra Crossen entdeckte viele Möglichkeiten, den Text klarer und deutlicher zu gestalten. Auch diese beiden freundlichen Menschen haben meinen Respekt und meine Dankbarkeit verdient.

Die arabischen und persischen Kalligraphien wurden von Enayatullah Shahrani und mir selbst angefertigt. Die Illustrationen entstammen der Inspiration von Angela Werneke.

Abu Anees Muhammad Barkat Ali prüfte das Manuskript auf Denkfehler und auf sachliche Fehler, und Zafar Hussain Khan half mir bei der Lösung technischer Probleme hinsichtlich der Sufi-Terminologie.

Iman, meine Frau, verfolgte meine Ideen und Bemühungen beim Schreiben dieses Buches mit Liebe und Verständnis, und ich muß ihr für ihre Freundlichkeit, stete Unterstützung und Geduld Dank sagen.

Schließlich darf ich auch noch meinem Verleger Ehud C. Sperling, Präsident der Inner Traditions International Ltd., New York City, für seine jahrelange Nachsicht und für sein Interesse an meiner Arbeit danken.

Möge Allah, der Allerbarmer, sie mit Seinem größten Segen belohnen!

Āmīn! Āmīn! Āmīn!

Wa ākhiru daʿwānā an al-ḥamdu li-Llāhi rabb il-ʿālamin!
Waṣ-ṣalātu was-salāmu ʿalā rasūlihil-karīm!

Rabbanā taqabbal minnā innaka antas-Samī‘ ul-‘Alīm!
Subḥāna Rabbuka rabb ul-‘izzati ‘amma yaṣifūn.
Wa salāmun ‘alāl-mursalīn.
Wal-ḥamdu li-Llāhi rabb il-‘ālamīn!
Āmīn!

Herr, nimm dieses Werk von uns an!
Siehe! Du, Du allein, bist der Hörende und Wissende!
Gerühmt sei der Herr, der Herr voller Majestät,
Durch das, was Ihm zugeschrieben wird!
Friede sei denen, die von Ihm künden!
Lobpreis sei Allah, dem Allmächtigen,
Dem Herren der Welten!
So sei es!

Am Schluß wollen wir sagen, daß alles Lob Allah, dem Herren der Welten, gebührt, und daß aller Segen und Gruß zukommen möge Seinem Propheten *(s.a.w.s.)*

H.M.C.
Qur'an Mahal
Brooklyn, New York
23 Jumadi-as-Sani A.H. 1404
27. März 1984

Prolog

Die trefflichste Zusammenfassung der Philosophie des Sufismus bietet die letzte *khutbah* (Predigt) von Hazrat Khwāja Muʿinuddīn Chishtī *(r.a.)*, die er seinen Jüngern einen Monat vor seinem Hinscheiden gehalten hat:

Liebt alle und haßt keinen.
Bloßes Reden vom Frieden bringt euch nichts.
Bloßes Reden von Gott und von Religion bringt euch nicht weit.
Bringt alle eure verborgenen Kräfte eueres Wesens zum Vorschein
und macht die volle Größe
eures unsterblichen Selbst offenbar.
Seid aufgeladen mit Frieden und Freude
und verbreitet diese, wo immer ihr seid und wohin immer ihr geht.
Seid ein brennendes Feuer der Wahrheit.
Seid eine von Schönheit erfüllte Blüte der Liebe
und seid der lindernde Balsam des Friedens.
Mit eurem geistigen Lichte
vertreibt die Dunkelheit der Unwissenheit.
Löst die Wolken der Uneinigkeit und des Krieges auf
und verbreitet guten Willen, Frieden und Harmonie unter die Menschen.
Sucht nie Hilfe, Unterstützung oder Gunst
von irgend jemandem außer von Gott.
Geht nie an die Höfe der Könige,
aber weigert euch nie, die da arm und in Not sind zu segnen,
die Witwen, die Waisen und die, die vor eure Türe kommen.
Das ist eure Sendung, den Menschen zu helfen.
Erfüllt diese Mission getreulich und mutig,
auf daß ich als euer Pīr-o-Murshid

mich eurer Unzulänglichkeit nicht zu schämen brauche
vor dem allmächtigen Gott und vor unseren heiligen Vorgängern
im Orden der Sufi *(silsilāh)*
am Tage des Gerichtes.

Die folgenden Seiten enthalten den Niederschlag meiner eigenen bescheidenen Bemühungen, an der Erfüllung dieses frommen Ratschlags mitzuwirken. Was hier gesagt wird, ist an alle gerichtet; es bedeutet einen Ausdruck meiner nie schwankenden Liebe zum Leben und zum Beispiel unseres geliebten Oberhauptes, des Propheten des Islam und des Erretters der Menschheit *(s.a.w.s.)*

Wenn sie in diesen Zeilen die geistigen Funken finden, die sie erheben, so gebührt alles Lob und aller Dank Allah *subḥānu wa taʿalā,* dem Allgnädigen, dem Allbarmherzigen.

Wenn dieses Buch Fehler und Irrtümer enthält, so liegt die volle Verantwortung dafür bei mir selbst, und ich bitte meinen Herrn dafür um Vergebung und Verzeihung.

1 | Was ist Gesundheit?

Für dich hat Gott alles untertänig gemacht,
was in Himmeln und was auf Erden ist,
denn alles kommt ja von Ihm.
Wahrlich, hierin liegen Zeichen für nachdenkende Menschen.
(Qur'an 45:18)

Was ist Gesundheit? Wenn wir sagen, der menschliche Organismus befindet sich im Zustand der Gesundheit, müssen wir zunächst mehrere, miteinander zusammenhängende Dinge verstehen.

Was ist ein Mensch? Wie ist der Mensch entstanden? Was ist es, das sein Leben erhält? Was ist der Zweck des menschlichen Lebens? Wenn wir nicht die Antworten auf diese Fragen verstehen (oder wenigstens die Fragen selbst), wissen wir nie wirklich, welche Art von Gesundheit wir überhaupt suchen sollen. Solange wir nämlich nicht entscheiden können, worin das richtige Funktionieren des Menschen überhaupt besteht, können wir ja auch nicht sagen, ob es überhaupt eine Rolle spielt, ob wir krank oder gesund sind; denn wenn ein bestimmter Vorgang Wohlbefinden erzeugt, bedeutet dies noch längst nicht notwendigerweise, daß er im letzten Sinne für uns hilfreich ist. Umgekehrt: Nur weil wir im Augenblick Schmerzen zu empfinden scheinen, können wir diese Erfahrung doch nicht einfach als »schlecht« einordnen, solange wir nicht verstehen, wie und was das Resultat dieser augenblicklichen Empfindung sein wird.

Allah sagt im Qur'an: »Es mögen dir Dinge vorbestimmt sein, die dir nicht gefallen, die aber gut sind für dich. Und ebenso Dinge, die dir gefallen, die aber nicht gut sind für dich.« Der große Sufi Imam al-Ghazzali drückte diesen Gedanken folgendermaßen aus: »Krankheit ist eine Erfahrung, durch die den Menschen das Wissen um Gott zuteil wird, denn Er sagt: ›Krankheiten sind Meine Diener, die Ich Meinen außerwählten Freunden beigebe.‹«

Das heißt, wir müssen nicht notwendigerweise denken, daß die Krankheit unser Feind ist. Vielmehr können wir in ihr ein Ereignis sehen, einen Mechanismus des Körpers, der dazu dient, uns auf der physischen, emotionalen, geistigen und seelischen Ebene zu reinigen und ins Gleichgewicht zu bringen. So gesehen sind ein Grippeanfall, eine Erkältung, eine Durchfallerkrankung und auch bestimmte Erkrankungen, die mit großen Schmerzen verbunden sind, unsere Freunde, die es unserem Körper ermöglichen, sich von unerwünschten und möglicherweise schädlichen giftigen Nebenprodukten des Stoffwechsels zu befreien.

Die westliche Medizin bemüht sich darum, die verschiedenen Ausscheidungsfunktionen unseres Körpers zum Stillstand zu bringen. Zum Beispiel den Brechreiz durch Medikamente zu beseitigen, die auf den Magen wirken, dem Abführen durch Medikamente Einhalt zu gebieten und das Fieber mit Aspirin und ähnlichen Drogen herabzusetzen. Aber jede natürliche Funktion des menschlichen Körpers hat ihre eigene Weisheit, einen Mechanismus, der es dem Körper erlaubt, sich selbst zu heilen. Tatsächlich kann kein Heilkraut, kein Nahrungsmittel und keine Behandlung oder Substanz von sich selbst aus irgendeine Heilwirkung haben. All das kann dem Körper nur bei seiner Selbstheilung helfen. Wenn man sich in den Finger schneidet, so ist es nicht der Verband und sind es nicht die Heftstiche oder das Jod, was die Heilung hervorbringt. Es ist die Haut selbst, die dieses Wunder wirkt.

Wenn wir an Krankheit denken, so denken wir fast immer zuerst an Verletzungen oder an akute Schmerzen als deren Anfangszustand. Aber heute sind viele Menschen dabei zu erkennen, daß Krankheit und Leiden auch dadurch entstehen können, daß einzelne Aspekte unserer geistigen Welt – unserer Gedanken und Gefühle – aus dem Gleichgewicht geraten, auch wenn wir nicht im physischen Sinne »krank« sind. Diese Betrachtungsweise nennt man heute die »ganzheitliche«.

Es ist recht leicht, die Dinge auf der physischen Ebene zu verstehen. Der Körper läßt es uns durch unsere Sinne des Sehens, Hörens, Fühlens, Schmeckens und Riechens und durch die vegetativen Fähigkeiten wissen, wenn etwas mit ihm nicht stimmt, und wir unternehmen dann Schritte, um dem Übel abzuhelfen. Der Sitz dieser vegetativen Funktion, das heißt der instinktiven lebenserhaltenden Arbeit des Körpers, ist die Leber, die manchmal das Rad des Lebens genannt wird. Alle unsere physischen Funktionen werden durch die Tätigkeit der Leberenzyme gesteuert.

Im Arabischen wird das Wort *nafs* für den Körper und seine Gelüste verwendet. *nafs* bedeutet das Insgesamt dessen, was der Körper verlangt – Nahrung, Wärme, Ruhm und Glück (nach all dem gibt es ein gefühlsmäßiges Bedürfnis, eine entsprechende Motivation). Alle physischen Krankheiten können in eine oder mehrere dieser physischen Dimensionen eingeordnet werden.

Der zweite Aspekt unseres Daseins ist die Welt unseres Geistes; nennen wir sie die emotionale und mentale Welt. Unser Geist ist nicht vollkommen getrennt vom physischen Körper, sondern er ist eng mit den physischen Funktionen verbunden und ist ein Teil von ihnen. Launen und Gefühle, die häufig im Geist ihren Ursprung haben, haben eine Wirkung auf den Körper. Das gilt für Emotionen wie Ärger, Furcht oder große Freude. Wenn solche Emotionen erlebt werden, dann kann es geschehen, daß der Blutdruck steigt oder fällt, daß der Körper schwitzt oder daß man in Tränen ausbricht.

Interessant ist, daß einige Leiden oder Körperzustände, die man gewöhnlich als rein emotional bedingt ansieht, ihre Ursache in physischen Ungleichgewichten haben. Ein Beispiel dafür ist starker Ärger. Psychologen würden einen solchen Zustand gewöhnlich dem Geist oder den Emotionen zuschreiben. Aber nach dem Tibb-System des persischen Arztes Avicenna ist starker Ärger eine der wirksamsten Methoden des Körpers, in der Herzgegend überflüssige Feuchtigkeit auszuscheiden. Dieser Zustand kann leicht durch richtige Diät behoben werden.

Das Wort *nafs* hat viele Bedeutungen. Es bedeutet Atem, Leben (aber auf der tierischen Ebene), Seele, Selbst, die Bezeichnung für einen Menschen, Essenz und noch mehr. Im Sufismus wird das Fortschreiten der Seele als Evolution des *nafs* verstanden, das sich im menschlichen Verhalten als das Insgesamt des Charakters äußert, die Persönlichkeit und das gesamte Benehmen. Die *nafsī am-marā* ist die Seele, die befiehlt und die Gelüste erzeugt, die gegen die Ordnung verstoßen. Das ist der Zustand des *nafs,* der vorliegt, wenn sich der Mensch im Zustand des Egoismus *(maqām an-nafs)* befindet.

Die Regeln für das richtige Verhalten, das rechte Betragen, wie sie im Qur'an gegeben sind *(sharī'at),* sind dazu gedacht, daß man lernt, diese gegen die Ordnung verstoßenden Gelüste zu beherrschen und zu überwinden, wodurch die *nafs* in einen verfeinerten Zustand umgewandelt werden. Die Seele wird, sobald sie vollständig gereinigt ist, *nafsī kull* genannt, was »universelle Seele« bedeutet, die sich im letzten Zustand des Sufi-Weges mit Allah vereinigt. Aber auch im letzten Zustand des Sufi-Weges kann man nicht davon ausgehen, daß die Seele gegen das Annehmen von Makeln immun ist.

Der Bereich der mentalen Welt, der Welt unseres Geistes, wird auf arabisch *fikr* genannt. An sich bedeutet *fikr* Meditation oder einen tiefsinnigen Denkprozeß.

Die dritte Komponente unserer Existenz ist die Seele. Sie wird *rūḥ* genannt. *rūḥ* ist, was über den Tod hinaus bestehen bleibt, denn der Tod ist das Ende sowohl des physischen als auch des mentalen Lebens.

Das Zusammenwirken dieser drei Bereiche (beziehungsweise die Aktivierung dessen, was zum Physischen und zum Mentalen gehört, von der Sphäre der Seele aus), wird durch den Geist hervorgebracht. (Mit »Geist« wird hier das englische Wort »spirit« übersetzt, während das englische Wort »mind« mit »unser Geist« beziehungsweise »menschlicher Geist« übersetzt wird. – Anmerkung des Übersetzers.)

Viele machen zwischen »Geist« und »Seele« keinen Unterschied, und doch haben diese beiden Begriffe verschiedene Bedeutung. »Geist« ist das, was die Existenz auf der physischen Ebene aktiviert, wozu auch Gedankenvorgänge gehören. Arabisch heißt dieser Geist-Aktivator *nafas.* Diese Aktivierung findet am

Orte des Atmens statt. Die Lippen, dort, wo sich Einatmung und Ausatmung vereinigen, sind das Bindeglied zwischen Leben und Tod.

Wir können ohne mentales Tätigsein und ohne physische Bewegung leben. Aber ohne Atem hört das Leben sehr bald auf. Es gibt Menschen, die sogar ohne mentale Existenz leben, obwohl man mit Hilfe eines Elektroenzephalographen zeigen kann, daß dann ihre Gehirnwellen nicht funktionieren. Man kann diese Menschen aber durch bloße mechanische Mittel »am Leben« erhalten. Solche Menschen werden »gehirntot« genannt, und dennoch werden sie als lebendig betrachtet und nicht begraben. Das bedeutet, daß es noch etwas Höheres gibt als die mentale und die physische Existenz. Solche Menschen haben immer noch einen Rest von Leben in sich, und dieser Rest ist der Atem.

Die Sufis sind der Überzeugung, daß der Atem des Lebens durch *idhn* existiert, die Erlaubnis Gottes, des Einen, der uns alle erschaffen hat. Welche Namen wir dem Schöpfer geben: Gott, Allah, Yahweh oder welchen sonst immer, spielt keine Rolle. In Seiner letzten Wirklichkeit ist Gott Einer. Er ist es, der diese Erlaubnis zum menschlichen Leben gibt, und solange diese Erlaubnis vorhanden ist, atmen wir ein und aus. Unabhängig davon, nach welchem System der Heilkunde wir arbeiten oder wie groß die Fähigkeiten eines Heilers sind, und selbst wenn alle Heiler der Welt zusammenkommen: Dem *idhn* kann nicht wirksam entgegengearbeitet werden. Wenn die Erlaubnis zurückgezogen wird, dann gibt es keinen Atem mehr, dann hört das Leben auf.

Dafür gibt es interessante Anhaltspunkte. Wenn ein Kind geboren wird, beginnt es nicht sofort zu atmen. Einige sagen, daß es der Schock der kalten Luft ist, durch den das Kind zu atmen beginnt. Aber das geschieht nicht in allen Fällen. Die Sufis würden sagen, daß es Allah ist, der Sein *idhn* sendet, damit dieses Leben beginnen kann. Wenn Er Seine Erlaubnis nicht sendet, dann kann auch noch so viel Schlagen oder technologischer Aufwand das Baby nicht dazu bringen, daß es atmet. Es ist dann tot geboren.

Andererseits kommt es manchmal vor, daß trotz großer Bemühungen, dem Leben ein Ende zu setzen, die noch vorhandene Erlaubnis alle diese Bemühungen zunichte macht. Ein Artikel, der kürzlich in einer medizinischen Zeitschrift erschienen ist, berichtete von einem Ehepaar, das seinen Arzt hatte wissen lassen, daß es unter keinen Umständen Kinder wünsche. Der Arzt empfahl, daß sich der Gatte einer Vasektomie unterziehen sollte. Diese wurde durchgeführt. Einige Monate später kam das Ehepaar wütend zu dem Arzt zurück, denn die Frau war schwanger geworden. Der Arzt bot eine kostenlose Abtreibung an, um der Schwangerschaft ein Ende zu setzen. Auch diese wurde durchgeführt. Noch einen Monat später verklagte das Ehepaar den Arzt vor Gericht, als die Frau entdeckte, daß sie immer noch schwanger war!

Trotz der Sterilisation und der Abtreibung war es das *idhn* von Gott, daß dieses

Kind geboren werden sollte. Und so geschah es. Offenbar gibt es eine Autorität, gegen die wir nichts ausrichten können.

Betrachten wir jetzt die nichtmanifestierten Bereiche, die Welten der Träume, der Intuition, der abstrakten Phänomene und die vielen Fälle, in denen Menschen vom Zusammentreffen mit Ufos, Dämonen, Poltergeistern und ähnlichem berichtet haben. Niemand im Westen hat bisher mit einer vollentwickelten Weltanschauung aufwarten können, auf deren Grundlage man sich mit diesen Erfahrungen »aus einer anderen Welt« auseinandersetzen kann. Die Sufis verwenden für Vorgänge, die in diese unsichtbaren Bereiche hinüberreichen, das Wort *ghayb.*

Der Mittelpunkt oder der Sitz der Existenz der Seele ist das Herz. Und womit bringen wir das Herz und die Seele in Verbindung? Mit Liebe, Mitleid, Sympathie, Entgegenkommen und mit allen unseren religiösen Gefühlen. Wenn jemand stirbt, dann fühlen die Überlebenden ihre Trauer im Herzen. Das ist tatsächlich ein physischer Schmerz. Das Herz tut weh. Viele unserer Sprechweisen beziehen sich auf Aspekte dieser Verbindung zwischen Seele und Herz. Niemand kann leugnen, daß diese Gefühle von Liebe und Mitleid wirklich existieren. Jeder hat sie.

Im Arabischen wird das Herz *qalb* genannt. Nach der Lehre der Sufis ist das Herz nicht nur eine physiologische Pumpe, die das Blut im Körper verteilt. Es dient noch zwei weiteren vitalen Funktionen, die miteinander in Verbindung stehen. Erstens ist das Herz die Lagerstätte der göttlichen Eigenschaften, zweitens ist es der Sitz, von dem *nafas* ausgeht, jene lebensaktivierende Kraft, die mit jedem Atemzug in uns eingeht, dem Atem, der alle physiologischen Funktionen aktiviert.

Wenn daher *idhn,* die Erlaubnis Gottes zum Leben, gegeben wird, dann geht sie sofort zum Herzen. Auf eine Art aktiviert *idhn* alle diese göttlichen Eigenschaften in verschiedenen Kombinationen, und diese werden dann hinausgetragen in den Körper. Dem Qur'an zufolge gibt es ungefähr 99 dieser göttlichen Eigenschaften, und sie sind Allahs Werkzeuge, die es dem Menschen erlauben, auf der erschaffenen Daseinsebene zu wirken und tätig zu sein.

Eine dieser Eigenschaften wird zum Beispiel *al-Baṣīr,* das heißt »der Wahrnehmende« genannt. Mit anderen Worten: Allah sieht zu allen Zeiten alles. Es gibt nichts, was der Schau Gottes entgeht, nicht einmal unsere innersten Gedanken sind vor Gott verborgen. Dieses *baṣīr* existiert zu allen Zeiten als Fähigkeit in uns, die im Herzen aufbewahrt wird. Wenn Allah uns mit dem eingehenden Atem Sein *idhn* sendet, und wenn dieses mit bestimmten Lauten verbunden wird, die wir aussprechen, dann beginnt diese Fähigkeit durch ein halb gasförmiges Netzwerk, »humor« genannt, zu wandern. (Das lateinische »humor« [wörtlich »Flüssigkeit«] bedeutet in der Medizin auch »Körpersäfte«. – Anmerkung des Übersetzers.) Diese Fähigkeit bewegt sich durch das Netzwerk, bis sie die feuchte, kristallartige Linse des Auges erreicht. Dort angelangt, vereinigt sie sich mit diesem physischen Teil unseres Körpers und wird zum Sehvermögen.

Die Wahrnehmung, das Insgesamt der Fähigkeit *al-Baṣīr,* umfaßt auch solche Dinge wie Einsicht oder die Empfindung von Erhabenheit beim Anblick eines herrlichen Sonnenunterganges oder ähnliche Erfahrungen. Alle diese Wahrnehmungsfähigkeiten gehören mit zu diesem Wahrnehmungsvermögen.

Alle diese 99 göttlichen Eigenschaften werden im Herzen aufbewahrt. Sie können durch das Aussprechen verschiedener Laute, die in ihren Kombinationen Worte bilden, aktiviert werden.

Die drei Grundlaute sind die langen Vokale ā, ī und ū. Diese werden von den Sufis die universellen harmonischen Konstanten genannt, und sie werden in allen mystischen Lehren, welche sich Laute zunutze machen, in gleicher Weise verwendet (man nennt sie auch *mantra* oder *waẓīfah).*

Wir singen diese Laute nicht. Vielmehr werden sie im Zuge unserer gewöhnlichen Unterhaltung bloß stimmhaft ausgesprochen. Das Wort *Allāh* ist ein Beispiel dafür. Es ist einfach eine Verlängerung des langen Vokals ā, die an einer Stelle durch den Buchstaben l unterbrochen wird, wodurch die Gestalt des Buchstaben a mit der Zunge gebildet wird. Auch Tiere geben verschiedene Kombinationen dieser drei langen Vokale von sich: Die Eule zum Beispiel sagt »huu«. Das persönliche Fürwort, das in der arabischen Sprache das Wort für Gott vertritt, heißt *Hū* und wird genauso ausgesprochen wie die Eule das Wort ausspricht, mit dem sie sich den göttlichen Namen in Erinnerung ruft.

Allah hat uns gesagt: »Jedes Geschöpf in Himmel und Erde rühmt Seinen Namen.« Die Sufis kennen die arabischen Laute und die Namen Gottes und sind daher imstande, in die kosmische Konversation mit einzustimmen, die zwischen allen Lebensformen dadurch fortwährend vor sich geht, daß zahllose Geschöpfe jeweils ihre Variation des göttlichen Namens aussprechen.

Die Verwendung dieser drei konstanten Laute geschieht aber nicht beliebig. Der lange Vokal ā (wie im englischen Wort »father«) ist eine Tonschwingung, die von der Kehle abwärts wandert, sich dabei leicht nach links wendet, und die ihren Mittelpunkt im Herzen hat und dabei alle göttlichen Eigenschaften stimuliert, die darin aufbewahrt sind. Der lange Laut ī (wie im englischen Wort »machine«) bewegt sich in umgekehrter Richtung. Er wandert der Nasenscheidewand entlang aufwärts und schwingt im Punkt der Zirbeldrüse, von der man sagt, sie sei der Rest eines dritten Auges, ein lichtempfindliches Organ.

Der lange Laut ū (wie im Englischen »you«) erklingt, wenn er ausgesprochen wird, genau am Orte der gespitzten Lippen, dem Verbindungspunkt zwischen dem eingehenden und dem ausgehenden Atem. Das ist der Ort, wo unser Handeln mit der göttlichen Erlaubnis, dem *idhn,* zusammentrifft und sich mit ihm vermischt.

Die Sufis verwenden verschiedene Formeln, Kombinationen dieser Töne, mit denen sie wahrhaft elektrisierende Wirkungen erzielen und die schon an sich

Hū

eingeengte Gebiete im Herzen wieder aufschließen und dadurch die eine oder die andere dieser Fähigkeiten freisetzen. Bereits dadurch kommt es zu einer beträchtlichen Zahl von Wunderheilungen.

Daher sind sogar die Worte, die wir in unserer Konversation verwenden, kaum eine unwichtige Sache. Wenn wir zum Beispiel das englische Wort »eat« aussprechen (und dabei den Laut eines langen ī von uns geben) dann stimulieren wir tatsächlich die Zirbeldrüse im System unserer endokrinen Drüsen! Die Zirbeldrüse nimmt dieses Schwingungssignal entgegen, wodurch es zu einer Reihe von ätherischen Signalen kommt, die durch den gesamten Körper gehen und für sämtliche physiologischen Funktionen jeweils bestimmte Bedeutungen haben.

Was dabei geschieht, entspricht dem, was sich in der Natur ereignet, wenn die Sonne bestimmte keimfördernde Signale zur Erdoberfläche sendet, die bewirken, daß sich Samenkörner öffnen, denen wiederum Würzelchen entsprießen. Das Keimzentrum des Samens wird durch die Signale der Sonne aktiviert. Entsprechend werden durch die Wellen der Tonschwingungen in diesen universellen harmonischen Konstanten verschiedene Zentren im menschlichen Körper erweckt. Die Wirkungen auf die menschliche Gesundheit sind tiefgehend.

Diese Beziehung zwischen der physischen und der geistigen Ebene existiert überall in der Natur, von der die Menschen ein Teil sind. Man könnte sagen, daß die Tiere mehr darauf eingestellt sind als die Menschen. Manchmal geben Pferde und andere Tiere unmittelbar vor ihrem Tod einen bestimmten Laut von sich, und die Tiere in der Nähe kennen die Bedeutung dieses Lautes. Tiere sind sich der unsichtbaren Bereiche mehr bewußt. Auch die Menschen sollten dieses Wissen haben, aber sie suchen es nicht. Die Menschen sind mehr an die physische Ebene gebunden.

Damit wahre Gesundheit entstehen kann, muß zuerst ein Wissen um die physische, die mentale und die geistige Ebene der Existenz vorhanden sein und die Bereitschaft, alle diese Bereiche in Betracht zu ziehen. Wenn wir jede dieser Seinsebenen verstehen, können wir dazu kommen, sie alle richtig zu behandeln und ins Gleichgewicht zu bringen. Wenn man den Gegenstand der Krankheit tiefgründig genug betrachtet, dann kann man sagen, daß der Ursprung aller Krankheiten in unserem Geist liegt. Deshalb muß es zunächst einen Gedanken an eine Krankheit oder eine Vorstellung von einer Krankheit geben, bevor diese existieren kann. Aber was ist unser Geist? Einige sagen, er ist eine Sammlung von Zellen, die viele Funktionen und Möglichkeiten haben. Aber die Sufis sagen, daß unser Geist viel mehr ist als bloß der Sitz des Intellekts, den Gott dem Menschen gegeben hat, wodurch Er ihn in der ganzen Schöpfung einzigartig gemacht hat. Bevor dieser menschliche Geist richtig verstanden werden kann, müssen wir zuerst eine Vorstellung vom ganzen Universum haben, vom Leben der Bakterien im kleinsten bis hinauf zu Gott. Das kennen wir als die Hierarchie der Schöpfung.

2 | Die Hierarchie der Schöpfung

> Gott ist der Eine, Der alles für dich erschaffen hat,
> was auf Erden ist.
> Auch dem himmlischen Bereiche hat Er sich zugewandt
> und sieben Himmel erschaffen voller Harmonie.
> Er ist voll des Wissens um alle Dinge.
> (Qur'an 23:17)

Die Hierarchie der Schöpfung erstreckt sich von den geringsten Formen des irdischen Lebens bis hinauf zu Allah. Der Aufbau dieser Hierarchie wurde von Allah vorgezeichnet, und er wird von Seinem Willen in Form und Gleichgewicht gehalten. Im großen und ganzen betrachtet besteht die Schöpfung aus zwei Teilen: aus der bekannten Welt unserer menschlichen Schöpfung *(insān)* sowie der unsichtbaren Welt *(ghayb)* auf der einen Seite, und aus der im allgemeinen unbekannten Welt der Himmel auf der anderen Seite.

Die Welt unterhalb, die sublunare Welt (Welt unter dem Mond) besteht aus vier elementaren Sphären: der irdenen, der pflanzlichen, der tierischen und der menschlichen. Diese vier Bereiche sind in der aufsteigenden Ordnung der Schöpfung aneinander gereiht, so daß der Mensch in der Ordnung der physischen Schöpfung die höchste Position innehat. Diese Dimension wird von den Regeln der Natur beherrscht, das heißt, sie steht unter der Herrschaft von Wachstum und Verfall, Leben und Tod.

Oberhalb dieser erschaffenen Welt des menschlichen Lebens liegt der Bereich der Himmel, elf an der Zahl. Jeder dieser Himmel wird von engelhaften Wesen bewohnt, und endlich leben dort Seelen, die das irdische Leben und ihren menschlichen Körper verlassen haben.

Die verschiedenen Bereiche der Erde und der Himmel werden in den Abbildungen 1a und 1b auf den Seiten 42 und 43 dargestellt.

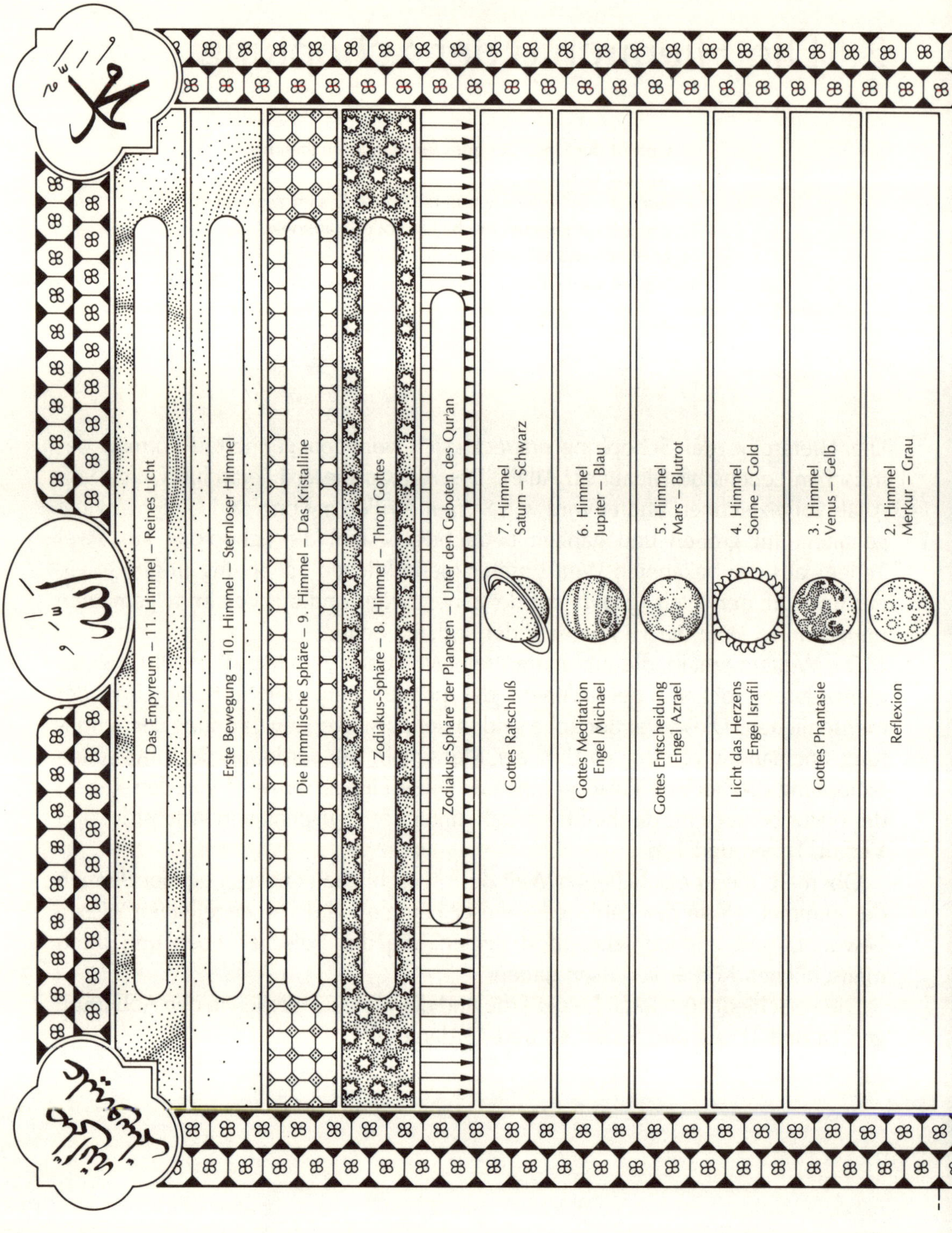

Abb. 1a: Die Hierarchie der Schöpfung

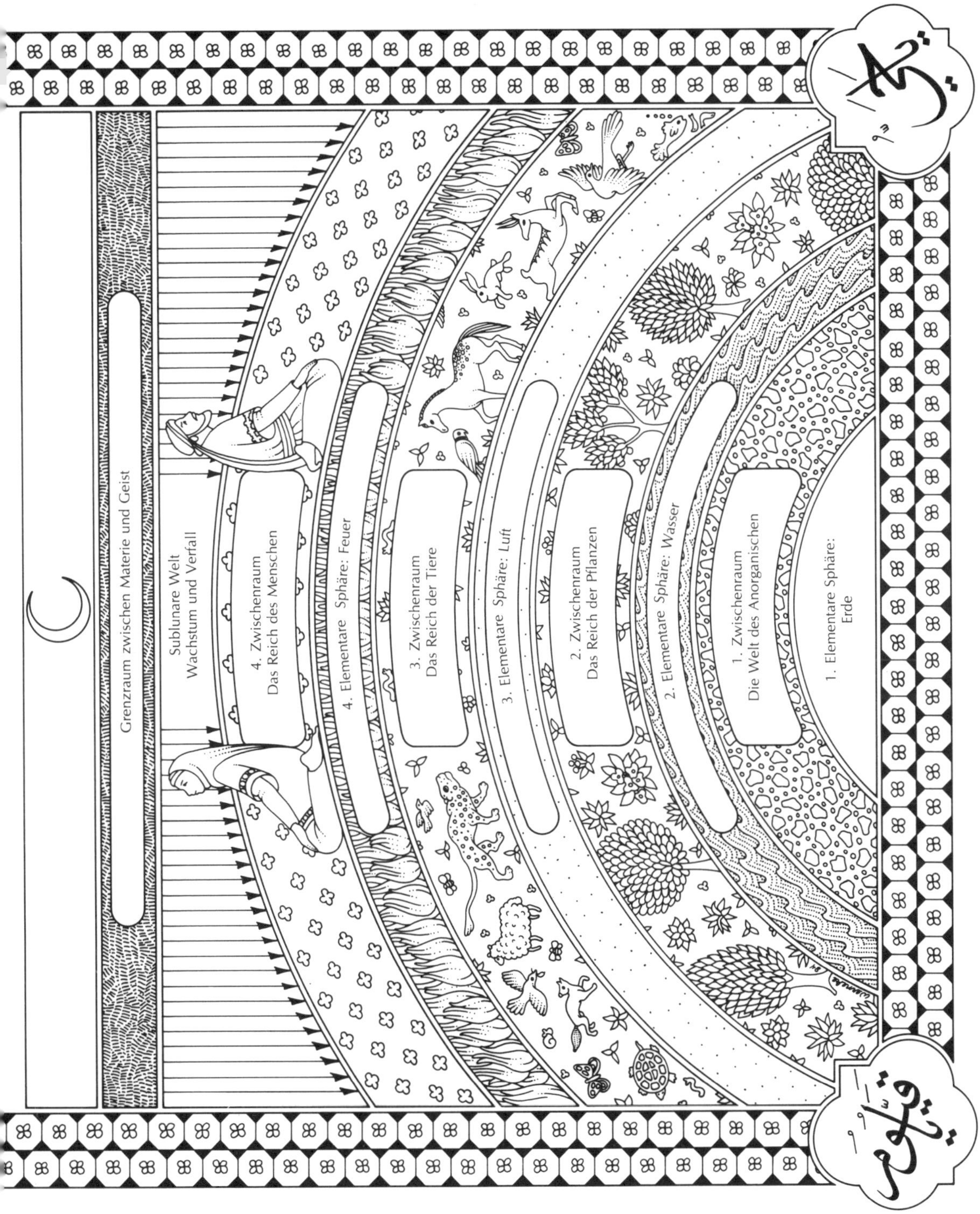

Abb. 1b: Die Hierarchie der Schöpfung

Allah

Die Leere

11. Himmel – Das Empyreum (besteht zur Gänze aus Licht)

10. Himmel – Erste Bewegung
(Die Bewegungen in den niedrigeren Sphären haben hier ihren Urspsprung.)
Sternloser Himmel

9. Himmel – Das Kristalline
(Die himmlische Sphäre)
Von den Sufis *'arsh* genannt
Die unregelmäßige Bewegung der Fixsterne wird durch Bewegungen in diesem Himmel verursacht.

8. Himmel – Die Sphäre des Zodiakus
(gesteuert durch die Gebote des Qur'an)
Bereich der Fixsterne (und Planeten)
Die Sphäre des Zodiakus ist die Grenze unseres physischen Universums. Sie ist der bestirnte Himmel mit seinen acht Sphären, deren erste Sphäre die der Fixsterne ist.

7. bis 1. Himmel – Die Sphäre der Planeten
»Er hat sie als sieben vollständige Himmel geschaffen« (Qur'an 2:29).
Jeder Himmel *(samā')* ist ein Himmel im Vergleich zu dem, was sich unter ihm befindet und eine Erde im Vergleich zu dem, was darüber liegt.

7. Himmel – Saturn: schwarz.
Der erste erschaffene Himmel
geformt aus *an-Nur* (das Licht von Allah).

6. Himmel – Jupiter: blau.
Steht unter der Herrschaft von Michael
Geformt aus dem Licht von *Himmah* (Allahs Meditation).

5. Himmel – Mars: blutrot.
Beherrscht von Azrael.
Geformt aus dem Licht von *Wahm* (Allahs Entscheidung).

4. Himmel – Sonne: gold.
   Beherrscht von Israfīl.
   Geformt aus dem Licht von *Qalb* (Herz).

3. Himmel – Venus: gelb.
   Die Welt der Ähnlichkeiten
   Geformt aus *Khayāl* (Vorstellung).

2. Himmel – Merkur: grau.
   Geformt aus *Fikr* (göttliche Überlegung).

1. Himmel – Mond: weiß, silbrig
   Aus Äther gemacht.

Hier liegt die Grenze zwischen Materie und Geist. Unterhalb dieser Himmel ist die sublunare Welt – die Welt von Wachstum und Verfall.

Vierter Zwischenraum *(furjah):* das menschliche Reich.
Vierte elementare Sphäre: Feuer

Dritter Zwischenraum: Reich der Tiere
Dritte elementare Sphäre: Luft

Zweiter Zwischenraum: Reich der Pflanzen
Zweite elementare Sphäre: Wasser

Erster Zwischenraum: Unbelebte Welt
Erste elementare Sphäre: Erde

Jeder dieser elementaren Bereiche – der irdene, der pflanzliche, der tierische und der menschliche – besteht aus zwei Teilen: einer elementaren Sphäre und einem Zwischenraum, durch den die Verbindung zu der darüberliegenden Sphäre hergestellt wird. So hängt die irdene Sphäre mit der zweiten elementaren Sphäre durch die unbelebte Welt zusammen. Wenn das Wasserelement mit der irdenen Sphäre kombiniert wird, so entsteht die Welt der Pflanzen.

Wenn man zu Erde und Wasser noch Luft hinzufügt, dann wird dadurch in ähnlicher Weise das Feuer erschaffen. Wenn alle diese Elemente Erde, Wasser, Luft und Feuer miteinander kombiniert werden, dann entsteht der menschliche Körper.

Das menschliche Reich ist die Verbindung mit den himmlischen Bereichen. Für die meisten Menschen wird der erste Himmel durch den Mond repräsentiert: Zunächst verwirklichen wir unser Streben nach den himmlischen Bereichen dadurch, daß wir den Mond betrachten. Für diejenigen, welche die Dimension des ersten Himmels, des Mondes, bewohnen, ist der Mond das Firmament, und der zweite Himmel repräsentiert das höhere Streben – für sie ist der Merkur der Himmel. Das geht immer so weiter, die gesamte Hierarchie der Himmel aufwärts.

Die Menschen haben den höchsten Platz in den Bereichen des erschaffenen Lebens nur aus dem einen Grund inne: Sie sind mit der Fähigkeit der Vernunft ausgestattet, mit *ʿaql,* das heißt mit der schöpferischen vernünftigen Denkfähigkeit des menschlichen Geistes, wie sie weder den Pflanzen noch den Tieren noch dem Wasser eigen ist. Diese niedrigeren Formen können nur die Instinkte befolgen, mit denen sie vom Schöpfer ausgestattet wurden. Sie sind den Gesetzen der Natur vollständig gehorsam. Zum Beispiel kann man mit einem Reh niemals »vernünftig argumentieren«. Wenn man sich einem Reh zu nähern versucht, dann springt es fast jedesmal augenblicklich auf und verschwindet, unabhängig davon, in welcher Absicht man sich ihm genähert hat.

Das trifft auch auf jene Tiere zu, die die Menschen zu zähmen versucht haben. Hunden, zum Beispiel, haben die Versuche, sie zu Haustieren zu machen, nicht gut getan. Je mehr Inzucht in einer Rasse stattgefunden hat, desto neurotischer werden die Hunde (wie zum Beispiel Zwergpudel). Trotz aller Versuche, aus Hunden »Schoßtiere« zu machen, ist es doch gar nicht so selten, daß ein Hund ohne allen Grund wild einen Menschen oder gar ein kleines Kind angreift und es tötet.

Tiere, die man zu Haustieren gemacht hat, verlieren gewöhnlich die natürliche Würde ihrer Art. Tiere aller Rassen und Arten sind in ihrer natürlichen Umgebung schön, denn da ist ihr gesamtes natürliches instinktives Verhalten, das sie zum Überleben brauchen, noch vollständig erhalten. Der Löwe tötet in freier Wildbahn nicht aus Bösartigkeit, sondern in der Schöpfung wurde dem Löwen die Rolle des Töters zugewiesen; daher muß er sie erfüllen.

Nur die Menschen haben die Fähigkeit zu schöpferischem Nachdenken, zum vernünftigen Treffen von Entscheidungen, ob sie etwas Bestimmtes tun sollen oder nicht. Dieser Vorgang wird manchmal freier Wille genannt. Man kann einem Menschen sagen, daß es seinen Tod bedeuten wird, wenn er etwas bestimmtes Gefährliches tut, aber der Mensch kann seinen freien Willen gebrauchen, und das trotz allem, was offenkundig dagegen spricht, dennoch tun. Tiere haben diese Möglichkeit nicht: Ein Fisch bleibt immer ein Fisch.

Unsere geistigen Entscheidungen werden durch *ʿaql* getroffen; durch diese Fähigkeit allein ist der Mensch in der sublunaren Welt über alle andere Schöpfung gesetzt.

Sobald wir über den Bereich der irdischen Existenz hinausstreben, bewegen wir uns in den Bereich der Himmel hinein. Am sichtbarsten für alle sind die zodiakalen Himmel, deren es sieben gibt.

Diese bilden den Bereich der Planeten, deren erster Planet der Mond ist. Er ist weiß und silberfarben; aufgebaut ist er aus den vier bereits erwähnten Elementen und zusätzlich noch aus dem Äther.

Der zweite Planet im Bereich des Zodiakus ist der Merkur; seine Farbe ist grau. Gott sprach, daß Er den Merkur geschaffen hat unter Hinzufügung Seines eigenen *fikr,* Seines tiefen meditativen Sinnens.

Venus ist der dritte Planet im Bereich des Zodiakus, und die Farbe dieses Planeten ist gelb. Venus beherrscht die Welt der Gleichnisse, der Analogien, der Metaphern und der Poesie. Allah hat uns gesagt, daß Er die Venus geschaffen hat unter Hinzufügung Seines *khayal,* Seiner Vorstellungskraft.

Die Sonne, der vierte Planet im Bereich des Zodiakus, wird beherrscht von Israfīl, dem Engel der Auferstehung. Vom Propheten *(s.a.w.s.)* wird berichtet, daß er erzählt habe, Israfīl habe ihm gesagt, daß der Engel des Todes täglich die Gesichter von siebzigtausend Menschen durchgehe und aus ihnen jene auswähle, die von der irdischen Existenz weggerufen werden. Diesen Planeten hat Gott aus dem Licht Seines eigenen Herzens geschaffen. Er ist das Wahrzeichen Gottes. Das Absolute des Herzens: die Liebe.

Der fünfte Planet im Zodiakus ist der Mars. Seine Farbe ist blutrot. Azrael, der Engel des Todes, beherrscht diesen Planeten, der aus Gottes *wahm,* Seiner göttlichen Entscheidungskraft, geschaffen ist.

Jupiter ist der sechste Planet des Zodiakus. Er wird vom Erzengel Michael beherrscht; er ist aus dem Licht des *himmah* geschaffen, dem Licht des Widerscheins Allahs.

Der letzte Planet des Zodiakus ist der Saturn. Seine Farbe ist schwarz. Saturn, der höchste in der Hierarchie, war der Erstgeschaffene im Bereich des Zodiakus.

Diese ersten sieben Himmel (die hier in umgekehrter Reihenfolge, nämlich vom niedrigsten bis zum höchsten Himmel angeführt sind) heißen insgesamt samāʾ. Das Wort samāʾ (Himmel) ist vom Wortlaut her mit *samāʿ* verwandt, worunter man im Arabischen die ekstatische Kontemplation bezeichnet. Jeder Himmel hat eine Beziehung sowohl zu dem, was über ihm liegt, als auch zu dem, was unter ihm liegt.

Diese Himmel sind von den verschiedenen Wesen der Schöpfung bevölkert. In einigen dieser Himmel gibt es Seelen, die den Körper verlassen haben (die im Erdenleben bereits verstorben sind und den Tag des Gerichts, *yawm al-qiyāmmah,* erwarten). Alle Engel wesen in diesen verschiedenen Himmeln je nach Aufgabe und Rang.

Zusätzlich zu den Seelen der Menschen und zu den Engeln hat Allah auch die Jinns erschaffen. Während Er die Menschen aus den vier Elementen Erde, Wasser,

Luft und Feuer gebildet hat, schuf Allah die Jinns aus dem »rauchlosen Feuer«. Die im Heiligen Qur'an vollständig beschriebenen Jinns können von Zeit zu Zeit menschliche Gestalt annehmen. Im allgemeinen unschädlich oder den Menschen günstig gestimmt, können sie aber auch übelwollend sein. Sie haben großen Einfluß auf die menschlichen Angelegenheiten; sie verursachen häufig Ungleichgewichte, die wir als Krankheiten bezeichnen würden. Ein wichtiges Beispiel sind Koliken bei Kindern, die besonders empfänglich für den Einfluß der Jinns sind. Zur Vertreibung der Jinns dienen bestimmte Kräutersubstanzen und bestimmte Rezitationen.

Wenn sich die Seele vom menschlichen Körper trennt, beginnt sie, durch diese himmlischen Bereiche emporzusteigen. Im höchsten Himmel des Zodiakus angelangt, sind wir an der Schwelle zum Throne Allahs, *ʿarsh* im Arabischen. Natürlich ist das nur eine Metapher, denn tatsächlich kann sich niemand vorstellen, auf dem Throne Allahs des Allmächtigen oder auch nur in der Nähe zu sitzen. Dieser achte Himmel ist die Grenze des physischen Bereiches des Universums. Das Universum, das wir mit Fernrohren, Laserstrahlen und Radiowellen studieren, erreicht an diesem Punkt des achten Himmels seine Grenze. Obwohl die Wissenschaft diese Barriere noch nicht erreicht hat, kann das zu einem späteren Zeitpunkt geschehen, so Gott will.

Es gibt achtzehntausend erschaffene Universen, von denen wir nur eines kennen, das eine, das wir bewohnen. Die anderen 17.999 existieren an das unsere angrenzend, aber sie haben andere Funktionen, die wir nicht kennen und die wir niemals kennen werden. Allah sagt, Er habe die Menschen nicht mit der Fähigkeit erschaffen, Seine Schöpfung zur Gänze zu verstehen. Aber im Augenblick des Todes werden die Schleier weggezogen, und jeder Mensch wird augenblicklich die ganze Natur der Himmel und des Universums sehen, und er wird erstaunt sein über die Genialität von Gottes Plan. Aber Allah hat auch gesagt, daß Er trotz der Kompliziertheit der Himmel den menschlichen Körper noch unendlich viel komplexer gebaut hat als diese! Einstweilen müssen wir uns aber mit dem Wissen, daß es da eine unvorstellbare Vielfalt gibt, zufriedengeben. Die Erhabenheit und die Macht unseres Schöpfers hinzunehmen, dessen Wille es war, Seiner Schöpfung viele Tausende von Dimensionen zu geben, macht uns begeistern. Wir Menschen erblicken nur einen Tropfen dieses göttlichen kosmischen Ozeans.

Das, was im achten Himmel geschieht, bestimmt Allah selbst; in den niedrigeren Bereichen hingegen vollziehen von Allah gewiesene Mittler Seinen Plan. Wenn in den Bereichen unseres Zodiakus zum Beispiel Sterne fallen oder Meteoriten wandern, werden derartige Ereignisse durch Bewegungen verursacht, die in diesem achten Himmel stattfinden. Die regelmäßige Bewegung anderer Planeten in den irdischen Himmeln wird von diesem achten Himmel aus gelenkt.

Der neunte Himmel ist der kristallene Himmel, *ʿarsh,* der Thron Allahs, das

Funkeln von Gottes Glanz. Dieser Seinszustand steht gänzlich jenseits unseres Vorstellungs- oder Darstellungsvermögens. Ein großer Sufi sagte einst: »Wer die Mauer zum *ʿarsh* überstiegen hat, von dem hat keiner je wieder gehört.«

Der zehnte Himmel kennt weder Planeten noch Sterne; er wird deshalb der sternlose Himmel genannt. Die Bewegungen aller anderen Sphären haben dort ihren Ursprung, unmittelbar unter dem Befehl und der Entscheidungsgewalt Allahs des Allmächtigen.

Der elfte Himmel ist das Empyreum, der Himmel der Himmel. Er ist ganz und gar aus Licht, er ist nichts anderes als reines vollständiges überwältigendes Licht. Mawlānā Rūmī *(r.a.)* besang diesen Bereich als er schrieb: »Was kümmert uns das Empyreum, was tragen wir Sorge um die Himmel? Unsere Reise geht zum Rosengarten der All-Einheit.«

Im Qurʾan hat Allah uns gesagt, Er habe zunächst die Seele der Prophetenschaft erschaffen, als Er beschlossen hatte, die Schöpfung zu schaffen. Und diese, so sprach Er, gestaltete Er aus Seinem eigenen Lichte, dem *nūr.* Mit anderen Worten: Allah bildete nur eine einzige Seele für alle Propheten, die Er je zu den Menschen auf die Erde gesandt hat, um über das Wesen der Schöpfung zu unterrichten. Er legte diese Seele jeweils in einhundertzwanzigtausend menschliche Wesen, in Männer und Frauen, deren nur einige der Welt bekanntgeworden sind. Allah erschuf diese unvorstellbar anmutige Seele aus Seinem *nūr,* aus Seinem eigenen Licht. Darum waren die Propheten imstande, auf die Welt eine derart erstaunliche Wirkung auszuüben. Allah gab ihnen Kraft und Vermögen, die Welt zu erleuchten.

Weiter hat Allah so gesprochen: »Hätte Ich nicht diese eine Seele aller Propheten gebildet, hätte Ich die Welt nicht geschaffen.« Als Allah diese Seele gebildet hatte, war diese so strahlend und leuchtend, daß sie zu schwitzen begann, und aus diesem Schweiße schuf Allah die Seele der Rose. Darum hat die Rose einen so wunderbaren Duft, daß sie die Mutter der Düfte genannt wird. Jeder, der eine Rose betrachtet, lächelt und fühlt sich erhoben; Menschen in der ganzen Welt verehren und liebkosen die Rose ganz unwillkürlich. Ja, die Rose ist das Symbol der Liebe an sich.

Wie wir aus dem in diesem Kapitel dargestellten Weg der Evolution durch die Hierarchie der Schöpfung entnehmen können, hat der Mensch innerhalb dieser Rangordnung einen verhältnismäßig niedrigen Platz inne. Es gibt viele Ebenen, die wir mit dem physischen Körper nicht zu erreichen vermögen. Nach dem irdischen Leben gibt es viele zusätzliche Stufen, die alle durchquert werden müssen, wobei wir das Fahrzeug der Seele benutzen. Jenseits des Himmels der Himmel, jenseits des Empyreums, gibt es einen Zustand, der *wiṣāl* genannt wird, die Hochzeit mit Gott dem Allmächtigen. Das allein ist das Ziel des wahren Sufi, und das ist die wahre Bedeutung von *Lā ilāha illā Llāh,* das heißt, daß man mit nichts anderem zufrieden und glücklich ist als mit der endgültigen Vereinigung mit dem Geliebten, dem Eigner, dem Erschaffer und dem Erhalter aller Welten. *Yā Ḥayyū! Yā Qayyūm!*

Alle heiligen Schriften und sämtliche Propheten aller Zeiten sagen dasselbe, nämlich, daß wir von einem weisen und liebevollen Schöpfer erschaffen sind, und daß der besondere Zweck unseres Daseins darin besteht, bemüht zu sein, unseren Weg zu Ihm zurückzufinden. Die Wiedervereinigung mit Gott ist unser aller Lebensziel, und alles in unserem Leben ist nur ein großartiges Schauspiel, das uns bei dieser Reise helfen soll. Darum heißt derjenige, der als Sufi strebt und lebt, Reisender, *sālik.*

Alles, was wir in diesem Leben für freundlich, liebenswürdig, gut und wünschenswert halten, ist nur eine winzige Manifestation der endgültigen, absoluten und unanfechtbaren Wirklichkeit all dessen, was Allah, und Ihm allein, gehört. Dieses endgültige Wissen über alle Dinge wird *ḥaqīqat* (von *ḥaqq,* die Wahrheit) genannt.

Wenn wir von Liebe sprechen und wenn wir sagen, daß wir geliebt werden oder einen anderen lieben wollen, dann meinen wir damit unsere Sehnsucht nach dieser absoluten Liebe, die uns überwältigen und zu Asche verbrennen wird, so daß wir an Liebe sterben. Kein Mensch kann einem anderen diese erhabene Macht der Liebe geben. Nur der göttliche Geliebte kann uns solcherart zunichte machen. Das ist es, was der Sufi sucht und bis zu seinem Tode zu erlangen bemüht ist.

Die Reise vom verwirrten irdischen Menschen zu einem, der auf immer mit der göttlichen Realität vereinigt ist, ist lang, kompliziert und schwierig. Darum haben die Sufis verschiedene Stufen auf diesem Weg herausgearbeitet und haben einzelne Wegweiser und Maßstäbe entwickelt, die man dazu verwenden kann, festzustellen, wo man sich auf dem Wege befindet. Dieser Weg des Vorwärtsschreitens auf der Reise zum Geliebten wird die Reihe der Stationen der Seele genannt.

3 | Die Stationen der Seele

Der physische Körper durchschreitet im Leben verschiedene Abschnitte: frühe Kindheit, Jugend, Erwachsensein und das Alter. In ähnlicher Weise geht die Seele auf ihrem Weg durch bestimmte Abschnitte ihrer Entwicklung.

Das arabische Wort für diese Stationen ist *maqām* (Mehrzahl: *maqāmāt*). Es hat die Grundbedeutung von »Station« oder »Rastplatz«, aber auch viele Nebenbedeutungen, die zum vollständigen Verständnis dessen, was in diesem Kapitel gesagt werden soll, ebenfalls mitgeteilt werden sollen. *maqām* hat auch noch die Bedeutung von »Wohnort«, »Wohnung«, »Haus«, »Aufenthalt«, »Würde«, »Amt«, »Zustand«, »Musiknote«, »Frage«. In der Tat: Das Verweilen der Seele in einem dieser *maqāmāt* besteht aus diesem allem, mitunter aus noch mehr.

Die Seele tritt im Augenblick der Geburt in den Bereich dieser Stationen ein und befindet sich in jedem Augenblick des Lebens in einer von ihnen, obwohl es auch sein kann, daß sie von einer zur anderen übergeht. Diese Stationen werden hier in aufsteigender Reihenfolge angeführt:

maqām an-nafs: Station des Egotismus
maqām al-qalb: Station des Herzens
maqām ar-rūḥ: Station der Seele (oder des reinen Geistes)
maqām as-sirr: Station der göttlichen Geheimnisse
maqām al-qurb: Station der Nachbarschaft (oder Nähe) zu Allah
maqām al-wiṣāl: Station der Vereinigung (manchmal auch göttliche Hochzeit mit dem Geliebten genannt)

Vom Augenblick der Geburt an bemühen wir uns ständig darum, die Seele zu entwickeln, und der Fortschritt bei dieser Bemühung kann unter Bezugnahme auf diese Stationen bezeichnet und gemessen werden. Offenkundig erlangt nicht jeder alle diese Entwicklungsstufen. Es ist wichtig zu erkennen, daß es nicht der Körper als solcher ist, der diese Reise macht, sondern vielmehr das *rūḥ*.

Das Wort *rūḥ* wird gewöhnlich als »Seele« übersetzt. Das Wort bezeichnet auch den Atem Gottes, den Engel Gabriel, den Qurʾan, die Offenbarung oder die Prophetenschaft.

Für die Sufis ist *rūḥ* die Essenz des Lebens. Es ist nicht der physische Körper, auch nicht das Gehirn und seine Gedanken und Erinnerungen, es ist auch nicht der Inbegriff der Lebensvorgänge; *rūḥ* hat eine abgesonderte Existenz an sich, welche sich von Gott herleitet und ganz Gott angehört.

Wenn wir jemanden fragen, wie ein Granatapfel schmeckt, dann kann er etwa sagen: »Er schmeckt so, wie er schmeckt«. Das scheint keine sehr befriedigende Antwort zu sein, aber weil der Granatapfel einen einzigartigen Geschmack hat, kann dieser Geschmack zu nichts anderem in Beziehung gesetzt werden, und deshalb wird diese seltsame Antwort erforderlich. Ebenso ist es mit *rūḥ*.

Nur durch Vergleich mit Rhythmus und Bewegung läßt sich *rūḥ,* die Essenz des Lebens, veranschaulichen. Denken wir zum Beispiel an den Tanz. Es gibt den Tanz, aber er ist nicht etwas Konkretes, er ist nur als eine Beziehung zwischen der Art des Rhythmus und der Bewegung vorhanden. Man kann sich im Geist einen Tanz vorstellen; damit Tanz jedoch tatsächlich stattfindet, bedarf es der rhythmischen Bewegung der Tanzenden, die ihn darstellen; der Tanz selbst bleibt jedoch die Essenz. Das eben ist mit Essenz gemeint, wovon *rūḥ* vielleicht das größte Beispiel ist.

Auch die menschliche Seele braucht Rhythmus und Bewegung, um sich auf der physischen Ebene zu manifestieren. Vergessen wir nicht, daß *rūḥ,* die Essenz der Seele, nicht dasselbe ist wie der Geist *(nafas).* Letzterer ist die göttliche Kraft, die die physischen Vorgänge im Körper, einschließlich der mentalen Vorgänge, aktiviert. Das *rūḥ* wird mehr innerlich gefühlt, es steht höher als der Geist.

Denken wir an all die Dinge, die die Essenz des Feuers in sich tragen: die Sonne, das grüne Holz, die Asche usw. Sie alle haben dieselbe Essenz, jedoch sehr verschiedene physische Formen. Sie befinden sich auf verschiedenen Entwicklungsstufen, sie haben verschiedene *maqāmāt.* Das Absolute der Essenz des Feuers ist ein Teil des *nūr,* des Lichtes von Gott.

Jedes physische erschaffene Ding hat sein eigenes, sein charateristisches Gleichgewicht zwischen heiß und kalt, feucht und trocken, Passivität und Aktivität. Wir lesen im Qurʾan, daß Allah »alles in seinem richtigen Gleichgewicht erschaffen hat«. Zum Beispiel ist das Blut auf seine charakteristische Art warm und feucht. Alles, was diesen gewöhnlichen Gleichgewichtszustand stört, kann zu Krankheit führen. Dasselbe gilt für unsere Emotionen. Unsere Stimmungen werden ständig durch Ereignisse beeinflußt, die wir durch unsere Sinnesorgane erfahren. Nehmen wir zum Beispiel den Berührungssinn. Wenn dich jemand heftig schlägt, ändert sich deine Laune fast augenblicklich. Würdest du in einen eiskalten Teich springen, so änderten sich deine Emotionen ebenfalls sehr lebhaft.

Der Gehörsinn ist ein anderes Beispiel. Musik kann den Gemütszustand tiefgründig verändern. Laute, lärmende Musik kann dich ängstlich und nervös machen. Und doch brauchen diese emotional wirksamen Ereignisse Form und Bewegung, um diese Veränderungen hervorzurufen. Die Wirkung des Lesens von Musiknoten auf dem Papier ist nicht die gleiche wie die des Anhörens einer großen Symphonie.

Einige der Sinne sind machtvoller als andere. Der physische Sinn, den man für den höchsten hält, ist der Geruchssinn. Einige sagen, daß der Geruch mit dem Gedächtnis zusammenhängt. Wenn man zum Beispiel eine Straße entlang geht, kann man Gerüche antreffen, wie etwa die des Brotbackens, und fast im Augenblick, da dieser Geruch die Nase erreicht, kann er bestimmte Kindheitserinnerungen auslösen. Die Wissenschaft der Aromatherapie basiert auf dieser Schlüsseleigenschaft des Geruchsinns. Jede Blume in der Natur hat ihr eigenes *rūḥ,* ihre eigene Essenz. Feines natürliches Blumenöl kann wegen seiner antiseptischen Wirkung auf Wunden verwendet werden. Die Sufis haben die Blumen nach ihren Wirkungen eingeteilt, die sie auf die Seele bei deren Evolution zu Gott ausüben.

Jeder Mensch hat sein *rūḥ.* Aber das *rūḥ* des einen Menschen ist nicht dasselbe wie das des anderen. Ein Sünder ist nicht dasselbe wie ein Heiliger. Einige Seelen sind viel feiner als andere. Jeder Mensch wird in den Zustand *maqām an-nafs,* den Zustand des Egotismus, hineingeboren. Das ist die erste unvermeidliche Station im Leben. Das Kind ist gänzlich ausgefüllt mit seinem eigenen Bedürfnis nach physischer Befriedigung. Es möchte Nahrung, es möchte getragen werden, es möchte schreien und weinen und spucken, und es möchte seine eigenen Wünsche bekannt machen. Es macht sich überhaupt keine Gedanken über die Auswirkungen seiner Handlungen. Ein Kleinkind zerbricht auch Gegenstände, die von Erwachsenen für unschätzbar kostbar gehalten werden, und lacht darüber!

In seiner frühesten Entwicklungsphase kümmert sich der Körper nur um die Befriedigung seiner tierischen Wünsche nach Nahrung, Liebe und allen Arten von Sinnesreizen. Da dies ein gottgegebener Zustand ist, der immer vorkommt, gelten Kinder vor Gericht als schuldunfähig und strafunmündig. Keiner sagt viel, wenn ein kleines Kind in einem Laden eine noch so große Menge Flaschen umwirft, die dort zum Verkauf stehen. Jemand kommt und macht den Platz wieder sauber. Tut dasselbe aber ein Erwachsener, und das gar absichtlich, wie das ja auch beim Kind der Fall gewesen sein kann, ruft man die Polizei.

Im Zustand des Egotismus, der Eigenliebe und des Eigendünkels, ist die Fähigkeit der Vernunft und der eigenen Urteilskraft noch nicht entwickelt. Das kommt erst später. Wie das Kind heranwächst, wird es von seinen Eltern und von der Gesellschaft insgesamt ganz allgemein zur Befolgung verschiedener Betragensregeln erzogen. Das Kind lernt bestimmte Verhaltensweisen, von denen es nicht abweichen darf, will es nicht unangenehmen Konsequenzen begegnen.

Es gilt als normal und verständlich, wenn kleine Kinder in diesem Zustand des Egotismus verweilen. Aber ebenso wie sie dem Alter entwachsen, in dem sie krabbeln und ihre Nahrung beim Essen wieder erbrechen, wie ihr Körper heranreift und kontrollierter physischer Bewegungen fähig wird, erwarten wir auch, daß sich die Seele dieses Menschen entwickelt und dem Egotismus entwächst.

Der Qur'an offenbart das richtige Verhalten für diese Entwicklung der Seele. Die in dem Qur'an dargelegte Lebensweise für dieses Ziel heißt *as-ṣirāṭ al-mustaqīm:* der rechte Weg. Höchstes und alleiniges Lebensziel für den Sufi ist sein Bestreben, zu Gott zu reisen, und dies so vernünftig, erfolgreich und auch so schnell wie möglich. Demgemäß ist der rechte Weg eine Gerade, die kürzeste Entfernung zwischen zwei Punkten, nämlich die Strecke zwischen der Station des Egotismus und dem Punkt der Vereinigung mit dem Geliebten, mit Allah, dem Allmächtigen.

Viele Menschen werden erwachsen, ja sie werden sogar alt, ohne die Anfangsstufe des Egotismus, das *maqām an-nafs,* überhaupt zu verlassen. Solche Menschen gehen stets blind ihren Weg und hören nie auf, nur der körperlichen Befriedigung zu leben. Im Extremfall beruht die ganze Reihe der sogenannten chronischen und degenerativen affektiven und körperlichen Krankheiten auf einem zu langen Verweilen auf dieser Stufe. Furcht, Angst, Selbstzweifel, Eigensucht, Wahnsinn, grundloses Weinen, Depression, Paranoia, sexuelle Perversionen, Selbstmord – das alles sind mit *maqām an-nafs* zusammenhängende Krankheiten, wenn ein Mensch noch als Erwachsener auf dieser Stufe verbleibt.

Die physischen Krankheiten, die mit dem *maqām an-nafs* verknüpft sind, können manchmal zugleich mit emotionellen oder zum Bereich der Psychologie gehörenden Krankheiten auftreten. Für den Körper jedoch führt das Verweilen im Zustand des Egotismus schließlich zu Drogenmißbrauch, Alkoholismus, kriminellem Verhalten, Fettleibigkeit, erhöhtem Blutzuckerspiegel, Blindheit und anderen Sehstörungen, Gelbsucht, Herzanfällen, Geschlechtskrankheiten und Krebs. Diese Krankheiten kommen daher, daß es dem Menschen nicht gelingt, die richtige Herrschaft über eine oder mehrere der *nafs*-Funktionen, die Gelüste des Körpers, auszuüben. Einige Leser werden hier wahrscheinlich widersprechen und sagen, daß sie irgendeinen sehr netten Menschen kennen, der einen Herzanfall erlitten hat. Das Studium der späteren Stationen der Evolution der Seele wird diesen Punkt besser beleuchten.

Der Weg, dem Zustand des Egotismus zu entkommen, aus ihm hinauszuschreiten, besteht in der Ausbildung und Disziplinierung des Ego und seiner Triebe. Das bedeutet das Entwickeln von Willenskraft, Verantwortlichkeit, Entgegenkommen, Mitleid, Höflichkeit und anderer Eigenschaften.

Wenn es einem gelingt, in gewissem Ausmaß die Herrschaft über die *nafs* zu erlangen, um dadurch aus dieser Entwicklungsstufe herauszukommen, erreicht man *maqām al-qalb,* die Station des Herzens. Das arabische Wort für Herz, *qalb,* hat eine große Zahl wunderbarer Bedeutungen. Sie umfassen: Herz, menschlicher Geist, Seele, Verständnis, Intellekt, Kern, Mark, Mittelpunkt, der beste Teil, das Innerste, das Echte, das Reine. Noch interessanter ist, daß *qalb* auch die Bedeutungen hat: »verändernd«, »umwandelnd« oder »drehend«. Für den Sufi ist das Herz das Mittel, durch das alle Umwandlung geschieht.

Alle, die diese Station des Herzens erreicht haben, sind von Natur aus gut. Sie haben ein gutes Gefühl mit sich selbst und der Welt. Ein Mensch im *maqām al-qalb* würde sagen: »Ich möchte nur Gutes tun in der Welt. Ich liebe die Natur in all ihren Formen, ich akzeptiere einen jeden. Oh welch ein Wunder doch das Leben ist!« Wenn man diese erhabene Einstellung dem Leben gegenüber betrachtet, dann könnte man meinen, daß einen solchen Menschen keine Krankheiten oder Probleme behelligen können. Aber in Wirklichkeit ist das fast genau umgekehrt, denn Menschen auf der Station der Seele neigen immer noch sowohl zu emotionalen und physischen Ungleichgewichten als auch zu geistigen. Zu den emotionalen und geistigen Leiden gehören: Unfähigkeit sich zu konzentrieren, Vergeßlichkeit, Angst vor dem Versagen, bestimmte Arten von Heuchelei, übertriebene Emotionen wie starke Ekstase, Depression, Freude, starker Ärger, Arroganz und die Nichtbeachtung der Gefühle anderer.

Trotz der positiven Aspekte dieses Seelen-Zustands ist dieser doch nur die zweite Station des seelischen Fortschrittes. Diese Entwicklungsstufe kann die Zeit von gewaltigen emotionellen Umwälzungen sein, wozu auch Ehescheidung oder Probleme in anderen gesellschaftlichen Beziehungen und finanzielle Probleme gehören können. Ursache dafür ist, daß der Mensch in seinem Inneren das Aufsteigen der Ekstase fühlt, einer neuen, aufregenden, fast überwältigenden Empfindung dem Leben gegenüber. Viele, die einen Menschen kannten, ehe dieser die Station des Herzens erreicht hatte, sind nicht imstande, die Veränderungen hinzunehmen, die sie jetzt an ihm beobachten. In der Tat, es geschieht sehr oft, daß ein Mensch, der sich in diesem Entwicklungszustand befindet, Freunde verliert.

Es gibt auch physische Leiden, die mit der Station des Herzens zusammenhängen. Während die Leiden in der vorigen Station fast ausschließlich degenerativer Natur waren, sind die Krankheiten und Leiden in dieser Entwicklungsstufe chronisch oder akut. Das ist deshalb so, weil der Körper durch einen inneren Reinigungsprozeß geht, ein Entfernen der Gifte und der überflüssigen Stoffe, die sich im vorigen Zustand angesammelt haben. Daher gehören zu den Krankheiten, die zur Station des Herzens zählen, Kopfschmerzen (insbesondere Migräne), Erbrechen, Durchfall, Schmerzen am ganzen Körper, Reizbarkeit, allgemeine Vergiftungserscheinungen (Hautausschläge und Beschwerden der Kopfhaut), Fieber und Beschwerden der Gallenblase und der Nieren.

Während die Krankheiten, die zur Station des Egotismus gehören, ernsthaft und oft unheilbar waren, sind die Krankheiten, die mit der Station des Herzens verbunden sind, eine Art Selbstbehandlung des Körpers. Fast immer handelt es sich um eine Art von Heilungskrise oder mehrere solcher Krisenzustände, die zugleich auftreten, Krisen, durch die der Körper im Zuge der Selbstheilung hindurchgeht. Diese Vorgänge mögen nicht angenehm sein, aber sie sind heilsam.

Ohne einen wahren Shaykh ist es sehr schwer, die weiteren Entwicklungsstufen der Seele zu erreichen. Unter seiner Anleitung kann man zur nächsten Stufe, zum *maqām ar-rūḥ* (Station der Seele), voranschreiten; das geschieht durch bestimmte Übungen, durch welche die Fähigkeiten von Mildtätigkeit, Mitleid, Entgegenkommen und Selbstdisziplin zu einem hohen Grad der Vollkommenheit entwickelt werden.

Die Station der Seele ist zweifellos ein gesegneter Zustand. Ein jeder, der sich darin befindet, erscheint anderen als ein Mensch von großer Liebe und hohen geistigen Errungenschaften. Aber zugleich verbleiben noch physische und emotionale Ungleichgewichte, die ein Teil jenes Mechanismus werden, durch den der Mensch weiter auf Gott zustrebt. Diese Ungleichgewichte dienen der Vertiefung des Glaubens. Zu den emotionalen Schwierigkeiten in *maqām ar-rūḥ* gehören Arroganz, Stolz, Selbstbetrug, Mangel an Konzentration, Schwindelgefühl, eine Art von frivoler und ehrfurchtsloser Einstellung dem Leben gegenüber und manchmal die Gewohnheit, andere herabzusetzen. Man muß aber festhalten, daß dies die für diese Stufe bezeichnenden Krankheiten sind, nicht jedoch das Verhalten eines, der sich in dieser Entwicklungsphase im Gleichgewicht befindet. Diese Ungleichgewichte können auftreten, wenn sich der Mensch noch nicht bis zu dem Punkt entwickelt hat, wo er gegen die Gelüste der *nafs* gänzlich immun ist.

Als der große Sufi ʿAbdul-Qādir Jīlānī *(r.a.)* schon für einen Mann von hohem geistigen Rang gehalten wurde, erschien ihm eine Gestalt, die behauptete, sie sei Gabriel, der Engel der Offenbarung. Die Erscheinung sagte dem Sufi, er könne nun mit dem rituellen Gebet aufhören, da er schon heilig sei. ʿAbdul-Qādir rezitierte einen Vers aus dem Qurʾan und stellte die Erscheinung als den Satan, *shayṭān,* bloß, der sich verkleidet hatte. Das beweist, daß wir uns der Nachstellungen des Teufels um so sicherer sein können, je weiter wir auf dem geistigen Weg kommen.

Einige der Ungleichgewichte dieser Station sind leicht zu beherrschen, einige aber nicht. Zu den schwierigeren und gefährlicheren gehört die Arroganz. Das ist die rohe, auf sich selbst bezogene Art des Egotismus, die den Menschen dahin führt, daß er sagt: »Ich bin besser als andere. Ich bete den ganzen Tag. Ich faste. Ich meditiere und ich sehe vor mir all diese Menschen der Welt, die nur Abfall sind. Sie sind Sünder!« Das mag in bezug auf einige Menschen in gewisser Hinsicht wahr sein, aber es ist doch eine Beleidigung dieser Menschen, und es stört die eigene geistige Entwicklung, wenn man es in Worten oder Gedanken ausspricht. Man muß daran denken, daß ein jeder Mensch durch den Ratschluß Gottes des Allmächtigen bis zu einem bestimmten Punkt entwickelt ist. Wenn ein Mensch auch noch so tief in das Leben der Welt hineingesunken ist, stets ist in ihm ein Funke von Göttlichkeit. Auch kann es sein, daß Menschen in der Entwicklung voranschreiten. Es ist dann die Pflicht eines wahrhaft geistigen Menschen, sie nicht zu verdammen, sondern ihr Freund zu sein, damit sie aus ihrem Unglück herausgeführt werden können auf den Pfad des richtigen Lebens.

Auch einige Arten von physischen Leiden kommen auf der Station der Seele vor. Zu ihnen zählen die Selbstvergiftung (durch übertriebene Atemübungen) sowie verschiedene Arten von nervösem Zittern, Müdigkeit, gestörter Appetit und Fieber.

Es gibt zwei Formen des Fiebers. Die erste tritt auf der Station des Egotismus und auf der Station des Herzens auf; es ist eine intensive Hitze, die der Körper entwickelt, um überflüssige Giftstoffe zu verfeinern und zu verarbeiten. Die zweite Art von Fieber tritt in den späteren Stationen auf; es ist ein Prozeß von tiefer geistiger Reinigung, der, wie der Prophet Muhammad *(s.a.w.s.)* gesagt hat, bewirkt, daß »die Sünden abfallen wie Blätter von einem Baum.« – Dieses Fieber verbrennt die Unreinheiten auf der Ebene der Seele. Für die heiligen Menschen, die das Fieber auf dieser Ebene erfahren, dient dieses nicht zur Korrektur falscher Lebensgewohnheiten. Wie ein Sufi gesagt hat: »Am Anfang bereust du falsches Handeln und Sünden. Am Ende bereust du es, wenn du Gott auch nur eine Sekunde lang vergißt.« Das ist es, wogegen sich das Fieber im Zustand der Seele wendet.

Es kann geschehen, daß Menschen auf der Station der Seele plötzlich beginnen, sich so zu betragen, als wären sie geisteskrank. Besonders, wenn diese Menschen keinen geistigen Führer haben, kann es geschehen, daß sie in die verderblichsten Arten von Selbsttäuschung verfallen. Man kann in keinem Zustand jemals rasten oder glauben, man werde nie wieder zurückfallen.

Daraus erhellt, daß der Heilige und derjenige, der sich noch auf der Station des Egotismus befindet, völlig verschiedener Heilungsmethoden bedürften, wenn ein Seelenarzt oder ein Sufi eine Krankheit behandeln würde – selbst wenn beide meinen sollten, Fieber sei das Hauptsymptom.

Es kann sich die Frage erheben, ob ein Mensch zwischen zwei Stationen stehen kann. Das geschieht aber nicht. Jede solche Station ist eine Raststation. Das bedeutet, daß man, sobald man diese Stufe betreten hat, bis zum Tode darin verweilt, es sei denn, daß man zur vorigen Station wieder zurückkehrt oder zur nächsten voranschreitet. Es gibt aber in jeder dieser Stationen zahllose Unterteilungen, die *ḥāl* genannt werden. Wörtlich übersetzt bedeutet *ḥāl* die Veränderung. Vom Wortklang her ist dieses Wort mit dem Wort *ḥall* verbunden, welches »losbinden« oder »lösen« bedeutet. So gesehen versteht man unter diesem Wort den Zustand, der eintritt, wenn wir unsere Besinnung verlieren. So weit kann die extreme Bemühung der Sufis führen, wenn sie ihr *dhikr* rezitieren, wobei es nicht selten geschieht, daß man den Betreffenden besinnungslos zu Boden fallen sieht, nachdem er einen Blick von *ḥaqīqah* (der Wahrheit) oder von *maʿrifah* (der Ekstase) erhascht hat.

Die vierte Station ist *maqām as-sirr,* die Station der göttlichen Geheimnisse. Dieser Station ist selbst das größte Geheimnis, das man sich nicht vorstellen kann und das man auch, wenn man es erfährt, nicht glauben kann. Das Wort *sirr* (pl.: *asrār*) bezieht sich auf diese Station. Das Wort hat aber auch noch andere Bedeutungen: Geschlechtsverkehr, der mittlere oder beste Teil von etwas, das reichste Land, Wurzel, Ursprung und Grab.

Das ist die Station, auf die sich Allah bezog, als Er sagte: »Es gibt bestimmte meiner Diener, die nicht damit aufhören, durch freiwilliges Gebet solange meine Nähe zu suchen, bis Ich zu den Lippen werde, mit denen sie sprechen, zu den Augen, mit denen sie sehen, zu den Ohren, mit denen sie hören, zu der Hand, mit der sie halten und zum Fuß, mit dem sie gehen.« Diejenigen, die so glücklich sind, diese Station der göttlichen Geheimnisse zu erreichen, können die Mechanismen verstehen, durch die das ganze Universum an seiner Stelle gehalten wird. Sie haben die Fähigkeiten des Hellhörens voll entwickelt, und sie können die Gedanken anderer Menschen lesen. Engel kommen zu ihnen mit Informationen aus den unsichtbaren Bereichen.

Eines Tages fragte jemand den Propheten Muhammad *(s.a.w.s.):* »Wofür wurde dieses ganze Universum erschaffen? Wie kann es bestehen?« Da antwortete der Prophet: »Ich kenne die Antwort nicht. Ich muß hingehen und den Engel Gabriel fragen.« So ging er hin und fragte Gabriel, der ihm antwortete: »Ich kenne die Antwort nicht. Ich muß hingehen und Allah fragen.« So ging Gabriel hin und fragte Allah und kehrte dann zurück und sagte: »Allah hat gesagt: ›Ich habe das Firmament und die Himmel nur als einen herrlichen Anblick und euch zu vergnügen erschaffen und um Bewunderung und Ehrfurcht vor Meiner Majestät und Macht zu bewirken. Ich will, daß euch das Blinken der Sterne erhebt und erfreut und euch über Meine Schöpfung nachdenken macht.‹« Als Allah gefragt wurde, wie Er all das geschaffen habe, da berichtete Gabriel, Allah habe folgendes erwidert: »Ich habe die Menschen nicht mit den geistigen Fähigkeiten geschaffen, die Mittel und die Mechanismen zu verstehen, durch die Ich das getan habe. Selbst wenn Ich es euch sagte, ihr würdet es nicht begreifen. Im Augenblick des Todes jedoch, wenn die Schleier hinweggezogen werden, werdet ihr augenblicklich sehen, wie Ich es getan, und ihr werdet erstaunt sein über meine Genialität. Ich bin der beste der Schöpfer. So kompliziert und komplex Ich auch die Himmel erschaffen habe, den menschlichen Körper habe Ich noch weitaus komplexer gestaltet.« Muhammad, dem Propheten *(s.a.w.s.),* der zweifellos im höchsten dieser Zustände verweilte, war es vergönnt, diese Auskunft zu erhalten.

Diejenigen, denen es vergönnt ist, diese Station der göttlichen Geheimnisse zu erreichen, sind durch allerschwerste Prüfungen hindurchgegangen; sie verfolgen in ihrem menschlichen Leben nicht länger irgendwelche selbstsüchtigen Ziele. Sie sehnen sich nicht nach Ruhm, noch nach Reichtum oder erregenden sinnlichen Empfindungen. Sie leben ausschließlich für und durch ihre innigste Beziehung zu ihrem Schöpfer und zu den himmlischen Wesen.

Trotz allem sind auch sie immer noch Menschen. Sie befinden sich gleichfalls noch auf einer Stufe, auf der ein jeder körperlichen Widerwärtigkeiten oder unliebsamen Gefühlen oder Affekten ausgesetzt ist. Es wäre unzutreffend, derartige Mißlichkeiten »Krankheiten« zu nennen; es handelt sich dabei vielmehr um Unausgewogenheiten oder um Nebenwege, die bewirken können, daß der einzelne aus diesem Stadium in niedrigere Zustände hinabsteigt oder aber lange Zeit auf der menschlichen Stufe verweilt, ohne weiter zu Allah, dem Ziel, fortzuschreiten. Zu den hauptsächlichen Unausgewogenheiten in dieser Station der göttlichen Geheimnisse gehören falsche Interpretation geistiger Phänomene, Irrationalität, Mangel an Interesse am irdischen Leben, sinnloses Schwätzen, Qual und brennende Unrast des Herzens.

An dieser Stelle sei gesagt, daß es im allgemeinen nicht möglich ist, aus der Station, in der man jeweils weilt, um mehr als eine Stufe voranzuschreiten, aber auch nicht um mehr als nur eine Stufe zurückzufallen. So mag ein kleines Kind imstande sein, richtig auf einem Fahrrad zu fahren, gewiß ist es jedoch außerstande, ein Überschallflugzeug zu steuern. Damit sei das Kind nicht herabgesetzt und der Pilot nicht verherrlicht, es soll damit nur veranschaulicht werden, daß jemand, der einen bestimmten Entwicklungszustand erreicht hat, sich in diesem Zustand entsprechend entfalten, zugleich aber auch jeden der niedrigeren Zustände verstehen kann. Wie eben zum Beispiel der Pilot, der als Kind Fahrrad gefahren ist, dazu auch jetzt noch, als Erwachsener, imstande wäre.

Auch der Selbstbetrug, die Selbsttäuschung, ist ein diesem *maqām,* dieser Station der göttlichen Geheimnisse eigenes Leiden. Ein *ḥāl* wäre jedoch der Modus, die Art und Weise, in der sich dieser Selbstbetrug manifestiert. Nicht jeder, der sich auf dieser oder einer anderen Station befindet, erfährt alle die *ḥāl,* die dieser jeweiligen Station zu eigen sind.

Fieber, Atemnot, manchmal auch Erstickungsgefühle, sind physische Erscheinungen, die auf der Stufe des *maqām as-sirr* auftreten können. Diese speziellen Leiden sind Folge jahrelanger Atemübungen, die Voraussetzung für das Erreichen dieser Entwicklungsstufe sind; können doch, wenn diese Übungen nicht richtig ausgeführt werden, dabei Unausgewogenheiten auftreten. Außerdem ist es auf dieser Stufe gar nicht selten, daß es zu Störungen aus Bereichen kommt, die nicht klar und offen zutage liegen. Ein Beispiel dafür sind Störungen durch die Jinn (wenngleich ein Jinn auch Menschen plagen und belästigen kann, die sich auf anderen Stufen befinden; sogar Kleinkinder sind vor ihnen nicht sicher). Es kann aber auch sein, daß man zu gestaltlosen Seelen in bestimmte Beziehungen tritt und von daher Störungen erfährt. Heilmittel dagegen sind geistige Übungen, zu denen auch Atemübungen zählen.

Hauptquelle für Atemübungen ist für die Sufis der Heilige Qurʾan selbst. Der Text des Qurʾan gibt an, wann mit der Atmung einzusetzen und wann die Atmung auszusetzen ist. Es gibt innerhalb der elf möglichen Rezitationsebenen verschiedene Schwierigkeitsgrade. Vor allem die Vokale werden häufig verlängert und länger angehalten als bei der gewöhnlichen eintaktigen Rezitation. Obwohl nur wenige die höheren Ebenen der Qurʾan-Rezitation auch praktisch beherrschen, sind dennoch Tonbandaufnahmen mit solch einer Rezitation des Heiligen Qurʾan durch Shaykhs erhältlich. Mittels dieser wunderbaren, den Geist erhebenden Aufnahmen kann man Rezitationen hören, bei denen eine Ausatmung bis zu zwei Minuten lang anhält, und bei denen sich die Melodie durch vier oder fünf Oktaven bewegt.

Jenseits der Station der göttlichen Geheimnisse liegt *maqām al-qurb*. Grundbedeutung von *qurb* ist »Nähe«, es bezeichnet jedoch auch den Vorgang des Näherkommens, die Nachbarschaft, die Beziehung und die Verwandtschaft. Auf dieser Station erfreut man sich wahrhaftig des Anblicks der Nähe des Allerhöchsten, nämlich des höchsten Himmels, des *ʿarsh* mit dem Thron des Allmächtigen. Wer diese Station erreicht hat, ist sich der erschaffenen Welt noch bewußt, aber zugleich erhält er kurze Einblicke in die nächste Welt, in eine Welt ganz anderer Formen.

In diesem Zustand gibt es nur noch sehr wenige Ungleichgewichte oder Schwierigkeiten, die man nach Gesundheit oder Krankheit einordnen könnte, aber die wenigen, die es doch noch gibt, können sehr ernsthaft sein. Ein solches Leiden ist übertriebene Ekstase. Wer davon betroffen wird, wird *majdhūb* genannt. Solche Menschen verlieren buchstäblich alles Interesse an der Welt und an allen Beziehungen mit ihr. Allezeit sind sie von Freude erfüllt; es spielt für sie keine Rolle, ob sie schlafen, ob sie essen, ob sie überhaupt bekleidet sind. Sie sind trunken von Gott und ganz und gar eingetaucht in den Geliebten.

Einst traf ich einen solchen Mann, als ich in einer ländlichen Umgebung in der Nähe von Paghman in Afghanistan weilte. Seine Jünger sagten, er sei ungefähr 125 Jahre alt. Als ich mit meinem Gefährten in den Garten eintrat, der zu seinem Hause gehörte und der von einer hohen Mauer umgeben war, sahen wir dort einen kleinen Mann, der vor einigen Reihen mit eingetopften Geranien auf dem Boden hockte. Von Zeit zu Zeit pflückte er einige der hellen roten Blüten und aß sie. Dabei teilte er sie mit Eichhörnchen und anderen kleinen Tieren, die sich furchtlos um ihn geschart hatten. Später war er dann oben in seinem Zimmer und benahm sich dabei auf eine Art, die einen jeden beunruhigt haben würde, der nicht um seinen Zustand gewußt hätte. Niemals sprach er klar oder direkt. Man konnte nur Wortfetzen aus seinen Konversationen hören, die an die Bewohner der engelhaften Bereiche gerichtet waren. Vögel flogen bei den offenen Fenstern hinein und wieder hinaus. Als wir ihn verließen, gab er einem meiner Gefährten ein »Geschenk«, das er wie einen Schatz in seinen Händen hielt, die er zu einer Schale geformt hatte. Es stellte sich heraus, daß dieses Geschenk ein kotbeschmierter, halb aufgefressener Pfirsichkern war! So ist der Zustand derer, die sich auf der Station der Nähe befinden und für die die Wirklichkeit auf einer völlig anderen Ebene liegt. Dieser Zustand ist auf seine Art interessant und schön, aber er ist nicht das Ziel. Tatsächlich sind die meisten Shaykhs der Überzeugung, daß es sich dabei um einen geringwertigen und unerwünschten Zustand handelt.

Einige sprechen auf dieser Station nicht. Es sind Fälle bekanntgeworden, da manche länger als zwanzig Jahre nicht gesprochen haben. Sie waren so überwältigt, daß sie weder den Wunsch noch die Fähigkeit hatten, sich verständlich zu machen. Andere Schwierigkeiten, die dabei auftreten, sind Vergeßlichkeit und echte Verrücktheit. Der Mensch vergißt von einem Augenblick zum anderen, was er sagt oder tut. Einige der Übungen, zu denen sowohl Atemübungen als auch geistige Kontemplation gehören, sind so tiefgründig und intensiv, daß der Mensch seinen Geist darüber gänzlich verlieren kann. Das geschieht aber nur selten.

Man kann bemerkenswerte Ähnlichkeiten zwischen dem Befinden in diesen höheren Zuständen der geistigen Evolution und dem Verhalten der Geisteskranken feststellen. Im Osten stellen viele Menschen auf den Straßen ein so seltsames Betragen zur Schau, daß man sie im Westen, wenn sie dort dasselbe täten, sogleich einsperrte. Und doch wäre eine wirkliche Diagnose ihres Befindens nur dann einwandfrei, wenn man die möglichen Ungleichgewichte der Seele bei der Diagnose mit berücksichtigte.

Eine bisher noch nicht erwähnte Problematik, die auf allen Stationen vorkommt, ist die Gefahr, daß man sich selbst Göttlichkeit zuschreibt (eine Gefahr, die auf der Station der Nähe größer ist als auf den übrigen Stationen). Möge Gott uns davor bewahren! So schmerzlich es ist, daran auch nur zu denken: eine damit verwandte Unausgewogenheit – die allerschwerste – ist die, daß man nicht an Gott glaubt. Je höher und weiter man in der Evolution der Seele fortschreitet, desto mehr wird man geprüft. Auf dieser Ebene haben die Menschen schon lange ihre fleischlichen Wünsche und ihre egoistischen Charakterzüge überwunden. Aber häufig haben diese Menschen großen Erfolg bei der Führung anderer auf dem Weg der Wahrheit und Gerechtigkeit und werden deshalb ständig von allen übelwollenden Kräften gestört, den *shayaṭin* (Teufeln), Jinns, *dayo paree* (Geistern) und ähnlichen störenden Wesenheiten.

Ich habe Menschen sagen hören, sie vernähmen Gott selbst, oder, sie erhielten Anweisungen für ihre Lebensweise unmittelbar von Gott. Die so sprechen, sollten daran denken, daß der einzige Mittler, den Allah jemals gesandt hat, zu Menschen zu sprechen, der Engel Gabriel ist (Moses bildet die einmalige Ausnahme). Es gibt diesbezüglich, daß sich nämlich der Mensch gegen menschliche oder außermenschliche Täuschungen übler Kräfte ja nicht für ausreichend gewappnet wähnen möge, zahlreiche Warnungen. Der große Shaykh Junayd *(r.a.)* hat gesagt: »Wer sich selbst für seinen Lehrer hält, der hat den Satan zu seinem Führer gemacht.«

Es gibt noch einen weiteren Zustand; die Sufis nennen ihn *maqām al-wiṣāl,* Die Vereinigung mit Gott. Hier ist Gott dein Geliebter, und du bist der Liebende, und du bist in göttlicher Einheit in alle Ewigkeit mit ihm vermählt. Anders als alle die anderen Stationen, die dieser Station vorangehen, läßt sich *maqām al-wiṣāl* durch Bemühung nicht erreichen. Allah, der Allmächtige, trifft die Entscheidung, und Er wählt den aus, den Er will.

Es gibt eine ergreifende Überlieferung, die von dieser Art der Erwählung erzählt. Folgendes wird vom heiligen Propheten Muhammad *(s.a.w.s.)* berichtet, wovon Hazrat Ibn Masʿūd *(r.a.)* Zeugnis ablegt:

> Unter den Geschöpfen Allahs gibt es dreihundert Menschen, die zu Ihm eine besondere Beziehung haben und deren Herzen ähnlich sind dem des Propheten Adam, Friede sei mit ihm! Und es gibt vierzig, deren Herzen ähnlich sind dem des Propheten Moses, Friede sei mit ihm! Und sieben sind derer, deren Herzen ähnlich sind dem des Propheten Abraham, Friede sei mit ihm! Fünf sind derer, deren Herzen ähnlich sind dem des Erzengels Gabriel. Und drei sind derer, deren Herzen wie das des Engels Michael sind. Und es gibt einen Diener unter den Geschöpfen Allahs des Allmächtigen, dessen Herz ist wie das des Engels Israfīl. Wenn dieser eine Diener stirbt, dann erwählt Allah einen der drei, um ihn zu ersetzen. Und wenn von den dreien einer stirbt, dann wird einer von den fünfen zugelassen, seinen Platz einzunehmen. Und wenn von den fünfen einer stirbt, dann wird einer von den sieben an seine Stelle gesetzt. Und wenn einer von den sieben stirbt, dann wird einer von den vierzig an seine Stelle gesetzt. Und wenn einer von den vierzig stirbt, dann wird einer von den dreihundert an seine Stelle gesetzt. Und wenn einer von den dreihundert stirbt, dann wird einer aus der übrigen Menschheit an seine Stelle gesetzt. Und dadurch gibt Allah, der Allmächtige, das Leben, den Tod, den Regen und die Schöpfung, und Er befreit die Menschheit vom Unglück.

Für diese dreihundert Menschen ist es charakteristisch, daß sie allezeit lächeln und sich über die Welt keine Sorge machen. Sie brauchen nicht zu essen, zu trinken oder zu schlafen. Sie haben alle menschlichen Begrenzungen überschritten und können sich buchstäblich, wo immer sie wollen, in die Lüfte erheben, sei es auf der Erde oder in den Himmeln. Nur wenige haben in der Geschichte der Menschheit diesen Zustand erreicht. Es ist unmöglich, ihn mit Worten zu beschreiben. Dieser Zustand ist das wahre Ziel der Existenz. Er ist in dem Versprechen enthalten, das wir alle unserem Schöpfer gegeben haben, bevor wir in das Leben getreten sind.

Diese Menschen heißen *awliyāʾ* (Einzahl: *walī*): »Geliebte Freunde Gottes«. Diese Menschen sind die wahren Vizeregenten Gottes auf Erden. Im allgemeinen sind sie der Weltöffentlichkeit nicht bekannt. Diese *awliyā* wissen um sämtliche Mechanismen zur Beherrschung und Beeinflussung aller menschlichen Ereignisse und haben Zugang dazu. Sie sind es, die Allah als Werkzeuge verwendet, um Seinen göttlichen Plan auf Erden Wirklichkeit werden zu lassen. Sie verwenden diese Mittel mit dem Wissen Allahs.

Nur wer seine Aufnahme unter den dreihundert oder in einer der noch kleineren Gruppen erlangt hat, kann zu Recht ein Sufi genannt werden. Alle anderen sind hingegen nur solche, die das Sufitum anstreben.

Sobald man die Station der unmittelbaren Nähe erreicht hat, gibt es keine physischen Leiden mehr. Es geht dann nur noch um die Bestimmung der Todesart. Gewöhnlich sterben Menschen, die in diesem Zustand sind, nicht an einer Krankheit, sondern sie werden vom Engel des Todes von der genauen Zeit ihres Heimganges informiert und können sich daher auf diesen vorbereiten. Mein Shaykh teilte mir einen Monat im voraus das genaue Datum seines Todes in einem Brief mit. Bis zum Morgen seines Heimganges war er bei vollem Bewußtsein und arbeitete. Dann, um zwei Uhr nachmittags, legte er sich nieder und begann das islamische Glaubensbekenntnis *»Lā ilāha illā Llāh Muḥammadun rasūlu Llāh«* zu rezitieren, bis er unmittelbar nach Sonnenuntergang verstarb. (Das geschah am Geburtstag des Propheten). *Mā shāʾ Allāh.*

Wenn solche Menschen aus dem Leben scheiden, dann ist dies ein gesegnetes Ereignis, sogar ein feierlicher Anlaß, denn diese Menschen haben schon viel früher aufgehört, mit der Welt und mit ihrem Körper in Beziehung zu sein. Statt dessen haben sie sich mit ihrer Seele hoch in die geistigen Bereiche erhoben und sind imstande, nicht nur dieses Universum zu durchqueren, sondern auch andere. Niemand kann sie stören. Niemand kann ihnen wirklich entgegenarbeiten. Auch die entschlossensten Verbrecher oder die gefährlichsten Armeen wären machtlos gegen einen wahren Sufi. Solche Menschen werden von den Schwierigkeiten der Welt nicht berührt.

Im allgemeinen wird man in den Kreisen der Shaykhs erst dann zugelassen, wenn man den Zustand der Seele oder einen noch höheren Zustand erreicht hat. Mit dieser Zulassung werden dem Shaykh Pflichten auferlegt. Das wird durch die besondere Einweihungszeremonie ausgedrückt, die *bayʿat* heißt. Der Gründer der Chishti-Ordens in Indien, Hazrat Khwāja Muʿīnuddin *(r.a.),* hat uns einen Bericht über seine Einweihung hinterlassen, die er aus den Händen seines Shaykhs ʿUthmān Harūnī *(r.a.)* empfing. Die Zeremonie fand im Jahre A.H. 561 statt, nachdem Khwāja Muʿīnuddīn volle zwanzig Jahre lang die Erziehung durch seinen Shaykh genossen und diesem gedient hatte. Hier die Beschreibung, die der große Heilige von seinem *bay ʿat* gibt:

> Ich hatte die Ehre, vor meinem Shaykh Hazrat ʿUthmān in Gegenwart vieler anderer geistig bedeutsamer Menschen zu erscheinen. Ich beugte meinen Kopf in feierlicher Ehrfurcht. Hazrat ʿUthmān forderte mich auf, zwei *rakʿat* des *ṣalāt* zu sprechen. Das tat ich. Dann sagte er mir, ich solle in die Richtung nach der *Kaʿbah* in Mekka schauen. Das tat ich. Dann bat er mich, aus dem Qurʾan die Sure *al-Baqarah* zu rezitieren. Das tat ich. Er forderte mich auf, das Lob und den Segen für den Heiligen Propheten *(s.a.w.s.)* und seine Familie *(a.s.)* einundzwanzigmal zu wiederholen und dann sechzigmal zu sagen: *»Subḥān Allāh.«* Das tat ich.
>
> Danach stand er auf, nahm meine Hände in die seinen, schaute zum Himmel und sagte: »Erlaube mir, dich Allah zu schenken.« Danach schnitt er mein Haar mit einer Schere ab und setzte eine bestimmte Kappe *(kolah chahar tarki)* auf meinen Kopf und bat mich, mich zu setzen. Dann forderte er mich auf, die Sure *al-Ikhlāṣ* tausendmal zu wiederholen. Das tat ich. Dann sagte er: »Unter denen, die uns nachfolgen, gibt es eine Vorbereitungszeit *(mujāhadāh)* von nur einem Tage und einer Nacht. Gehe daher hin und halte sie heute.« Dementsprechend verbrachte ich einen ganzen Tag und eine ganze Nacht in fortwährendem *ṣalāt* und erschien dann wieder vor ihm.
>
> Er bat mich, mich niederzusetzen und die Sure *al-Ikhlāṣ* wieder tausendmal zu wiederholen. Das tat ich. Dann sagte er zu mir: »Schau zum Himmel«, und als ich meine Augen zum Himmel erhob, fragte er: »Wie weit siehst du? Ich sagte: »Bis zum *alʿarsh al muʿalā*« (Zenit des göttlichen Thrones). Dann sagte er: »Sieh nach unten.« Das tat ich. Dann fragte er wieder: »Wie weit siehst du?« Und ich sagte: »Hinunter bis zum *taḥtath-tharā*« (Abgrund der Hölle).
>
> Dann bat er mich, mich niederzusetzen und die Sure *al-Ikhlāṣ* tausendmal zu wiederholen. Das tat ich. Dann sagte er zu mir: »Schau zum Himmel. Und als ich das tat, fragte er: »Wie weit kannst du jetzt sehen?« Ich sagte: »Bis zum *ʿaẓmat*« (Funkeln von Gottes Glanz). Dann sagte er zu mir: »Schließe deine Augen«. Das tat ich und nach einem Augenblick sagte er: »Öffne deine Augen.« Das tat ich. Dann hielt er die ersten zwei Finger seiner rechten Hand nach oben und fragte: »Was siehst du durch sie?« Ich sagte: »Ich sehe die achtzehntausend Welten.« Als er das hörte, sagte er: »Jetzt ist deine Arbeit zu Ende.« Dann schaute er auf einen Ziegelstein, der in der Nähe lag und bat mich, ihn aufzuheben. Als ich das tat, fand ich darunter einige Goldmünzen. Er bat mich,

hinzugehen und diese unter die Armen und Bedürftigen zu verteilen. Das tat ich. Dann befahl er mir, einige Zeit bei ihm zu bleiben.

So schreitet die Seele durch ihren Gehorsam und durch die Gnade Allahs von ihrem Anfangszustand des hilflosen Egoismus, in dem sie sich bei der Zeugung befindet, bis zur Einheit mit Gott fort, wenn Allah es will.

Das entscheidende Mittel, um von niedrigeren zu höheren Zuständen aufzusteigen, ist die Herrschaft über die Gelüste der *nafs.* Für diese Bemühung haben die Sufis besondere Übungen herausgebildet, die von Allah selbst angegeben wurden und die am sichersten und am schnellsten zu den tiefstmöglichen Resultaten führen.

Diejenigen, die den Wunsch haben, dem Leben gegenüber einen geistigen Standpunkt einzunehmen, oder die glauben, diesen Wunsch zu haben, werden oft vom Fehlschlag überwältigt. Das geschieht deshalb, weil das Ego die größte Prüfung ist, die es gibt. Es mag sein, daß wir jeden Morgen mit dem ganz festen Entschluß aufwachen, uns nur auf die reinsten, höchsten und segensreichsten Gedanken zu konzentrieren. Aber dieser Vorsatz wird oft schon dadurch zunichte, daß uns ein Telefonanruf erreicht, in dem man uns sagt, daß wir unser Bankkonto überzogen haben oder daß Kinder ein Fenster zerbrochen haben, und noch ehe wir wissen, was geschehen ist, ist unsere Konzentration zu Ende. Erst spät am Nachmittag erinnern wir uns wieder an unseren Entschluß, an Gott zu denken.

Deshalb muß man mit diesem Entschluß immer wieder neu beginnen und ihn immer neu fassen. Das mag am Anfang schwierig sein, und es mag dabei Fehlschläge geben. Aber schneller als man glauben würde, wird diese Absicht zur Gewohnheit, und das ist die beste Gewohnheit, die man haben kann. Nach einer Zeit vergißt man es nicht mehr.

Nach und nach trennt sich der geistig Strebende von weltlichem Ehrgeiz und konzentriert sich nur mehr auf geistige Ziele. In Indien, im Zentrum des Chishtī-Ordens, ist die Ruhestätte unseres *murshid* Hazrat Khwāja Muʿīnuddīn Chishtī *(r.a.).* Unterhalb dieses Schreins *(dargah)* sind etwa hundert kleine Zellen *(hujrah)* gelegen, die für die Shaykhs des Ordens bestimmt sind, wenn sie Ajmer besuchen. Diese Zellen werden für die *chilla*-Übung verwendet, eine vierzig Tage und vierzig Nächte lang dauernde Übung der Einsamkeit, die unter der Erde in der Dunkelheit verrichtet wird, wobei man nur ein Minimum an Nahrung und Wasser zu sich nimmt. Diese Übung ist eine Art Vorübung für das Grab. Die Sufis erkennen die Unvermeidlichkeit des Todes und ergreifen diese Gelegenheit, bei lebendigem Leibe zu sehen, wie es im Grab zugeht, und sie bereiten sich für diese lange Zeit der Einsamkeit vor. Während dieser vierzig Tage und vierzig Nächte lang dauernden Einsamkeit steht der Übende unter der Leitung seines Shaykhs, der ihm bestimmte Übungen und Rezitationen vorschreibt, die dazu dienen, die Feuer der *nafs* zu löschen und die niedrigen Triebe zu überwinden. Man kann nicht allein und so wie man es sich denken würde, durch dieses Ritual hindurchgehen. Die Gefahren sind schrecklich. Das ist einer der wichtigen Gründe für die Notwendigkeit eines lebendigen Meisters, der einen zu allen Zeiten leitet.

Wenn wir das Zeugnis der größten Menschen lesen, die je gelebt haben, nämlich der Propheten *(a.s.),* dann finden wir, daß diese große Furcht davor hatten, was sie im Grab und im Leben nach dem Tode erwarten würde. Diese Menschen waren die demütigsten, gerechtesten und selbstlosesten, die je gelebt haben. Sie wußten stets um ihre Mängel und machten sich Sorgen über ihr letztendliches Schicksal vor ihrem Herrn. Wieviel mehr sollten dann gewöhnliche Menschen diese Art von Besorgnis haben.

Diese Beschreibung der Stationen der Aufwärtsentwicklung der Seele ist natürlich stark vereinfacht, und es braucht viele Jahrzehnte unter wahren Lehrern und optimalen Umständen, ehe bedeutende Resultate erreicht werden. Es gibt Schulen, wo den Schülern das Reparieren von Automobilmotoren beigebracht wird und wo es zwei oder drei Jahre braucht, bis die Schüler die Grundlagen erlernt haben. Wieviel mehr Zeit und Schwierigkeit ist daher notwendig, zu lernen, wie man die komplizierten Mechanismen einer in Unordnung geratenen Seele wieder in Ordnung bringt.

Es ist ein Unterschied zwischen dem ernsthaften Sucher, der vor den Shaykh kommt, um einen Anker im Leben zu finden, und dem, der der geistige Führer ist. Der Unterschied zwischen diesen beiden, dem Suchenden und dem Gesuchten, dem Jünger und dem Meister, dem *murīd* und dem Shaykh, ist, daß der Shaykh gibt und der Schüler empfängt. Der Schüler kommt bittend, suchend, fordernd. Er braucht etwas. Der Übergang vom einen zum anderen findet statt, sobald der Schüler nicht länger nach der Milch von der Mutterbrust ruft, nämlich nach der Hilfe und Aufmerksamkeit durch den Lehrer, sondern einer wird, der den Wunsch hat zu geben. Niemand kann das Geben aufhalten. Das ist, als würde man durch die Mitte eines Stundenglases hindurchgehen. Wer durch diese kleine und enge Öffnung hindurchgegangen ist, der ist vielleicht noch kein Lehrer, aber er hat wenigstens den Ausblick auf die andere Seite. Es ist, als wäre man ein Fluß, der an der Seite eines Berges heruntertost und den Ozean zu erreichen versucht. Wenn er den Ozean erreicht, dann ist das ein großes, stilles Eintauchen, ein neues Leben. Es ist dort nicht mehr notwendig, ein kleiner Fluß zu sein, der sich lärmend über die Felsen ergießt. Es gibt keine Barrieren mehr, wenn einer den Ozean der göttlichen Gnade erreicht hat.

So sind die, die das letzte Ziel erreichen – das Einssein mit Allah – die Auserwählten, die Sufis. Ihr Zustand in den Augen Allahs ist einer von großer Gunst, aber er ist unterhalb des Zustandes der Propheten (Friede sei mit ihnen allen!). Diese Menschen sind keine Propheten, und sie haben das auch niemals für sich in Anspruch genommen. Allerdings geben sie Zeugnis und inspirierende Kunde von der geistigen Höhe, die Menschen erreichen können, wenn sie den Ratschlägen und der liebevollen Führung des Großen, des Gelobten, des Ruhmreichen, des Heiligen, des Herrn der Engel, des Geistes des Erhabenen, des Gerühmten, Allahs des Allmächtigen gehorchen. *Al-ḥāmdu li-Llāhi rabb il-ʿālamīn!*

Wir wollen uns nun den Gesundheitsaspekten von Körper, Geist und Seele zuwenden und den Behandlungsmethoden, die die Sufis gegen die verschiedenen Ungleichgewichte verwenden, um den Menschen die volle Gesundheit zurückzugeben.

4 | Nahrung und Gesundheit

Der Magen ist das Haus der Krankheit,
Diät ist die wichtigste Arznei.

Prophet Muhammad *(s.a.w.s.)*
Saḥīḥ Muslim

Das weltliche Leben ist einer der Abschnitte auf dieser Reise zu Gott, und der Körper ist das Fahrzeug Bauf dieser Reise. Daher geziemt es dem Reisenden, den Körper in bester Verfassung zu erhalten, damit Unwohlsein und Schmerz nicht von der Konzentration auf dies Ziel ablenken.

Verdauung ist das Aufnehmen von Nahrungsmitteln durch den Mund und das Verfeinern ihrer Elemente im Körper. Die Aussage, der Magen sei das Haus der Krankheit, bedeutet, daß die Krankheit dort auftritt, wo dieses Verdauungssystem aus dem Gleichgewicht gerät. Der Ausspruch »Diät ist die wichtigste Arznei« ist so zu verstehen, daß wir in erster Linie die Nahrungsmittel selbst dazu verwenden sollten, den Verdauungsprozeß wieder ins Gleichgewicht zu bringen und neu aufzubauen. Diese Nahrungsmittel dienen dann als Mittler, weil sie bestimmte Heilsubstanzen enthalten – sowohl solche aus Kräutern als auch solche nichtphysischer Art – und dem Körper übergeben.

Die mögliche Ausnahme von dieser allgemeinen Regel liegt dann vor, wenn Körper und Organe so stark geschädigt wurden, daß keine regenerative Kraft mehr vorhanden ist, um das Organ beziehungsweise den ganzen Organismus zu erneuern. In solchen Fällen mögen Operationen oder andere radikale Behandlungsarten angezeigt sein. Wenn man aber das ganze Leben hindurch, von frühester Kindheit an, die Prinzipien der Gesundheit befolgt, dann gibt es keinen Grund, die Krankheit mehr zu fürchten als den Blitzschlag. Tatsächlich habe ich mehrere Männer und Frauen gekannt (hauptsächlich solche, die im Orient wohnten), die an keinem Tag ihres Lebens krank waren. Diese Menschen hatten niemals auch nur Kopfschmerzen und besuchten niemals einen Arzt oder ein Krankenhaus.

Vielleicht ist die Gesundheit damit am besten beschrieben, daß man sie als Zustand bezeichnet, in dem einem der Körper niemals zu Bewußtsein kommt. Mit anderen Worten: Ein gesunder Mensch erhält aus seinem Körper keine Signale von

Schmerz, Störung oder Unwohlsein, die alle nur auf eine Art von Ungleichgewicht im Körper hinweisen. Wenn wir uns aber an die Wege der Seelenevolution erinnern, die im Zustand des Egoismus beginnt, dann wissen wir, daß sich diese Ungleichgewichte in vielen Menschen entwickelt haben.

Wir wollen den Prozeß der Verdauung noch einmal betrachten und sehen, wie und warum es dabei zu Ungleichgewichten kommt. Die charakteristische Eigenschaft der Sufi-Shaykhs, die vor allen anderen zu kommen scheint, ist, daß sie sehr gastfreundlich sind und die köstlichsten und besten Mahlzeiten bereiten können, die man sich vorstellen kann. Viele Geschichten, die über die Shaykhs erzählt werden, drehen sich irgendwie um die Nahrung – nicht nur die Nahrungsaufnahme, sondern auch die Enthaltung von dieser.

Einst machte ich einen Besuch in der Nähe von Balkh in Afghanistan, um dort einen Shaykh zu treffen, von dem ich gehört hatte, einen Nachfahren von Hazrat Mawlānā Rūmī *(r.a.)*. Der *imam* (Vorbeter) der Hauptmoschee von Balkh wies mir den Weg zur Wohnung *(khanaqah)* des alten Shaykhs im Dorfe Esrak, ungefähr fünfzehn Kilometer von Balkh. Nach einer hochinteressanten Wanderung durch das Dorf traf ich den Shaykh vor seinem Haus, so als hätte er mich erwartet. Nachdem ich das Haus betreten hatte, sah ich eine Gruppe alter Derwische, in einem Kreis auf dem Boden kauernd. Sie waren im Begriff, das Mittagessen einzunehmen. Der Shaykh lud mich zum Mitessen ein, und ich setzte mich. Einige Minuten später wurde eine große Holzschüssel gebracht und vor den Shaykh hingestellt. In der Schüssel war ein hölzerner Löffel. Der Shaykh nahm sich selbst eine Portion, legte den Löffel wieder zurück und reichte die Schüssel dem Mann zu seiner Rechten. Nachdem sich ein halbes Dutzend der Männer je eine Portion genommen hatte, kam die Schüssel zu mir. Ich nahm einen Löffel voll von dieser Suppe, die aus Gurken und Yoghurt zubereitet und trotz ihrer Einfachheit unglaublich köstlich war. In all meinen Erinnerungen weiß ich von keinem Mahle zu berichten, das besser war als dieser Löffel voll Yoghurt-Suppe, den ich zusammen mit einer Handvoll Derwischen am Dach der Welt am Boden kauernd eingenommen habe.

Einer der großen Chisti-Shaykhs, Hazrat Niẓāmuddin Awliyā' *(r.a.)*, behielt ein halbes Dutzend seiner *murid* mehr als sieben Jahre lang bei sich und wußte es stets zu verhindern, daß sie sich sattaßen. Häufig waren sie am Rande des Verhungerns. Eines Tages kam ein zerlumpter Bettler zum Tor und zerbrach dort eine irdene Schale mit Mehl vor den Augen der hungernden Derwische. Von diesem Tage an bereitete Hazrat Niẓāmuddin die großartigsten Festmähler für die ganze Stadt Delhi bis zum Ende seines Lebens.

Warum bemühen sich die Shaykhs so sehr darum, ihren Jüngern Nahrung zu geben? Zunächst ist es ein guter Dienst, die Hungrigen zu speisen, wenn sie wahrhaft in Not sind. Aber was noch wichtiger ist: Die Shaykhs haben ein besonderes Wissen über die Wirkung der Nahrungsmittel auf den Körper und auf die Zustände der Seelenevolution; so können sie ihren Schülern und den Kranken durch die Auswahl der Nahrungsmittel, die bei einer Mahlzeit gereicht werden, häufig etwas Gutes tun.

Das Anbieten von Nahrung muß auf die umfassendste Art durchdacht und überlegt werden. Damit meine ich, daß der, der die Nahrung zubereitet – sei es eine Mutter, ein Vater, ein Diener oder ein Shaykh – alle Faktoren, die von Einfluß sein könnten, mit in Betracht ziehen muß, so zum Beispiel die Saison, die Jahreszeit, die Tageszeit, das Klima, die Seehöhe, den Abstand vom Meer, alle im Umlauf befindlichen Krankheiten und Viren, die Wanderungen der Insekten usw. Menschen, die ein naturnahes Leben führen, sind imstande, alle diese Faktoren und auch noch viele andere zu beobachten.

Die Vorstellungen und die Absicht, die der Bereitung einer Mahlzeit zugrundeliegen, sind die wichtigsten Einflußfaktoren. In den Vereinigten Staaten scheint es so, daß die Menschen nicht nur selten auf diese Art über das Essen nachdenken, sondern sie nehmen sich wirklich nicht einmal die Zeit, sich niederzusetzen und richtig zu essen. Sie ziehen es vor, einen in Papier verpackten Klumpen in die Hand gedrückt zu bekommen, den man ihnen durchs offene Autofenster hineinreicht.

In meiner Familie spreche ich mit meiner Frau Iman immer wieder darüber, welche Nahrungsmittel unser Menü enthalten sollte. Sie sagt mir alle Einzelheiten, die Gesundheit unserer Kinder betreffend oder das jeweilige saisonbedingte Angebot einzelner Nahrungsmittel. Wir stellen uns auf die Situation ein. Zum Beispiel ist es im Osten eine bekannte Regel, daß Milch und Fisch niemals zusammen zu sich genommen werden sollten. Die biochemische Forschung hat gezeigt, daß Milch und Fisch beide eine hohe Konzentration einer bestimmten Aminosäure enthalten. Wenn man sie zusammen ißt, dann wird diese Konzentration so groß, daß allergische Reaktionen entstehen können. Eine andere wichtige Überlegung ist, daß Früchte und Gemüse am Anfang der Jahreszeit, in der sie wachsen, eine heilende Wirkung haben, während sie am Ende ihrer Wachstumszeit Krankheiten bewirken können. Deutlich sieht man das zum Beispiel bei den Äpfeln, die zu Beginn ihres Wachstums herb sind und den Mund gleichsam zusammenziehen. Sobald sie jedoch dem Frost ausgesetzt sind, steigt ihr Zuckergehalt, was leicht zu überhöhter Schleimproduktion führen kann. Grippe, Erkältungen und ähnliche Erkrankungen können die Folge sein.

Aufmerksamkeit muß auch der Auswahl und dem Einkauf der Nahrungsmittel gewidmet werden. Wo soll man die Eßwaren kaufen? Woher kommen sie? Sind sie mit Chemikalien behandelt und, wenn ja, mit welchen? Die meisten Lebensmittel, die man verzehrt, sollten aus der Gegend stammen, in der man wohnt. Zwiebeln und Kartoffeln sollten stets in der Nähe des eigenen Wohnortes gewachsen sein (zumindest nicht weiter als eine Tagesreise entfernt), denn sie enthalten die Heilmittel und Gegengifte gegen alle die kleinen Viren, Insekten und die Bakterienstämme, die jeweils in diesem Lebensraum vorkommen. Man sollte auf Zwiebeln, die in der eigenen Nachbarschaft gewachsen sind, nicht zugunsten von solchen verzichten, die Hunderte oder Tausende Kilometer entfernt gewachsen und von dort antransportiert worden sind. Lebt man jedoch in einer Gegend, wo Kartoffeln und Zwiebeln überhaupt nicht wachsen, sollte man grundsätzlich auf sie verzichten. Eskimos essen nur sehr selten Bananen oder gar nie.

Die meisten, die einen Supermarkt betreten, sind von dem Nahrungsmittelangebot, das oft wahrhaft den Überfluß widerspiegelt, zutiefst beeindruckt. Dennoch sind fast alle diese Nahrungsmittel, auch das frische Obst und Gemüse, durch chemische Zusatzstoffe und Behandlungen ernsthaft verändert worden. Es mag wunderbar erscheinen, daß man ägyptische Mandeln, Granatäpfel aus Bolivien und Bananen aus Mexiko bei dem kleinen Lebensmittelgeschäft an der Ecke bekommen kann, aber das bedeutet nicht notwendigerweise, daß diese Früchte den Körper auf richtige Weise erhalten.

Es ist ein häufig gegebener Ratschlag über Ernährung, daß man täglich etwas aus jeder Nahrungsmittelkategorie zu sich nehmen sollte. Einige Menschen verfeinern dieses Konzept ein wenig und schlagen Vollkornprodukte vor, zur Saison gehöriges frisches Obst und Gemüse usw. Andere bieten uns eine Analyse des Gehalts der Nahrungsmittel an Vitaminen, Mineral- und Nahrungsstoffen als Schlüssel für die gesunde Ernährung. Die Sufis sehen die Sache etwas anders. Wie sie davon ausgehen, daß die Seele als Essenz des Körpers am allerwichtigsten ist, so sehen sie auch in der Nahrung deren Essenz als das wichtigste Element an.

Nehmen wir an, wir haben die richtigen Nahrungsmittel ausgesucht und haben die besten Absichten, was die Ernährung unserer Familie und unserer Freunde angeht. Der nächste Schritt ist das Zubereiten der Nahrungsmittel. Ich habe oft gesagt, daß das wichtigste Krankenhaus der Welt die eigene Küche ist, denn hier werden die Essenzen der Nahrungsmittel bereitet, und hier wird über Gesundheit und Krankheit entschieden.

Wird die Nahrung richtig zubereitet und nimmt man sich für jeden Schritt genügend Zeit, ist das erste, was in der Küche geschieht, dieses wunderbare Entstehen von Düften. Erhitzt man zum Beispiel Zwiebeln in Olivenöl, bewegen sich die flüchtigen Öle und Essenzen durch die Luft. Fügt man sodann Gewürze hinzu, wie etwa Zimt, Ingwer, Kardamom und andere, die ähnlich duften, ist jeder, der das Haus betritt und diesen herrlichen Duft riecht, begeistert.

Die Sache mit den Düften ist wichtig. Viele beginnen sich heute für die Essenzen von Pflanzen (auch für die Stoffe, die man allgemein Gewürze nennt) und für deren Auswirkung auf die Gesundheit zu interessieren. Der Körper reagiert auf all diese Düfte verschieden. Sowie die Nase bestimmte Kochdüfte wahrnimmt, wird diese Information, daß eine Mahlzeit im Fertigwerden ist, an die verschiedenen Organe weitergegeben. Der Magen, die Gallenblase, die Leber, der Dickdarm, die Schilddrüse und die anderen endokrinen Drüsen reagieren alle auf ihre besondere Art. Dazu kommt noch, daß die Essenzen der Öle, die durch die Erhitzung frei werden, selbst das Temperament der inneren Organe ändern können, was eine große Wirkung auf die Gesundheit hat. Schließlich sind die Kochdüfte dafür verantwortlich, daß im Körper Veränderungen hervorgerufen werden, durch die der Vorgang zum Abschluß gebracht wird, der der Verdauung der Mahlzeit vorausgeht. Wenn man erst einige Augenblicke vor Beginn des Essens den Eßraum betritt und so der Aufnahme der Düfte vor der Mahlzeit – und im Laufe des ganzen Tages – beraubt wird, gehen einige der wichtigsten Anfangsstadien der Verdauung verloren. Tatsächlich beginnt der Prozeß der Verdauung in dem Augenblick, wo man sich die Mahlzeit im Geiste vorzustellen beginnt.

Diese duftenden Dämpfe beeinflussen nicht nur die Körperfunktionen, unter ihnen auch die Funktionen der Haut, sondern sie haben auch einen wohltuenden Einfluß auf die Augen. Zwiebeln, die weinen machen, wenn man sie schneidet, sind das beste Beispiel dafür. Viele schädliche Toxine bauen sich als gewöhnliche Folge unseres Denkens und unseres Gefühlslebens auf. Besonders da viele Menschen glauben, daß das Weinen etwas Unmännliches oder Schwaches sei, wird die Neigung, überflüssige Materie durch die Augen durch Weinen abzugeben, unterdrückt. Während des Kochens bewirken sowohl die Dämpfe der Zwiebeln als auch die von anderen Gewürzen die Ausscheidung durch die Augen. Wenn Zwiebeln in der Küche geschnitten werden, ist das bestimmt nichts Trauriges.

Wenn ich koche, beginne ich damit zu Mittag. Für mich ist es eine der freudigsten und wunderbarsten Tätigkeiten, die ein Mensch überhaupt verrichten kann, für andere zu kochen. Kochen ist seinem Wesen nach ein Vorgang des Heilens. Ich kenne ein Gericht, das aus Basmati-Reis bereitet wird mit zerkleinerten Pistazien, Mandeln, Rosinen und kleinen Karotten, die faserförmig zerschnitten werden, so daß die Stücke die Größe und Gestalt von Zahnstochern haben. Zur Zubereitung eines Gerichts für acht bis zehn Personen benötige ich ungefähr drei Dutzend große Karotten. Ich setze mich dann stets mit einem scharfen Messer hin und verbringe bei diesem Schneiden der Karotten eine Stunde oder mehr, solange, bis sich ein großer Stoß von Karottenschnitzeln vor mir auftürmt.

Eines Tages half mir jemand in der Küche, sah, wie ich die Karotten schnitt und sagte: »Ich habe eine großartige Idee. Tun Sie die Karotten in eine Rohkostraspel, und die Sache ist in weniger als einer Minute fertig!« Ich dankte meinem Assistenten für diesen Rat und erklärte ihm, daß ich die Sache lieber von Hand mache. Ich sagte ihm auch den Grund: Mit jedem Schnitt, den ich mache, spreche ich ein kleines Gebet, in dem ich darum bitte, daß die Nahrung für den, der sie zu sich nimmt, einen heilenden Einfluß haben möge. Das heißt, der Wunsch, die

Speise möge der Gesundheit des anderen förderlich sein, muß auch den Nahrungsmitteln beigegeben werden, wenn man sie für andere bereitet.

Wir kennen sehr wohl den Unterschied zwischen dem, was man auswärts im Restaurant ißt und dem, was richtig zu Hause zubereitet wird. Zu oft haben Menschen, die in Restaurantküchen arbeiten, keine Beziehung zu der Nahrung, die sie den Gästen vorsetzen (Nahrung, die fast immer von Maschinen zubereitet ist). Tatsächlich sind viele Menschen, die in Restaurants arbeiten, ärgerlich darüber, daß sie dort arbeiten müssen und verabscheuen ihre Arbeit. Die Gedankenschwingungen dieser Menschen finden auf jeden Fall ihren Weg in die Nahrungsmittel, die dort gereicht werden.

Wir wollen jetzt annehmen, daß wir die besten Nahrungsmittel nach den richtigen Methoden zubereitet haben und nun darangehen, sie zu essen. Schon bevor wir die Nahrung zum Mund führen, sollten wir einen Augenblick lang nachdenken: Wo kommt diese Nahrung her und welchen Zweck verfolgen wir damit, daß wir sie essen? Für den Sufi ist das Verzehren von Nahrung ein gesellschaftliches Zusammenkommen, ein Fest des Lebens und eine neue Widmung des Lebens für die höchsten Ideale der menschlichen Existenz. Bevor er ißt, sagt der Sufi: *»Bismi Llāh ir-Raḥmān, ir-Raḥīm«* Im Namen Gottes, des Allergnädigsten, des Allbarmherzigsten). »O Herr, ich will diese Speise nur zu mir nehmen, um Dir besser dienen zu können. Verwende diese Speise, um mich und alle, die Du geschaffen hast, zu erheben. *Amīn.*

Man ißt nicht nur zum persönlichen Vergnügen. Man ißt, um den Körper zu erhalten, der das Fahrzeug für die Seele und das Mittel ist, durch das wir uns zum Guten verändern. Wir essen, um der Seele Kraft und Anmut zu geben. Erst nachdem wir über unsere Nahrung ein solches Gebet gesprochen haben, nehmen wir sie in den Mund, *in shā' Allāh.*

Die Verfeinerung oder Verdauung der Nahrungsmittel braucht zwischen einer Stunde und acht Stunden. Die Dauer hängt davon ab, um welche Nahrungsmittel es sich handelt. Die Wissenschaft hat die biochemische Struktur der Nahrung und des Körpers erforscht und einige Tatsachen und Theorien zur Erklärung der Verdauungsvorgänge entwickelt.

Die persischen Ausdrücke für heiß und kalt, nämlich *sardi* und *garmi,* beinhalten die beiden für die körperliche Gesundheit wichtigsten Begriffe. Ehe wir auf diese Vorstellung im einzelnen eingehen, sei nur soviel gesagt: Man muß sich den gesamten Verdauungsprozeß als einen Vorgang der Erhitzung oder des Kochens der Nahrungssubstanzen vorstellen. Das persische Wort für »kochen«, *pokhta,* wird auch zur Bezeichnung des Vorgangs gebraucht, durch den der Körper die Nahrungsmittel in ihre nahrhaften Bestandteile zerlegt. *pokhta* bedeutet, daß etwas gekocht wurde und nun serviert werden kann. So ist zum Beispiel ein Currygericht *pokhta,* wenn das Ghi [klar gemachte, zerlassene Butter] oder Öl an der Oberfläche schwimmt und dort schimmert und glänzt. Vorher ist das Gericht noch nicht fertig gekocht, es kann noch nicht serviert werden.

Alles ist einmal reif. Wir können ohne weiteres erkennen, daß eine Frucht noch nicht reif ist, und wir essen sie nicht, solange sie noch nicht reif ist. In dem gröberen Prozeß des Kochens von Nahrungsmitteln erfolgt gleichfalls ein Augenblick der Reife, und daher »kocht« auch der Körper die Nahrung so lange, bis sie »reif« ist und durch Assimilisation leicht vom Blut oder von den Körpergeweben aufgenommen werden kann oder bis andere chemische Wechselwirkungen stattfinden.

Mit anderen Worten: Etwas ist reif, wenn es sich im optimalen Stadium seines Wachstums oder seines Verfeinerungsprozesses befindet. Bei der Verarbeitung von Nahrungsmitteln durch den Körper finden eine Reihe von Verdauungsvorgängen statt, die mit der Tätigkeit der Enzyme im Mund beginnt. Diese Enzymtätigkeit erzeugt, wenn auch nur geringe, Wärme. Diese wird um die Reibungswärme, die durch das Zermahlen der Nahrung mit den Zähnen entsteht, noch verstärkt. Nachdem die Nahrung durch Schlucken in den Magen gelangt ist, erfolgt ein weiterer Kochvorgang mittels der Hitze, die durch die Wirkung der Salzsäure entsteht. Jeder dieser Erwärmungsprozesse verändert die Natur der Nahrung. Wer in seinem Munde nicht die richtige Konzentration der Enzyme hat, oder wer die Nahrung nicht genügend kaut, oder derjenige, dessen Salzsäuregehalt im Magen zu gering ist, bei dem ist die Verdauung von Anfang an in Unordnung.

Wenn die Verdauung im Magen beendet ist, dann ist die Nahrung zu einer halbflüssigen Masse, den Chymus, oder Speisebrei, umgewandelt worden. Dieser verläßt den Magen durch den Magenausgang und bewegt sich durch den Dünndarm, wo weitere Enzyme auf ihn einwirken. Sodann erreicht er den Ort, wo die Wirkung der Leber einsetzt.

Von hier an stehen die Anschauungen, wie sie von der östlichen und der westlichen Medizin entwickelt worden sind, in unversöhnlichem Gegensatz. Die westliche Wissenschaft versucht, jeden Nahrungsbestandteil – Vitamine, Aminosäuren, Enzyme, Stoffe mit Heizwert, Proteine, Fette usw. – einzeln zu identifizieren. Die östliche Medizin meint, daß diese Bemühungen im großen und ganzen nutzlos sind, weil jede Leberzelle mehr als tausend Enzyme enthält. Oder man könnte auch sagen, daß die westlichen Pathologen erkannt haben, daß es in jeder Leberzelle mehr als tausend Enzyme gibt, daß sie aber nur von etwa zwei Dutzend wissen, welche Funktionen im Körper sie wirklich ausüben. Tatsächlich mag es in jeder Leberzelle Milliarden von Enzymen geben. Ihre genaue Zahl ist nicht bekannt. Jedenfalls beschränkt man sich auf bloße Vermutungen, wenn man auf Theorien aufbaut, die sich nur auf weniger als drei Prozent der Gesamtzahl der Enzyme stützen.

Die östliche Medizin nimmt einen interessanteren Standpunkt bezüglich des

Verdauungsvorganges ein, einen Standpunkt, den jeder verstehen kann, auch ein kleines Kind, und der einen Rahmen schafft, nach dem man sich bei der Auswahl der Nahrungsmittel zur Erhaltung oder leichten und schnellen Wiedererlangung der Gesundheit orientieren kann. Dieser Standpunkt der östlichen Medizin paßt mit allen medizinischen Systemen der Welt zusammen, dem chinesischen, dem ayurvedischen, dem hippokratischen, dem galenischen, dem arabischen und dem hebräischen. Mit anderen Worten: Alle Lehrgebäude über Medizin und Gesundheit in der ganzen Welt waren jahrtausendelang mit dieser Vorstellung in Übereinstimmung, ausgenommen die westliche Medizin, die in der Chemie die Grundlage des Lebendigen sieht.

Der Schlüssel zu gesunden Ernährungsgewohnheiten besteht darin, daß man zweierlei versteht: die vier Essenzen des Körpers und die erwärmenden und abkühlenden Wirkungen der Nahrungsmittel. Diese Konzepte sind so wichtig für die menschliche Gesundheit, daß ihnen das nächste Kapitel gewidmet ist.

5 Akhlāṭ – Die vier Essenzen des physischen Körpers

Die vier Essenzen des physischen Körpers werden in der Leber wirksam; sie sind am Verdauungsprozeß beteiligt. Diese Essenzen, *akhlāṭ* (Einzahl: *khilṭ*) werden erzeugt, während die Nahrung in immer kleinere Bestandteile von Nährstoffen und Nebenprodukten zerlegt wird. Ursprung und Weg einer jeder dieser vier Essenzen sind in Tabelle 1 und Abbildung 2 dargestellt.

Tabelle 1

Ursprung und Weg der vier Körperessenzen

Mund nimmt Nahrung und Getränk auf
(erste Verdauung)

↓

zum Magen
Verwertbare Anteile werden von den Verdauungssäften bearbeitet. Unverwertbare Anteile gehen in den Dickdarm, um ausgeschieden zu werden;

↓

zum Dünndarm

Nahrung wird durch Vermischen mit den Verdauungssäften und der aufgenommenen Flüssigkeit zum Speisebrei. (Nährstoffe bewegen sich durch die Mesenterialvenen, das heißt durch die Venen des Gekröses und die Pfortader)

↓

Abb. 2: Schematische Darstellung des Weges, den die vier Körperessenzen gehen.

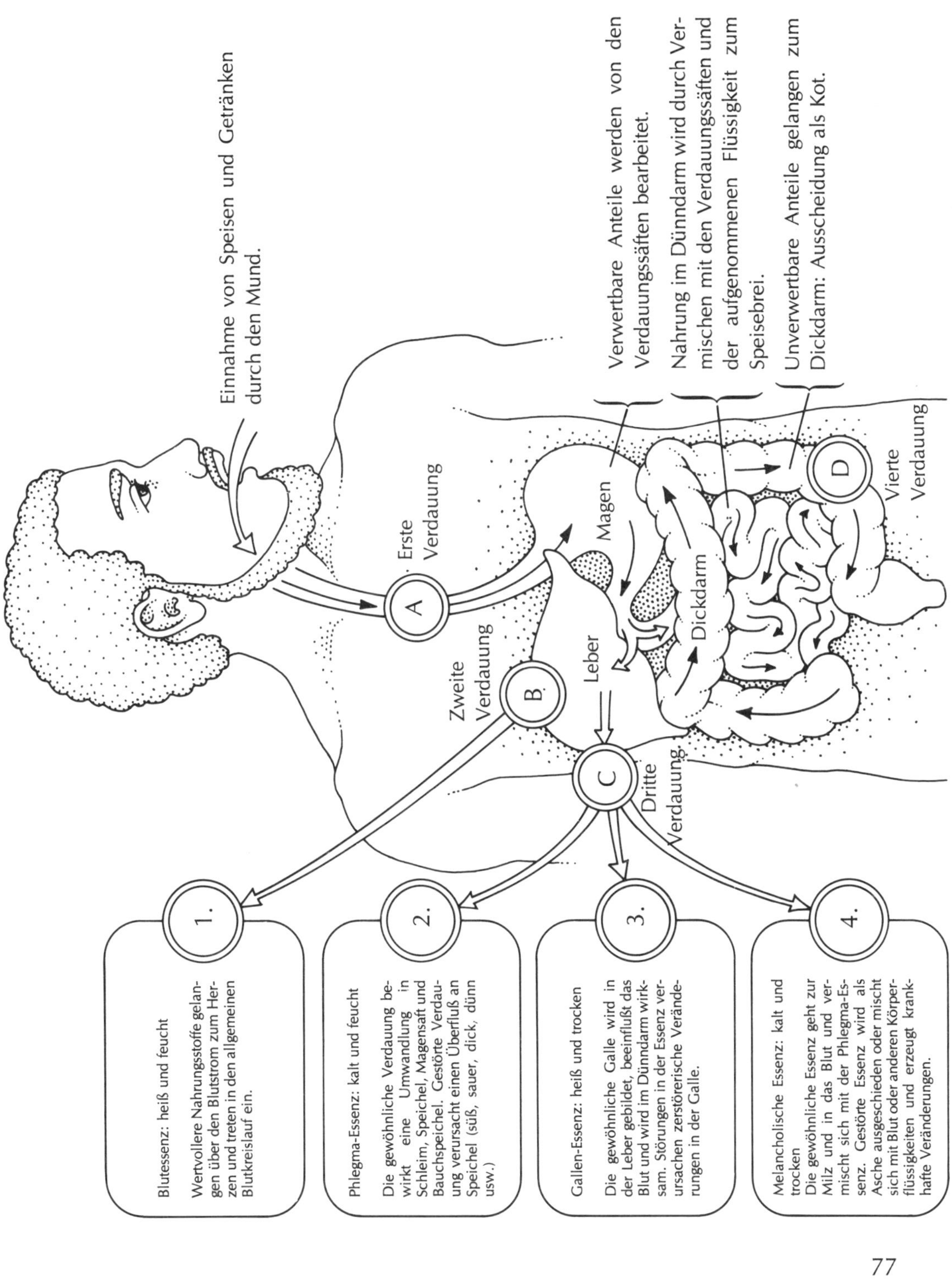

zur Leber
(zweite Verdauung)

Wertvollere Nahrungsstoffe werden zu Blutessenz (heiß und feucht). Sie werden von der Leber zum Herzen gesandt und treten in den allgemeinen Blutkreislauf ein (dritte Verdauung).

↓

Weniger wertvolle Nahrungsanteile werden zu Schleimessenz,
Phlegma-Essenz
(kalt und feucht)

Die gewöhnliche Verdauung wandelt die Phlegma-Essenz um in schleimige Substanz (Phlegma), Speichel, Magensaft und Bauchspeichel.
Gestörte Verdauung erzeugt einen Überfluß an Speichel, der süß oder sauer, dünn oder dick sein kann.

↓

Verbleibende Nahrungsmittel werden zu Gallen-Essenz (heiß und trocken).

Die gewöhnliche Galle wird in der Leber gebildet, hat ihre Wirkung auf das Blut und wird im Dünndarm wirksam. Störungen in dieser Essenz verursachen zerstörerische Veränderungen in der Galle.

Sedimente oder aus den verdauten Nahrungsmitteln ausgefällte Stoffe werden zur melancholischen Essenz, schwarze Galle (kalt und trocken).

Die gewöhnliche Essenz geht zur Milz und ins Blut und vermischt sich mit der Phlegma-Essenz.
Gestörte Essenz wird als Asche ausgeschieden oder mischt sich mit dem Blut und den anderen Körperflüssigkeiten und erzeugt krankhafte Veränderungen.

Wir wollen uns hier auf die vier Essenzen konzentrieren:

Blut-Essenz: heiß und feucht
Phlegma-Essenz: kalt und feucht
Gallen-Essenz: heiß und trocken
melancholische Essenz: kalt und trocken

Mit jeder dieser Essenzen ist ein charakteristisches Temperatur- und Feuchtigkeitsverhalten verbunden. Wenn dieses Verhalten geändert oder gestört wird, kommt es zu einem Ungleichgewicht, wodurch häufig ein oder mehrere Krankheitszustände entstehen. Ebenso wie auch die anderen Essenzen, die in der Sufi-Heilkunde beschrieben werden, existieren auch die *akhlāṭ* nicht als abgesonderte Substanzen, sondern nur als Teil des gesamten Prozesses der Verdauung. Wenn der Körper nicht mehr funktioniert, hören auch die Essenzen zu existieren auf.

Um zu zeigen, wie diese Essenzen arbeiten, wollen wir jetzt die Phlegma-Essenz im Detail betrachten:

Die Phlegma-Essenz entsteht als Teil der dritten Phase der Verdauung und wird aus den weniger wertvollen Nahrungsstoffen gebildet (die wertvolleren sind schon zur Bildung des Blutes und seiner Essenz weggenommen worden). Das Phlegma wird im Körper auf vielerlei Weise verwendet: als Schmiermittel, zur Abwehr von Fremdstoffen einschließlich Bakterien, als Überzug für die Innenseite der Gedärme und für andere Dinge. Das Phlegma ist von Natur aus etwas klebrig, aber häufig kann man beobachten, daß es seinen Charakter ändert und manchmal salzig, dünn, rauh, wässerig oder anders wird. Normales Phlegma ist immer das Ergebnis aus einer kalten und feuchten Essenz. Wenn sich die Essenz entweder zum heißeren oder zum kälteren hinbewegt, dann wird das Phlegma selbst geändert. Manchmal ist diese Änderung als Teil eines Heilungsprozesses notwendig.

Die *ḥakīm,* die Ärzte für physische Krankheiten, haben ein überliefertes System ausgearbeitet, das alle Krankheiten erfaßt, die aus Störungen in dieser dritten Phase der Verdauung stammen, aus der Natur des Phlegma. In gleicher Weise können sich auch all die anderen Essenzen ändern und Ungleichgewichte erzeugen. Mit jedem dieser Ungleichgewichte einer jeden Essenz sind besondere Symptome verbunden. Daraus folgt, daß es das erste Ziel der Behandlung ist, *die Essenz in ihr natürliches Gleichgewicht zurückzubringen.*

Jetzt ist es ziemlich einfach, eine Diagnose zu stellen: Man findet zuerst heraus, welcher Abschnitt der Verdauung betroffen ist und sucht dann nach Zeichen überschüssiger Hitze oder Feuchtigkeit (oder deren Gegenteilen). Obwohl mit jeder Essenz vier Faktoren verbunden sind – Hitze, Kälte, Feuchtigkeit und Trockenheit – kann man diese auf zwei zurückführen, nämlich auf Hitze und Kälte (*garmi* und *sardi,* wie man sie auf persisch nennt), denn die Feuchtigkeit ist eine Funktion der Hitze, welche die Feuchtigkeit vertreibt. (Der Fürst unter den Ärzten, der im Westen unter dem Namen Avicenna bekannte Hakīm Abū ʿAlī ibn Sīnā, verfaßte eine achtzehn Bände umfassende Enzyklopädie der Medizin. Sie enthält eine vollständige Abhandlung über die Essenzen; man kann dort jeweils finden, welche Krankheiten aus welchem Ungleichgewicht welcher dieser Essenzen folgen. Ich habe ein Buch veröffentlicht, das aus persischen Quellen übersetzt ist, zu denen auch die Werke des Avicenna gehören. In diesem Buch wird dieses System der physischen Medizin für Laien und Naturheilpraktiker dargelegt. Der Buchtitel lautet *Natural Medicine,* erschienen in London, Wildwood House, 1980).

Natürlich gehört die Diagnose komplizierter Ungleichgewichte in den Bereich der Heilkunde für Experten. Aber es gibt ein vollständiges System der Ernährungslehre nach den vorher beschriebenen Prinzipien und Essenzen. Dieses System der Auswahl der Nahrungsmittel basiert auf den zwei Faktoren von Hitze und Kälte. Wenn wir sagen, ein Nahrungsmittel ist heiß, dann beziehen wir uns nicht auf dessen Heizwert. Vielmehr bezeichnen wir ein Nahrungsmittel dann als heiß, wenn es in seiner Netto-Auswirkung auf den Körper den Stoffwechsel beschleunigt. Ein Nahrungsmittel, das in seiner Essenz »kalt« ist, hat eine Nettoauswirkung der Verlangsamung des Stoffwechsels. Mit anderen Worten: Wenn wir ein Thermometer hätten, das die Temperatur nicht nur in Zehntel, sondern in Milliardstel Grad messen könnte, dann könnten wir immer dann eine leichte Zunahme der Körpertemperatur feststellen, wenn ein »heißes« Nahrungsmittel genossen wurde. Das Umgekehrte wäre der Fall, wenn ein »kaltes« Nahrungsmittel gegessen wurde: Die Temperatur würde geringfügig abnehmen.

Der eine sehr wichtige Faktor bei diesem Ernährungssystem ist, daß Nahrungsmittel ein ausreichendes Maß von Stoffwechselhitze besitzen müssen, damit die Verdauung vollständig durchgeführt wird. Wie der Prophet Muhammad *(s.a.w.s.)* gesagt hat: »Die Hauptursache der Krankheit ist, daß wir eine Mahlzeit nach der anderen essen.« Das bedeutet, daß die mit der ersten Mahlzeit konsumierte Nahrung nicht voll verdaut und assimiliert wird, bevor wir die nächste Mahlzeit einnehmen. Wenn wir natürlich alle zwanzig Minuten essen, dann würde das eintreten. Aber was hier gemeint ist, ist, daß die Nahrung aus Mangel an Stoffwechselhitze nicht voll verdaut wird. Dieses Konzept wird klarer, wenn wir die Stoffwechselwerte vieler bekannter Nahrungsmittel betrachten, wie sie in Tabelle 2 zusammengestellt sind.

Tabelle 2

Stoffwechselwerte von Nahrungsmitteln

Erhitzende *(garmi)* Nahrungsmittel

Fleisch und Fisch	Fisch (allgemein), Lamm, Leber, Huhn, Eier, Ziegenfleisch (von männlichen Tieren)
Milchprodukte	Schafsmilch, Quark, Sahne, zerlassene Butter (Ghi)
Gemüse und Bohnen	rote Beete, Rettich, Zwiebeln, Senfgrün, rote Linsen, weiße Linsen, Bohnen, Lauch, Auberginen, Kichererbsen, Chillies, grüne Paprika, Karottensamen, Kürbis
Früchte	Pfirsiche, Pflaumen, Orangen, Zitronen, Maulbeeren, rote Rosinen, grüne Rosinen, Oliven, reife Trauben, Kürbis, alle getrockneten Früchte
Kerne und Nüsse	Sesam, Mandel, Pistazien, Aprikosenkerne, Walnuß, Piniennuß
Getreide	langkörniger Reis, Basmati-Reis
Öle	Sesam-Öl, Maisöl, Biberöl, Senföl
Getränke	schwarzer Tee, Kaffee
Kräuter	Zimt, Kardamom, Nelken, Fenchel, Ingwer, Selleriesamen, Anis, Safran, Garam-Masala (Mischung), Curry-Pulver (Mischung)
Übrige	Honig, Candiszucker, alle süßen Sachen, Salz und alle modernen Medikamente

Kühlende *(sardi)* Nahrungsmittel

Fleisch	Kaninchen, Ziege (weibliches Tier), Rind
Milchprodukte	Kuhmilch, Muttermilch, Ziegenmilch, Butter, Buttermilch, getrocknete Käsesorten, Margarine
Gemüse und Bohnen	Kopfsalat, Sellerie, Keime (allgemein), Zucchini, Spinat, Weißkohl, Okra, Blumenkohl, Brokkolli, weiße Kartoffeln, süße Kartoffeln, Karrotten, Gurken, Sojabohnen, Tomaten, weiße Rüben, Erbsen, Bohnen (allgemein)
Früchte	Melone (allgemein), Birne, Kokosnuß, Feige, Banane, Granatapfel
Samen und Nüsse	keine
Getreide	brauner Reis, Breitkornreis
Öle	Sonnenblumenöl, Kokosnußöl

Kräuter	Koriander (getrocknet), Dille, Henna
Übrige	Zucker, Essig, bittere Nahrungsmittel, saure Nahrungsmittel

Obwohl es über den Rahmen dieses Buches hinausführen würde, das ganze System der Medizin darzustellen, das sich aus diesen wunderbaren Prinzipien entwickelt hat (dieses System ist als Ṭibb bekannt), ist es doch nützlich, die wärmenden und kühlenden Eigenschaften der Nahrungsmittel und Gewürze anzugeben, damit ein jeder nach eigenem Gutdünken die Speisen für sich zusammenstellen kann. Wir hoffen, *in shā᾽ Allāh,* daß dies der Gesundheit eines jeden überaus förderlich sein wird.

Um den Gebrauch der Nahrungsmittel und Kräuter als Heilmittel zu erleichtern, werden im folgenden alle Substanzen nach dem Grad ihrer Hitze und Kälte eingeteilt. Es gibt vier solche Grade, sowohl der Hitze als auch der Kälte, was insgesamt acht mögliche Bewertungen eines jeden Nahrungsmittels ergibt.

Ein Nahrungsmittel oder ein Kraut kann daher sein:

heiß im ersten Grad

heiß im zweiten Grad

heiß im dritten Grad

heiß im vierten Grad

oder

kalt im ersten Grad

kalt im zweiten Grad

kalt im dritten Grad

kalt im vierten Grad

Wir lernen von Avicenna, daß diese Grade die folgenden Wirkungen haben:

1. Grad: wirkt auf den Stoffwechsel, bewirkt aber noch keine erkennbare physische Empfindung. Wirkung sehr schwach.

2. Grad: wirkt auf den Körper, verändert den Stoffwechsel, wird aber am Ende vom Körper überwunden. Alle Nahrungsmittel gehören in diese Kategorie. Zu den Wirkungen der Nahrungsmittel und Kräuter mit diesem zweiten Grad

gehört Öffnen der Poren, Einleitung der Peristaltik (weiterschiebende Bewegung der Gedärme), Verursachung von Schweiß und Stimulierung der Verdauung.

3. Grad: vom Körper nicht beeinflußt, sondern Wirkung auf den Körper. Alle Heilmittelsubstanzen gehören in diese Kategorie. Ein Beispiel sind die Senna-Schoten, die eine überwältigende Wirkung auf die ausscheidenden Kräfte haben und eine sehr schnelle Entleerung des unteren Teils der Gedärme erzwingen.

4. Grad: In diese Kategorie gehören Gifte. Stoffe dieser Kategorie verursachen das Aufhören des Stoffwechsels. Einige dieser Kräuter werden als Heilmittel verwendet, aber nur in kleinsten Dosen und unter strenger Aufsicht des Arztes.

Zur Erläuterung sei darauf hingewiesen, daß ein Stoff, der im zweiten Grade heiß ist, den Stoffwechsel beschleunigt, wohingegen ein im zweiten Grade kalter Stoff den Stoffwechsel verlangsamt. Im extremen vierten Grad würde ein heißes Kraut den Stoffwechsel bis jenseits der Grenze beschleunigen, die das Leben erhält, wohingegen ein im vierten Grade kaltes Kraut den Stoffwechsel bis zum Punkt des Todes verlangsamt.

Ein Beispiel für die Wirksamkeit dieser Prinzipien sieht man, wenn Leute Currygerichte essen, die für sie zu scharf sind. Gewöhnlich greifen sie in diesem Falle zu einem großen Glas Wasser. Dadurch wird das Brennen aber nicht aufgehoben, ist doch das Wasser im Sinne dieses Systems neutral. Statt dessen sollten diese Leute eine kleine Zuspeise aus Gurken und Yoghurt zu sich nehmen, denn das sind Nahrungsmittel mit stark kühlender Wirkung.

Alles, was die Natur hervorbringt, läßt sich in dieses System der wärmenden und kühlenden Wirkungen einordnen. Die Diät kann entsprechend den oben erwähnten Faktoren je nach Jahreszeit, Klima, Seehöhe, vorherrschenden Krankheiten usw. gestaltet werden.

Diese Ernährungsprinzipien sind die Grundlage aller traditionsbewußten Gesellschaften und ihrer Eßgewohnheiten. In den Vereinigten Staaten zeigen sich bei Menschen, die aus lateinamerikanischen oder aus afrikanischen Gesellschaftsordnungen stammen, immer noch Spuren davon in ihren Ernährungsgewohnheiten, waren doch sowohl Spanien als auch Schwarzafrika einst Teil der islamischen Kultur.

Der Sufi-Shaykh kennt dieses System und macht häufig entsprechende Empfehlungen zur Korrektur physischer Ungleichgewichte, daß nämlich das eine oder das andere Nahrungsmittel in den Speiseplan mit aufgenommen wird. Jeder Teil des Körpers hat seinen charakteristischen Grad von heiß oder kalt – entsprechend den vier Essenzen –; daher kann man die Diät ganz allgemein je nachdem gestalten, ob das Stoffwechselgleichgewicht gesteigert oder gesenkt werden soll.

Wenn zum Beispiel ein Patient, der über Gelenkschmerzen (in der westlichen Terminologie Arthritis) klagt, einen Shaykh aufsucht, weiß dieser, daß das richtige Temperament der inneren Nerven und Gelenksfasern im gesunden Zustand kühl und feucht ist. Indem er den Zustand dieses Menschen beobachtet, wird der Shaykh herausfinden, ob das Ungleichgewicht durch zuviel Kälte oder zuviel Hitze hervorgerufen wurde, und er wird, um Abhilfe zu schaffen, bestimmte Kräuter oder Nahrungsmittel verordnen. Das ist ähnlich dem, was auch ein westlicher Arzt tut, aber der Shaykh zieht zusätzlich die Wirkung des *nafas* mit in Betracht, des Aktivators der physiologischen Vorgänge.

Wenn der Atem durch Mund und Nasenlöcher eingesogen wird, dann ist er dazu bestimmt, die äußersten Grenzen eines jeden Organes zu erreichen. Es mag sein, daß der Atem viele Veränderungen erfährt, bevor er sein Ziel erreicht, aber er trägt immer die Intention mit sich, bis an die äußerste Grenze aller Extremitäten zu gelangen. Wenn auf dem Weg dieses Lebensatems Hindernisse entstehen, entwikkelt sich schnell die Krankheit. Wir können dann das Ungleichgewicht seinem Wert nach einordnen und in die Gewebe hineinschauen, wie eine bestimmte Bakterienart in diesem Ungleichgewicht besser gedeiht und zu einer abnormalen Populationsgröße heranwächst. Jetzt ist es vor allem notwendig, das Hindernis für die Verteilung des *nafas* – der Lebenskraft an sich – zu beseitigen. Darauf beruhen die großartigen physischen Wunderheilungen, wie sie von den Sufis ausgeführt werden. Wie dies geschieht, wird in einem späteren Kapitel beschrieben.

Nach diesen Einleitungen können wir uns jetzt dem genaueren Studium der einzelnen Nahrungsmittel zuwenden, entsprechend den Lehren des Meisters und Anführers aller Sufis, des Heiligen Propheten Muhammad *(s.a.w.s.).*

6 Die Nahrungsmittel des Propheten *(s.a.w.s.)*

Und die Erde hat Er für Seine Geschöpfe zubereitet,
mit Obst und blütenreichen Palmbäumen
und bedeckt mit Fruchtkörnern, mit Halmen und Kräutern.
Welche von den Wohltaten eures Herrn wollt ihr wohl leugnen?
(Qur'an 55:10–13)

Es wird berichtet, daß der Prophet Muhammad *(s.a.w.s.)* einst gesagt hat: »Es gibt zwei Arten des Wissens: Das Wissen um die Religion und das Wissen um den Körper.« Der Prophet *(s.a.w.s.)* sprach häufig über die Natur und über den Wert verschiedener Nahrungsmittel und Gewürze. Diese Darlegungen wurden von seinen Frauen und Gefährten *(r.a.)* aufgezeichnet und stehen uns bis heute zur Verfügung.

Für den Sufi war der Prophet *(s.a.w.s.)* die Verkörperung eines Menschen, der so vollkommen gelebt hat, wie das überhaupt möglich ist, und daher sind seine Eßgewohnheiten und seine Empfehlungen über die Ernährung die Basis der täglichen Lebensgewohnheiten der Sufis. Am Anfang nimmt der, der ein Sufi werden möchte, ein Betragen an, das als *fanā'fī shaykh* bekannt ist, die Nachahmung des Shaykhs. Die Zeit, in der sich der *murīd* auf diese Art beträgt, kann kurz oder lang sein. Er nimmt dabei in jeder Hinsicht so genau wie möglich das Betragen des Shaykhs an, das heißt er kleidet sich wie der Shaykh (oder wie der Shaykh es von ihm verlangt), ißt die gleichen Nahrungsmittel wie er und macht die Übungen, die ihm der Shaykh empfiehlt. Kurz gesagt, der *murīd* löst sich auf im Bilde des Shaykhs. Das Ziel für den *murīd* ist, daß er sein vorheriges Betragen ablegt und mit der Zeit den Charakter des Shaykhs annimmt.

Diese Ausbildung hat den Zweck, die äußere Tätigkeit mit dem Zustand des Inneren in Harmonie zu bringen. Diese Wechselwirkung läßt sich in drei Worte zusammenfassen: *īmān, islām, iḥsān. īmān* bedeutet den wahren Glauben zu haben und das absolute Vertrauen zu Gott. Wer diesen Glauben hat, der wird durch ihn dazu gebracht, Gottes Geboten zu gehorchen, die *sharī'at* genannt werden. Wer den *sharī'at*-Gesetzen bewußt folgt, von dem sagt man, er lebt den Islam.

Wenn man sich zielbewußt an den Lebensstil hält, der *islām* genannt wird, dann bewirkt das die Entwicklung der inneren Zustände der Seele, die als *iḥsān* bekannt sind, was »Segen« heißt. Auf dem Sufi-Weg kann man keinen dieser Zustände erreichen ohne den anderen. Sie sind voneinander abhängig. Wie der Sufi Abu Anees Barkat Ali einst bemerkte: »Dem Betragen des Propheten *(s.a.w.s.)* zu folgen ist *sunnah,* was die Wurzel des Islam ist. Der Sufismus ist die Frucht am Baume des Islam oder er ist der Duft dieser Frucht. Wenn die Wurzel nicht da ist, wie kann es dann eine Frucht geben?«

Wenn diese Periode von *fanāʾfī shaykh* zu Ende ist, dann tritt der *murīd* in die nächste Phase ein, die *fanāʾfī murshid* heißt, das ist die Annahme von Gewohnheiten der Kleidung und der Ernährung und auch sonst der besonderen Arten des Betragens des Führers oder *murshid* jenes Ordens, zu dem der *murīd* gehört. So werden die Übungen erweitert, die Nahrungsaufnahme wird verringert, das Fasten vermehrt und die tieferen Bedeutungen des Qurʾan werden studiert, wie sie durch die Vermittlung des Shaykhs geoffenbart werden.

Der nächste Entwicklungsschritt führt zu *fanāʾfī rasūl,* in welchem Zustand, *in shāʾ Allāh,* der *murīd* im Ebenbild des *rasūl Allāh,* des heiligen Propheten Muhammad *(s.a.w.s.)* aufgeht. Zuletzt, nach diesem Zustand, gelangt der *murīd* in den Zustand, der als *fanāʾfī Llāh* bekannt ist, die totale Auflösung im Allmächtigen.

Weil der Sufi-Weg ein stufenweiser vernünftiger Weg ist, der in jeder Hinsicht in völliger Übereinstimmung mit der menschlichen Natur ist, konzentriert sich der *murīd* am Anfang auf die richtige Art zu essen, zu schlafen, zu gehen, zu sitzen, zu beten und auf ähnliche Regeln des äußeren Betragens. Zu jeder Zeit hat der Shaykh seinen Einfluß auf den *murīd* und gibt ihm hilfreiche Ratschläge und Empfehlungen und korrigiert ihn bei allem, was er eventuell nicht richtig macht.

In der frühen Entwicklung des heranwachsenden Sufi kämpft dieser hauptsächlich um die Überwindung der groben physischen Gelüste, und daher ist es für ihn unbedingt notwendig, daß er die folgenden Feststellungen und Empfehlungen des Propheten Muhammad *(s.a.w.s.)* lernt, versteht und anwendet. Zu diesem gehört auch etwas von dem Wissen, das mit der Medizin des Islam zusammenhängt.

Bevor wir hier eine Auswahl von Stellen aus dem Hadith geben, die sich auf die Gesundheit beziehen, müssen wir einen Augenblick lang über die Natur der Empfehlungen nachdenken. Für manche Menschen mögen diese Empfehlungen sehr einfach, altmodisch oder gar bizarr erscheinen. Manche haben vielleicht das Gefühl, daß ein bestimmter Satz daraus in unserem wissenschaftlichen Verständnis keine Unterstützung findet. Aber alle diese Feststellungen und Handlungen des Propheten *(s.a.w.s.)* sind um den Kern der göttlichen Inspiration herum gewoben, so daß kein Irrtum möglich ist, keine Ungenauigkeit und keine Verbesserung. Einige Beispiele werden das klarmachen.

Es gibt eine Stelle im Hadith, die besagt, daß man eine Fliege, die in eine Flüssigkeit fällt, aus der man gerade ein Getränk bereiten will, zuerst gänzlich in dieser Flüssigkeit untertauchen sollte, bevor man sie daraus entfernt. Diese Empfehlung scheint sehr seltsam und sogar gefährlich.

Bekanntlich führen Fliegen Krankheitserreger mit sich (der Prophet Muhammad *[s.a.w.s.]* wußte das bereits vor 1400 Jahren, zu einer Zeit, als es ein formales medizinisches Wissen praktisch noch gar nicht gegeben hat). Allah hat aber gesagt, daß Er keine Krankheit geschaffen hat, ohne auch deren Gegenmittel zu schaffen, ausgenommen den Tod (im Sinne des altersbedingten Lebensendes), weshalb in der Neuzeit das Penizillin, das Gegenmittel gegen schädliche Organismen, wie etwa Staphylokokken, entdeckt wurde. Doktor Muhammad M. el-Samahy, Leiter der Hadith-Abteilung der al-Azhar-Universität zu Kairo, Ägypten, hat indessen einen Artikel verfaßt, der den scharfsinnigen medizinischen Grund dieses scheinbar mysteriösen Ratschlags offenbar macht.

Doktor el-Samahy schreibt, daß Mikrobiologen länglich geformte Zellen entdeckt haben, die als Parasiten im Magen der Fliegen leben. Diese Hefezellen bewegen sich im Zuge des Zyklus ihrer Vermehrung durch die Atemkanäle der Fliege. Wenn die Fliege ganz in eine Flüssigkeit eingetaucht wird, dann führt der osmotische Druckunterschied dazu, daß diese Zellen zerplatzen. Der Inhalt dieser Zellen ist ein Gegengift gegen die Krankheitserreger, die die Fliege an ihrem Körper trägt. So bestätigt die jüngste Forschung der Mikrobiologie das, was wir aus dem Wissen des Propheten schon 1400 Jahre lang wissen.

Ein anderes Beispiel ist die Empfehlung, vor jeder Mahlzeit eine kleine Menge Salz zu essen. Das scheint vor allem der modernen medizinischen Wissenschaft zu widersprechen, die die schädlichen Wirkungen übertriebenen Salzkonsums hervorhebt. Aber das Verständnis um die Stoffwechselvorgänge im Körper zeigt, daß es sich auch hier um einen weisen Ratschlag handelt.

Salz besteht aus zwei chemischen Stoffen: Natrium und Chlor. Die Chloridionen im Salz sind die einzige schnell erreichbare Quelle, aus der der Körper diese Chlorid-Ionen zur Herstellung von Salzsäure beziehen kann, die für die richtige Verdauung im Magen entscheidend ist. Wenn man daher vor der Mahlzeit eine kleine Menge Salz zu sich nimmt, dann kann jeder Mangel an Salzsäure ausgeglichen werden, bevor neue Nahrung aufgenommen wird.

Es sei hinzugefügt, daß die schädlichen Wirkungen zu großen Salzkonsums hauptsächlich mit der Aufnahme von zuviel Natrium zusammenhängen, nicht mit dem Chlorid-Ion. In der Tat können diejenigen, die ihre Speisen gänzlich ohne Salz zubereiten, dadurch erkranken, daß sie nicht genügend Salzsäure produzieren.

Diese beiden Beispiele zeigen, daß es medizinisch gesehen durchaus angebracht ist, die Ratschläge dieses Hadith zu befolgen. Gewiß, nicht alle Überlieferungen des Hadith sind wissenschaftlich erhärtet. Dazu muß man allerdings sagen, daß die Glaubwürdigkeit der im Hadith gegebenen medizinischen Ratschläge selbst dann nicht bezweifelt werden könnte, wenn diese Ratschläge durch wissenschaftliche Experimente nicht bewiesen würden oder nicht bewiesen werden könnten, ändert sich doch das medizinische Wissen ständig. Nur zu oft hat es sich herausgestellt, daß wissenschaftliche Versuche nicht einwandfrei durchgeführt oder gar absichtlich verfälscht wurden. Dem Sufi genügt es zu wissen, daß Gott seinem Propheten *(s.a.w.s.)* durch unmittelbare Hinweise oder durch Inspiration praktische Ratschläge erteilt hat. Menschliches Wissen oder wissenschaftliche Versuche können mit dem Wissen oder den Geboten Gottes nie in Widerspruch stehen oder die Weisheit Gottes auch nur berichtigen.

Hat man diese Ratschläge bei seinen Ernährungsgewohnheiten einmal berücksichtigt, wird man feststellen, daß dies alles mit der menschlichen Natur völlig übereinstimmt und daß jeder, der diese Regeln befolgt, hinsichtlich seiner Gesundheit unermeßliche positive Auswirkungen zu erwarten hat.

Aus den nun folgenden Kommentaren lassen sich nicht nur verschiedene Rezepte ableiten, es werden dort einzelne Nahrungsmittel und Kräuter auch direkt als Arzneimittel empfohlen.

Es ist unmöglich, ganz allgemein zu sagen, welches Nahrungsmittel oder welches Kraut in einem bestimmten Fall gegeben werden soll, denn der Arzt oder der Heilkundige muß den Patienten sehen, damit das Ungleichgewicht richtig diagnostiziert werden kann. Dennoch sollte man die in den folgenden Kapiteln aufgezählten Nahrungsmittel anderen Speisen vorziehen, und man sollte sich an die Empfehlungen halten, die für deren Kombinationen gegeben werden. (Meines Erachtens enthält die Küche von Afghanistan die besten Rezepte zur Verwendung all dieser Nahrungsmittel im richtigen Verhältnis. Auch werden in diesem Land die Nahrungsmittel dann gegessen, wenn sie jahreszeitlich am leichtesten erhältlich sind. Leider bietet der Buchmarkt nur wenig Literatur über die afghanische Küche. Außerdem ist es eine Tatsache, daß die Afghanen, Männer und Frauen, zu den kräftigsten, herzlichsten, frömmsten und gottesfürchtigsten Menschen auf Erden zählen.)

Es sei daran erinnert, daß die Lebensweise eines Sufi nicht nur darin besteht, daß er bestimmte Nahrungsmittel zu sich nimmt. Es gibt auch zahlreiche andere die Gesundheit beeinflussende Verhaltensweisen, wie Fasten, Gebet, Geben von Almosen und andere Übungen, und es mag sein, daß diese anderen Praktiken insgesamt einen größeren Einfluß auf die Gesundheit haben als die Ernährung.

Anhang zu Kapitel 6
»Die Nahrungsmittel des Propheten *(s.a.w.s.)*«

A. Aussprüche des Propheten *(s.a.w.s.)*

Ehe wir mit der Aufzählung der Nahrungsmittel beginnen, ist es nützlich, jene Hinweise des Propheten *(s.a.w.s.)* anzuführen, die sich auf das Verhalten, auf die Hygiene, auf Krankheitsverhütung und auf ähnliche Themen beziehen, die mit der Gesundheit zusammenhängen.

Allahs Prophet *(s.a.w.s.)* sagt:

Allah hat keine Krankheit geschaffen, ohne auch deren Gegenmittel zu schaffen, ausgenommen den Tod (aus Altersgründen). Allah spricht, daß derjenige, der nach dem Qur'an lebt, ein langes Leben haben wird.

Der Ursprung jeder Krankheit ist das Kalte. Iß daher, wenn es dich danach verlangt und höre auf zu essen, wenn das dein Wunsch ist.

Der Magen ist das Haus der Krankheit, und das Fasten ist die allerwichtigste Arznei. Mache dir das zur Gewohnheit.

In den Augen Allahs ist das beste Nahrungsmittel das, das von vielen gegessen wird.

Das Frühstück allein einzunehmen, heißt mit dem Satan essen. Es mit einer anderen Person einzunehmen, heißt mit einem Tyrannen zu essen. Es mit zwei anderen Personen einzunehmen, heißt mit den Propheten zu essen (Friede sei mit ihnen allen!).

Erlaube deiner Nahrung, auszukühlen, bevor du sie ißt, denn in heißer Nahrung ist kein Leben.

Wenn du ißt, zieh deine Schuhe aus, denn in der Tat, deine Füße haben sodann mehr Rast. Das ist ein ausgezeichneter Rat.

Es ist ein Segen in der Mitte der Schüssel. Beginne daher an der Seite und nicht in der Mitte.
(Gemeint ist, daß man selbstlose Zurückhaltung üben und den Segen einem anderen überlassen sollte, ohne ihn selber haben zu wollen.)

In drei Dingen liegt ein Segen: in einem frühen Frühstück, im Brot und in der Suppe.

Bürste deine Zähne mit einem *miswāk* (einem hölzernen Zahnstocher, wie er gewöhnlich aus einem Zweig des Pelu-Baumes gemacht wird). Tue dies nach dem Mahl und spüle deinen Mund aus. Diese Übungen sind ein Schutz für die Eckzähne und die Weisheitszähne.

Verwende das *miswāk,* denn diese Übung entspringt aus der Reinlichkeit, die Reinlichkeit entspringt aus dem Glauben und der Glaube führt den, der ihn übt, zum Himmel.

Die Schüssel bittet um Gnade für den, der den letzten Bissen nimmt (d.h. verschwende nichts).

Eßt gemeinsam und trennt euch dann, denn mit dem Zusammensein in Gruppen ist ein Segen verbunden.

Weniger Nahrung, weniger Sünde.

Es ist gesetzwidrig, die folgenden Dinge zu horten: Weizen, Gerste, Rosinen, Hirse, Fett, Honig, Käse, Walnüsse und Oliven.

Niemand sollte im Stehen trinken, ausgenommen derjenige, der an Ischiasbeschwerden leidet.

Iß dein Mahl in der Morgendämmerung, denn es liegt ein Segen in einem Mahl, das in der Morgendämmerung eingenommen wird.

Als ich in den Himmel erhoben wurde, da kam ich an keinem Engel vorbei, der nicht zu mir sagte: »O Muhammad, sage deinen Menschen, daß sie das Schneiden verwenden sollen [ein Schnitt in den Körper, durch den eine kleine Menge Blut austritt]. Die besten Behandlungsmethoden, die ihr habt, sind Schneiden, Koriander und Costus [ein indisches Kraut].

Wer sieben Tage lang krank ist, verbüßt dadurch vor Allah die Sünden von siebzig Jahren.

Es gibt keinen Schmerz wie den Augenschmerz und keine Sorgen wie die Sorgen über Schulden.

Jedesmal wenn der Prophet *(s.a.w.s.)* zu einem kranken Menschen kam, pflegte er zu sagen: »Mach dich frei von den Täuschungen des Übels. Die Stärke ist bei Allah dem Allmächtigen. Heile und werde geheilt. Es gibt keine Heilung außer durch dich selbst.«

B. Liste der Nahrungsmittel

Anis *(anīsūn):* Zu den vielen Eigenschaften von Anis gehört, daß es innere Schmerzen lindert, den Menstruationsausfluß vermehrt, die Absonderung von Milch und Samenflüssigkeit fördert und Gase in den Eingeweiden beseitigt. Man kann es auch in Form von Tee verwenden, um die Augen und das Sehvermögen zu stärken. In der Natur suchen Schlangen nach der Winterstarre die Anispflanze auf und reiben ihre Augen daran, da ihr Sehvermögen über den Winter schwach geworden ist.

Apfel *(tuffāḥ):* Saure Äpfel sind mehr kühlend als süße. Es wird behauptet, daß Äpfel das Herz stärken.

Auberginen *(bādhinjān):* Die dunkle Art der Auberginen bewirkt Gallenfluß. Kleine Dosen sind hilfreich bei Hämorrhoiden. Die Neigung der Aubergine zur Förderung des Gallenflusses wird ins Gleichgewicht gebracht, wenn man sie mit Fleischspeisen zusammen ißt.

Bananen *(mawz):* Heiß im ersten Grade hat die Banane als Nahrungsmittel wenig Wert, ausgenommen für Menschen mit sehr kalten Körperfunktionen (langsamem Stoffwechsel). Diese sollten Bananen mit Honig essen.

Basilikum, süß *(rayḥān):* Basilikum zu riechen, stärkt das Herz. Den Kopf mit Basilikum und Wasser einzureiben, fördert den Schlaf.

Blumenkohl *(qunnabīṭ):* Dieses Lebensmittel ist schwer zu verdauen; man sagt, daß es dem Sehvermögen schadet.

Brot *(khubz):* Das beste Brot ist das, das aus dem feinsten Vollgetreidemehl hergestellt und in einem kreisrunden Steinofen gebacken wird. Man sollte das Brot vor dem Essen etwas auskühlen lassen, sonst macht es einen zu sehr durstig. Alt gewordenes Brot verstopft die Gedärme. Brot, welches geformte Kleie enthält, wird schnell verdaut und ist dennoch sehr nahrhaft. Je weicher das Brot, desto leichter wird es verdaut und desto nahrhafter ist es. Brotkrumen erzeugen Gas im Körper. Brot, das aus Gerstenmehl und gemahlenen Erbsen gebacken wird, wird nur langsam verdaut, und es muß Salz beigefügt werden. Der Prophet *(s.a.w.s.)* sagt: »Schneide Brot nicht mit dem Messer, sondern gib ihm die gebührende Ehre, es mit den Händen zu brechen, denn Allah hat es geehrt.«

Butter *(zubdah):* Butter ist in mildem Ausmaße heiß und feucht. Sie hilft bei Verstopfung. Mit Honig und Datteln gemischt ergibt sie eine Substanz, die schwangeren Frauen den Wunsch nach Nahrung nimmt.

Cumin *(kammūn):* Cumin ist sehr heiß. Man sagt, es sei das einzige Gewürz oder Kraut, das durch den Magen wandert, ohne von der Verdauung berührt zu werden, solange es nicht die Leber erreicht. Wenn man Cumin in Wasser einweicht und das Wasser dann trinkt, so ist das ein hervorragendes Heilmittel gegen Kolik.

Datteln, getrocknet *(tamr):* Der Prophet *(s.a.w.s.)* hat der Überlieferung zufolge gesagt: »Ein Haus ohne Datteln hat keine Nahrung.« Der Prophet Muhammad *(s.a.w.s.)* pflegte selbst Dattelbäume zu pflanzen. Datteln sollten mit Mandeln zusammen gegessen werden, wodurch schlechte Nebenwirkungen aufgehoben werden. Frische Datteln waren die Nahrung, die Maria *(r.a.)* zu der Zeit gegessen hat, wo Jesus *(a.s.)* geboren wurde. Der Prophet *(s.a.w.s.)* sagt: »Wer eine Dattel findet, der soll mit ihr sein Fasten brechen. Wenn er keine Dattel findet, dann soll er das Fasten brechen mit Wasser. Denn wahrlich, das ist Reinheit.«

Eier *(bayḍah):* Die besten Eier sind Hühnereier, die man weich ißt, nicht hart gekocht. Das Eiklar schafft Erleichterung bei Sonnenbrand und hilft bei der Heilung von Verbrennungen, wobei es die Narbenbildung verhindert. Eier sind ein Aphrodisiakum.

Endivien *(hindibā')*: Die Wirkungen von Endivien sind je nach Jahreszeit verschieden. Zur frühesten Zeit sind sie am besten, und am Ende der Zeit, in der sie wachsen, sind sie buchstäblich nutzlos. Im Hadith heißt es: »Iß Endivien und speie sie nicht aus, denn wahrhaft, es vergeht kein Tag, wo nicht die Wasser des Paradieses auf sie fallen.«

Essig *(khall)*: Der Prophet Muhammad *(s.a.w.s.)* hat der Überlieferung nach einmal bemerkt, daß der Essig das Gewürz war, das alle Propheten vor ihm verwendet haben. Essig ist beides, kalt und heiß. Er ist zwischen den beiden nahezu im Gleichgewicht. Vermischt man ihn mit Rosenwasser, so entsteht ein ausgezeichnetes Heilmittel gegen Zahnschmerzen und Kopfschmerzen. Essig löst das Phlegma auf. In einem anderen Hadith heißt es, daß ein Haus, in dem es Essig gibt, niemals unter Armut leiden wird.

Feige *(tīn)*: Feigen sind im getrockneten Zustand zu bevorzugen. Obwohl sehr nahrhaft, sind sie sehr heiß. Der Prophet *(s.a.w.s.)* hat der Überlieferung zufolge gesagt: »Wenn ihr sagt, daß irgendeine Frucht aus dem Paradiese kommt, dann müßt ihr die Feige erwähnen, denn ... sie ist die Frucht des Paradieses. So esset davon, denn sie ist hilfreich gegen Hämorrhoiden und auch gegen Gicht.«

Fenchel *(ḥulbah)*: Es wird berichtet, daß der Prophet *(s.a.w.s.)* einst sagte: »Wenn meine Menschen wüßten, was im Fenchel ist, dann würden sie ihn beim Kauf mit Gold aufwiegen.« Fenchel ist heiß und trocken. Als Tee fördert er den Monatsfluß und ist hilfreich bei Kolik und als Reinigungsmittel. Fenchel stärkt das Herz.

Fisch *(samak)*: Fische aus frischem Wasser sind die besten und diejenigen, die sich von Pflanzen ernähren und nicht vom Schlamm und von Ausscheidungen. Man sagt, daß roher Fisch schwer zu verdauen ist und Ungleichgewichte in der Phlegma-Essenz erzeugt.

Fleisch *(laḥm)* Allah spricht im Qur'an (53:22): »Und Wir werden sie belohnen mit Früchten und Fleisch soviel sie begehren.« Der Überlieferung zufolge hat der Prophet *(s.a.w.s.)* gesagt, daß der, der an vierzig aufeinanderfolgenden Tagen kein Fleisch ißt, dahinsiechen wird, wohingegen der, der an vierzig aufeinanderfolgenden Tagen Fleisch ißt, sein Herz hart macht. Mit anderen Worten: Wir sollten Fleisch nur in mäßigen Mengen zu uns nehmen.

Am empfehlenswertesten ist das Schaffleisch, weil sein Temperament heiß und feucht ist. Das beste Schaffleisch ist das von ein Jahr alten männlichen Tieren. Am besten sind geröstete Schulterstücke. Schaffleisch sollte etwas in Flüssigkeit gekocht werden, sonst neigt es zur Trockenheit.

Mit Pfeffer und Zimt vermischtes Rinderfett ist eine stimulierende Medizin. Es ist verboten, das Fleisch von Schweinen zu essen. Der Genuß von Pferdefleisch ist umstritten. Avicenna sagte, Kamel-, Pferde- und Eselfleisch seien die schlechtesten Fleischsorten. Für den menschlichen Genuß ebenfalls verboten ist das Fleisch von Raubtieren, von Tieren mit Raubtierzähnen und von Vögeln mit krummen Schnäbeln.

Der Prophet *(s.a.w.s.)* sagt: »Zerschneidet Fleisch nicht mit dem Messer in der Schüssel, denn das ist die Art derer, die nicht Moslems sind. Ergreift es mit euren Fingern, dann wird es besser schmecken.« Und er sagte: »Ein Schaf ist ein Segen, zwei Schafe sind ein zweifacher Segen und drei Schafe sind Reichtum.«

Gerste *(shaʿīr):* Gerste rangiert nach dem Weizen an zweiter Stelle unter den empfehlenswerten Nahrungsmitteln. Sie wird an erster Stelle empfohlen für Krankheiten aus dem Hitze-Ungleichgewicht (zu schnellem Stoffwechsel). Gerste wird in Wasser eingeweicht, das dann gegen Husten und Heiserkeit getrunken werden kann. Der Prophet *(s.a.w.s.)* gab jedem, der unter Fieberbeschwerden litt, eine Suppe aus Gerste.

Ghi [englisch: *ghee;* klare, zerlassene Butter, auch butterartige Pflanzenfette] *(samn).* Ghi ist das fetteste aller Gewürze. Es wird der Nahrung aus medizinischen Gründen beigegeben. Mit Honig vermischt, sagt man, ist Ghi ein Gegenmittel gegen Gifte.

Granatapfel *(rummān):* Die süßen Granatäpfel sind den sauren gegenüber vorzuziehen. Der Saft wirkt gegen den Husten. Alle Arten von Granatäpfeln wirken gegen Herzklopfen. Hazrat ʿAlī *(r.a.)* sagt, daß jeder, der Granatäpfel ißt, das Licht Allahs im Herzen haben wird. Es wird auch berichtet, daß der, der in einem Jahr drei Granatäpfel ißt, in diesem Jahr gegen alle Entzündungen gefeit ist. Der Prophet *(s.a.w.s.)* sagt: »Der Granatapfel reinigt dich vom Satan und vor üblen Anwandlungen für die Dauer von vierzig Tagen.«

Gurke *(qiṭṭā):* Reife Gurken vertreiben Hitze und sind harntreibend. Man sagt, daß das Essen von Datteln zusammen mit grünen Gurken zur Gewichtszunahme führt.

Ingwer *(zanjabīl):* Der Ingwer wird im Heiligen Qurʾan (76:17) erwähnt. Er ist heiß im dritten Grade und das beste Mittel zur Erweichung des Phlegma. Ingwer ist auch ein Mittel zur Förderung der Verdauung und zur Stärkung der geschlechtlichen Aktivität.

Henna *(ḥinnā')*: Eine Tradition besagt, daß Allah nichts teurer ist als Henna. Der heilige Prophet *(s.a.w.s.)* empfahl es für viele Krankheitszustände: Quetschungen, Beinschmerzen, Nagelinfektionen, Verbrennungen und zur Verschönerung des Haares. Henna ist bekannt für seine große Hitze und für seine Fähigkeit, die Leidenschaften der Liebe zu erregen. Das Parfüm, das aus Henna-Blüten gewonnen wird, wird für eines der besten der Welt gehalten. Das Färben der Hände, der Nägel und der Füße mit Henna ist im Osten eine allgemeine Übung, besonders bei Hochzeiten und Festen.

Honig *('asal)*: Allah sagt: »Es kommt aus dem Inneren (der Biene) ein vielfärbiger Trank, in dem Heilkraft für dich gelegen ist.« Mit heißem Wasser vermischt und in mehreren kleinen Dosen eingenommen, gilt Honig als das beste Heilmittel gegen Durchfall.

Der Prophet *(s.a.w.s.)* sagte einst: »Bei Ihm, in dessen Händen meine Seele liegt, ist Honig! Denn es gibt kein Haus, in dem Honig aufbewahrt wird, für das nicht Engel um Gnade bitten. Wenn jemand Honig ißt, dann betreten tausend Heilmittel seinen Magen und eine Million Krankheiten verläßt ihn. Wenn der Mensch stirbt und Honig in ihm gefunden wird, dann wird das Feuer seinen Körper nicht berühren (d.h. er wird unangreifbar sein für das Brennen der Hölle).« Der Prophet *(s.a.w.s.)* pflegte selbst jeden Morgen auf nüchternen Magen ein Glas Wasser mit Honig zu trinken.

Honig gilt als das Nahrungsmittel der Nahrungsmittel, das Getränk der Getränke und als das Heilmittel der Heilmittel. Er wird zur Förderung des Appetits gegeben, zur Stärkung des Magens und zur Ausscheidung des Phlegma. Außerdem wird Honig zur Konservierung von Fleisch verwendet, als Haarfestiger, als Augensalbe und als Mittel zum Ausspülen des Mundes. Der beste Honig ist der, der im Frühjahr produziert wird, der zweitbeste ist der Honig des Sommers, und die geringste Qualität hat der Winterhonig.

Huhn *(dajaj)*: Leicht im Magen und leicht zu verdauen ist Hühnerfleisch das beste Geflügelfleisch. Es stellt die Essenzen richtig und bringt sie ins Gleichgewicht, es ist gut für das Gehirn und verschönert die Hautfarbe. Im Übermaß genossen führt Hühnerfleisch aber zur Gicht. Am besten ist das Fleisch eines Huhnes, das niemals ein Ei gelegt hat.

Kaffeebohne *(qahwah)*: Kaffee ist ein Heilmittel gegen die Ruhr, stillt den Durst, und man sagt, daß er Weisheit hervorruft. Man sollte ihn nur in geringen Dosen verwenden.

Kamillen *(bābūnaj):* Heiß im ersten Grade sind Kamillen mild. Sie werden hauptsächlich zur Förderung der Urinausscheidung und des Monatsflusses verwendet.

Karotten *(jazar):* Das Essen der Karotte erzeugt geschlechtliche Antriebe. Die Karotte ist im zweiten Grade heiß. Sie wird auch zur Förderung des Monatsflusses und der Urinausscheidung verwendet.

Knoblauch *(thawm):* Knoblauch ist heiß im dritten Grade. Er wird verwendet, um Gas zu vertreiben, den Monatsfluß zu beschleunigen und die Ausscheidung der Nachgeburt herbeizuführen. Er ist ein ausgezeichnetes Mittel gegen zu langsamen Stoffwechsel und zur Auflösung von Phlegma. Sein Öl wird zur Behandlung von Insektenstichen verwendet. Der Prophet Muhammad *(s.a.w.s.)* hat es verboten, rohen Knoblauch zu essen und dann in die Moschee zu gehen.

Kokosnuß *(nārjīl darya'i):* Die beste Art ist die ganz weiße, welche ihrer Natur nach heiß und feucht ist. In der Form heißer Breiumschläge verwendet, vergrößert sie die geschlechtliche Energie und mildert Rückenschmerzen.

Kopfsalat *(khass):* Obwohl kalt, wird der Salat für das nahrhafteste unter den Gemüsen gehalten. Er macht einen verhärteten Zustand weich und hilft denen, die am Delirium leiden. Er wirkt der geschlechtlichen Energie entgegen und trocknet den Samen aus. Übertriebene Aufnahme von Kopfsalat schwächt das Sehvermögen.

Koriander *(ḥabb al-suda):* Die am meisten respektierten Bücher der Überlieferung sagen, daß der Prophet (s.a.w.s.) gesagt hat: »Macht Euch die Samen des Koriander zu eigen, denn sie bringen die Heilung aller Krankheiten, ausgenommen der Schwellung (Krebs), welche eine tödliche Krankheit ist.« Es wird auch berichtet, daß Allah dem Propheten gesagt hat: »Ihr ist alles gegeben worden.« Und dann offenbarte Allah, daß mit »ihr« der Koriander gemeint war.

Koriander bringt Erleichterung bei Blähungen und senkt das Fieber. Er ist wirksam bei der Behandlung von Leukoderma und öffnet das sehr zarte Netzwerk der Blutgefäße. Er beseitigt Flüssigkeit, wenn sie im Körper im Übermaß vorhanden ist, verstärkt den Strom von Muttermilch und Urin ebenso wie den Monatsfluß. Er ist besonders nützlich bei Erkältungen. Das Öl des Korianders dient zur Behandlung von Kahlköpfigkeit und Erkrankungen der Kopfhaut. Es verhindert auch das Grauwerden der Haare. Der Rauch brennender Koriandersamen stößt Insekten ab.

Linsen *(ʿadas):* Alle Linsen erzeugen Trockenheit. Es sollten nur kleine Mengen als Zuspeise gegessen werden, denn in größeren Mengen sind Linsen schlecht für den Magen. Im Hadith heißt es, daß man durch das Essen von Linsen ein mitleidiges Herz bekommt, Tränen in den Augen, und daß Linsen den Stolz überwinden.

Majoran, süß *(marzanjūsh):* Der Prophet *(s.a.w.s.)* hat der Überlieferung zufolge gesagt, daß süßer Majoran besonders gut für den ist, der den Geruchssinn verloren hat.

Melone *(baṭṭīkh):* Der Prophet *(s.a.w.s.)* sagte: »Wenn ihr Früchte eßt, dann eßt die Melone, denn sie ist die Frucht des Paradieses. Sie enthält tausendfachen Segen und tausendfache Gnade. Melonen zu essen, heilt jede Krankheit. Im allgemeinen gilt: Je süßer die Melone ist, desto heißer ist sie. Grüne Arten haben aber eine Neigung, kalt zu sein. Gelbe Arten sind heiß. Der Prophet aß Melonen mit frischen Datteln. Die Melone reinigt die Blase und den Magen. Sie hat eine positive Wirkung auf die Rückenmarksflüssigkeit und das Sehvermögen. Melonen sollte man nicht zu Anfang einer Mahlzeit essen. Der Prophet *(s.a.w.s.)* sagt: »Keine von euch Frauen, die ihr schwanger seid und von der Wassermelone eßt, wird andere Nachkommenschaft haben als solche von guter Gesundheit und gutem Charakter.«

Milch *(laban):* Allah hat die Milch erwähnt, indem Er sagte: »Flüsse von Milch, deren Geschmack sich nicht ändert.« (Qurʾan 47:15). Und Er sagt auch: »Reine Milch ist leicht und angenehm zu schlucken für die, die sie trinken« (Qurʾan 16:66). Der Prophet Muhammad *(s.a.w.s.)* hat der Überlieferung zufolge gesagt, daß Milch durch nichts ersetzt werden kann und daß er selbst die Milch geliebt hat.

Milch besteht aus Fett, Wasser und festen Stoffen (dem Käse). Zusammen sind diese Bestandteile wohl geeignet für die menschliche Konstitution. Aber wir sollten nicht die Milch von Tieren verwenden, deren Trächtigkeit länger dauert als die Schwangerschaft des Menschen. Die Milch der Kuh ist am besten, denn die Kuh ernährt sich von Gras.

Der Prophet *(s.a.w.s.)* sagt: »Trinkt Milch, denn sie entfernt die Hitze aus dem Herzen, so wie der Diener den Schweiß von den Brauen wischt. Außerdem stärkt sie den Rücken und das Gehirn, vermehrt die Intelligenz, erneuert das Sehvermögen und vertreibt die Vergeßlichkeit.«

Milchdiät ist die beste Behandlung gegen Wassersucht. Es sollte aber jeder, der das Fieber hat, die Milch meiden.

Minze *(na'na'):* Minze ist das zarteste und feinste der Kräuter, die man kocht. Sie ist wärmend und trocknend. Minze stärkt den Magen, wirkt gegen Schluckauf und verstärkt die geschlechtliche Aktivität. Wenn man Minze in Milch tut, so verhindert man damit, daß diese zu Käse wird.

Myrte *(ās):* Kalt im zweiten Grade wird Myrte meist gegen Durchfall verwendet. Das Riechen des Öls heilt Kopfschmerzen, die von übermäßiger Hitze verursacht sind. Myrtentee mit etwas Quitte wird gegen Husten verwendet.

Narzisse *(narjis):* In einem Hadith heißt es: »Rieche eine Narzisse, und sei es auch nur einmal im Tag, einmal in der Woche, einmal im Monat, einmal im Jahr oder einmal im Leben. Denn wahrhaft im Herzen des Menschen ist der Samen des Wahnsinns, der Lepra und der Leukoderma. Der Duft der Narzisse aber vertreibt sie alle.«

Oliven und **Olivenöl** *(zayt* und *zaytūn):* Je älter das Olivenöl ist, desto heißer wird es. Olivenöl ist ein ausgezeichnetes Mittel für Haut und Haare, und es hält das Altern hintan.

Allah hat vom Olivenbaum gesagt: »Und ein Baum, der auf dem Berge Sinai wächst, erzeugt Öl und ein Gewürz für die, die essen. Denn Olivenöl ist das höchste Gewürz.« Allah hat diesen Baum auch den gesegneten Baum genannt (Qur'an 24:35).

Grüne Oliven sind am nahrhaftesten, und sie wirken der Selbstvergiftung entgegen. Schwarze Oliven regen die Milz zu einer Überproduktion von (schwarzer) Galle an und liegen schwer im Magen. Olivenblätter können als Mittel gegen Magenentzündung, Hautgeschwüre, Herpes und Hautausschläge gekaut werden.

Petersilie *(karafs):* In einem Hadith heißt es, daß das Essen von Petersilie unmittelbar vor dem Schlafengehen dazu führt, daß man mit süßem Atem erwacht und daß es Zahnschmerzen verhindert oder beseitigt. Petersilie stimuliert die geschlechtliche Aktivität.

Pfirsich *(khu'kh):* Pfirsiche erzeugen Erkältungskrankheiten, entspannen den Magen und erweichen die Gedärme. Sie sind ein gutes Abführmittel. Man sollte sie eher vor der Mahlzeit essen als nachher.

Pistazien *(fustaq):* Man sagt, daß das Herz stark wird, wenn man Pistazien mit Eidotter ißt. Die rötliche Haut der Pistazien wirkt dem Durchfall und dem Erbrechen entgegen.

Quitte *(safarjal):* Es wird gesagt, daß es gut für die Seele ist, wenn man die Quitte auf leeren Magen ißt. Die Quitte ist kalt und trocken und wirkt zusammenziehend auf den Magen. Sie hält übertriebenen Monatsfluß hintan. Wenn man einige Quittensamen einige Minuten lang in Wasser legt, dann entsteht eine schleimartige Substanz, die ein ausgezeichnetes Heilmittel gegen Husten und Heiserkeit ist, besonders bei jungen Menschen. Die Quitte ist auch ausgezeichnet für schwangere Frauen. Sie macht ihr Herz froh.

Der Heilige Prophet *(s.a.w.s.)* sagte: »Eßt die Quitte, denn sie macht das Herz süß. Denn Allah hat keinen Propheten als Seinen Botschafter geschickt, ohne ihn mit der Quitte des Paradieses zu ernähren. Denn die Quitte gibt uns Kraft, bis wir die Kraft von vierzig Männern haben.«

Reis *(aruzz):* Nach dem Weizen ist der Reis das nahrhafteste aller Vollgetreide-Nahrungsmittel. Man sagt, daß Reis die Träume angenehmer macht und die Samenproduktion fördert. Wenn man Reis ißt, der im Fett aus der Schafsleber gekocht ist, dann ist er besser als anderer Reis und wirksamer als sonst ein gutes Abführmittel.

Rhabarber *(rāwand):* Rhabarber ist heiß und trocken und am besten, wenn er frisch gepflückt ist. Er öffnet die verstopfte Leber und heilt chronisches Fieber.

Safran *(zaʿfarān):* Safran ist heiß und trocken. Er ist ein ausgezeichnetes Mittel für das Blut und für die Stärkung der Seele. Er erleichtert Gelenkschmerzen und verstärkt in jungen Männern den Geschlechtstrieb.

Salz *(milḥ):* Salz ist heiß und trocken im dritten Grade. Wenn es mäßig genossen wird, dann macht es die Haut schön und gibt ihr einen milden Glanz. Im Zuge von Reinigungskuren führt Salz zum Erbrechen und stimuliert den Appetit. Zuviel Salz führt zu Hautjucken.

Der Prophet *(s.a.w.s.)* empfahl, am Beginn und am Ende jeder Mahlzeit eine Prise Salz zu essen. Er sagte: »Von dem, der sein Mahl mit Salz beginnt, hält Allah 330 Arten von Krankheiten fern, von denen die geringsten der Wahnsinn, die Lepra, die Eingeweide-Erkrankungen und der Zahnschmerz sind. Die übrigen sind im höchsten Wissen Allahs aufgezeichnet.«

Senna, Sennesblätter *(sanā):* Die beste Art von Senna ist die aus der gesegneten Stadt Medina, wo diese Pflanze in ausreichendem Maße wächst. Die Haupteigenschaft von Senna ist, daß sie das Herz stärkt, ohne es hart zu machen. Sie ist so edel, daß sie von den *ḥakīm* der Ruhm aller Drogen genannt wird. Sie wird auf vielerlei Art verwendet: für purgierende Infusionen, als Absud, für Pillen, Klistiere und Puder.

Senna fördert den Gallenfluß, erreicht die innerste Tiefe der Gelenke und bringt dort die Essenzen ins Gleichgewicht. Die effektivste Verwendung ist die als Tee, deren Wirkung dadurch noch verstärkt werden kann, daß man Veilchenblüten und zerdrückte rote Rosinen hinzufügt.

Spargel *(hiyawn):* Heiß und feucht. Der Spargel löst Verstopfungen der Nieren und erleichtert die Geburt von Kindern. Man sagt, daß Spargel Hunde tötet, die ihn fressen.

Spinat *(asfānākh):* Spinat ist kalt und feucht. Er führt zu Irritationen in der Brust und in der Kehle. Dennoch macht er die Gedärme weich.

Thymian *(ṣaʿtar):* Zur Zeit des Propheten *(s.a.w.s.)* war es üblich, die Häuser mit einem brennenden Gemisch aus Weihrauch und Thymian auszuräuchern. Thymian ist kalt und trocken im dritten Grade. Er ist eine ausgezeichnete Verdauungshilfe, wenn man schwer gegessen hat. Er verschönert die Hautfarbe, beseitigt innere Gasbildung und nützt bei Kälte von Magen und Leber. Getrunken oder als Infusion tötet Thymian, wie man sagt, Bandwürmer.

Vermicelli – Fadennudeln *(iṭriyyah):* Sie sind heiß und außerordentlich feucht, daher schwer zu verdauen. Wer eine sehr starke Konstitution hat, für den sind sie ein ausgezeichnetes Nahrungsmittel.

Walnuß *(jawz):* Die Walnuß ist die heißeste unter den Nüssen. Obwohl sie schwer zu verdauen ist, ergibt sie, wenn man sie mit Rosinen zusammen ißt, das beste Heilmittel gegen Winterhusten. Avicenna sagt, daß Walnüsse den Wirkungen von Giften entgegenwirken.

Wasser *(māʾ):* Der Prophet *(s.a.w.s.)* hat der Überlieferung nach gesagt: »Das beste Getränk in dieser Welt und in der nächsten ist das Wasser.« Wasser ist feucht und etwas kühlend. Es löscht den Durst und erhält die innere Feuchtigkeit des Körpers. Es hilft bei der Verdauung und der Aufnahme von Nahrungsstoffen. Der Prophet *(s.a.w.s.)* sagt: »Wenn du durstig bist, dann trinke Wasser in kleinen Schlucken, würge es nicht hinunter. Wasser hinunterzuwürgen erzeugt Leberkrankheit.«

Weizen *(ḥinṭah):* Weizen ist etwas heiß und im Gleichgewicht zwischen Trockenheit und Feuchtigkeit. Das Essen von rohem Weizen führt zu Darmwürmern und zur Gasbildung. Weizenmehl sollte während des Tages gemahlen werden.

Zimt *(darchini):* Zimt ist heiß im dritten Grade. Sein flüchtiges Öl ist eine gute Medizin für Verdauungsstörungen. Zimt ist ein Bestandteil von Gewürzmischungen und wird in fast drei Viertel der Welt als Grundlage des Kochens überhaupt verwendet.

Zitrone *(utrujj):* Der Prophet *(s.a.w.s.)* hat der Überlieferung zufolge gesagt: »Die Zitrone ist wie ein wahrer Gläubiger: gut im Geschmack und gut im Geruch.« Zitrone stärkt das Herz, vertreibt Traurigkeit, hilft gegen Sommersprossen, stillt den Hunger und verlangsamt den Gallenfluß. Die Frau des Propheten *(s.a.w.s.)* pflegte Blinde mit einer Zitrone zu behandeln, die sie in Honig getaucht hatte. Man nimmt die Zitrone am besten ungefähr zehn Minuten nach der Beendigung einer Mahlzeit.

Zucker *(sukkar):* Zucker ist heiß und feucht. Er wird oft in Kombination mit anderen Medizin-Kräutern verwendet, die seine Wirkungen bis zum innersten Punkt eines Organes tragen. Wenn man zuviel Zucker ißt, so führt das zu den Krankheiten der Feuchtigkeit.

Zwiebel *(baṣal):* Die Zwiebel ist ziemlich heiß in ihrer Wirkung und ein gutes Mittel gegen alle Arten übertriebener Feuchtigkeit. Die Zwiebel verbessert den Geschmack von Nahrungsmitteln und scheidet das Phlegma aus. Rohe Zwiebeln führen zur Vergeßlichkeit. Ein Übermaß von gekochten Zwiebeln führt zu Kopfschmerzen und Vergeßlichkeit.

Lob sei also diesem Propheten, der nicht schreiben und nicht lesen konnte und der uns dieses wunderbare Wissen gebracht hat, das uns sehen und verstehen macht und das die weisesten Geister beeindruckt. Darin liegt der Beweis für Gottes Freundlichkeit und Wohlwollen Seinen Geschöpfen gegenüber, denn Er ist der Freundliche und der Alliebende. Mögen wir Ihm mit wahrer Schau dienen.

Al-ḥamdu li-Llāhi rabb il-ʿālamīn!
So sei Allah alles Lob,
dem Herrn der Welten, *amīn!*

7 Kräuterrezepte gegen häufig vorkommende Krankheiten

> Ihr Menschen, es ist euch nun eine Ermahnung zugekommen von eurem Herrn, als Heilmittel für die Zweifel eures Herzens und als Leitung und Gnade für die Gläubigen.
> (Qur'an 10:57)

Es ist bei den Shaykhs üblich, daß sie zur Heilung einfacher Ungleichgewichte im Körper zunächst Diät-Ratschläge geben. Eine solche empfohlene Ernährungsumstellung kann auch die Aufnahme verschiedener Gewürze beim Kochen mit umfassen.

Die Kräuterrezepte, die in diesem Kapitel gegeben werden, verwenden Nahrungsmittel, Kräuter und Gewürze, wie sie in den vergangenen Kapiteln schon vorgestellt wurden. Gewöhnlich sind sie leicht zu bekommen und leicht zuzubereiten. Diese Rezepte sind entsprechend den Eigenschaften von Hitze und Kälte einer jeden Substanz zusammengestellt worden (*garmi* und *sardi*). Sie wirken in erster Linie dahin, das Temperament von einer oder mehr der vier Essenzen im Körper wieder ins Gleichgewicht zu bringen. Trotz ihrer Einfachheit sind diese Kräuterrezepte recht wirksam.

Zubereitung der Heilmittel

1. Die Rezepte sollten genau nach Vorschrift zubereitet werden.
2. Wenn ein Rezept ein Kraut in *Pulverform* verlangt, sollte man das Kraut zu einem feinen Pulver zerreiben und durch ein Musselin-Tuch oder ein Sieb mit hundert Maschen durchsieben; es sei denn, es heißt in dem Rezept, daß auch grobes Pulver verwendet werden darf.

3. Wenn aus Kräutern ein *Absud* (durch Kochen in Wasser) zubereitet werden soll, dann sollte der Topf, sobald das Wasser zu kochen beginnt, vom Feuer genommen und dann fünf Minuten stehen gelassen werden. Dann sollte die Flüssigkeit durchgesiebt und warm getrunken werden.

4. Wenn in einem Rezept verlangt wird, daß die Flüssigkeit *auf die Hälfte* reduziert werden soll, dann sollte man den Topf auf mittelstarkem Feuer solange belassen, bis die Hälfte des Wassers durch Kochen verdampft ist.

5. Wenn im Rezept das Hinzufügen von *Zucker* verlangt wird, dann sollte dieser ein fein zermahlener reiner, roher, unraffinierter Zucker sein wie zum Beispiel der aus Mexiko. Wenn solcher Zucker nicht zu haben ist, dann sollte man an seiner Stelle Honig verwenden.

6. In einigen Rezepten heißt es, daß Kräuter über Nacht *eingeweicht* werden sollten. Wenn das nicht geschehen kann, dann genügt es, die Kräuter drei oder vier Stunden lang einzuweichen und dann vor Gebrauch fünf oder sechs Stunden lang auf ganz kleiner Flamme zu kochen. Diese Methode wird insbesondere auch im Winter verwendet.

7. Wenn ein Rezept die Bereitung eines *besonderen Wassers* (zum Beispiel Ingwer-Wasser, Limetten-Wasser (Frucht vom Citrus aurantifolia. Englisch: *lime.* – Anmerkung des Übersetzers.) verlangt, dann sollen ein oder zwei Unzen des Krautes oder der Substanz in einem halben Liter Wasser vier bis sechs Stunden lang gekocht und vor dem Verwenden abgeseiht werden.

8. Zubereitungen, die *aufgehoben* und länger als einen Tag hindurch gebraucht werden sollen, können auch in geringeren als den angegebenen Mengen bereitet werden. In solchen Fällen muß das Verhältnis der Ingredienzien sorgfältig angepaßt werden.

9. Wenn verlangt wird, daß Kräuter zu *gleichen Teilen* verwendet werden, dann sollte man diese Gleichheit nach dem Gewicht oder nach dem Volumen bestimmen. Die Menge muß dabei nach der empfohlenen Dosis bestimmt werden und nach der Zahl der Tage, für die die Zubereitung ausreichen soll.

Aufbewahrung

1. *Absude* sollten in frischen Einzeldosen bereitet werden. Es sollte die Dosis nicht am Morgen für den Abend oder am Abend für den nächsten Morgen bereitet werden.

2. Zubereitungen sollten nicht dem direkten *Sonnenlicht* ausgesetzt werden, es sei denn, daß dies ein Teil der Vorschrift ist.

3. *Gefäße* sollten vollständig gereinigt und in der Sonne getrocknet werden, bevor Zubereitungen in ihnen aufbewahrt werden. Niemals sollten Kräuterzubereitungen in offenen Gefäßen aufbewahrt werden.

4. Wird die Zubereitung *länger als einen Tag* aufbewahrt, sollte die Aufbewahrung in einer geschlossenen Glasflasche erfolgen.

5. Alle Zubereitungen sollten *etikettiert,* d.h. mit Aufschriften versehen werden, besonders solche, die nur für äußerliche Anwendungen bestimmt sind. Alle Zubereitungen sollten so aufbewahrt werden, daß sie für Kinder unzugänglich sind. Für alle Flaschen werden Sicherheitsverschlüsse empfohlen.

Anwendung

1. Heilmittel werden meist zweimal am Tag eingenommen, wenn nicht die Vorschrift anders lautet. Die Morgendosis sollte nach einem leichten Frühstück eingenommen werden, die Abenddosis zwischen 4 Uhr und 6 Uhr nachmittags.

2. Heilmittel, die am Morgen eingenommen werden sollen, sollen auf nüchternen Magen eingenommen werden, entweder unmittelbar nach dem Aufstehen und der morgendlichen Wäsche.

3. Kräuterzubereitungen, die nach den Mahlzeiten eingenommen werden sollen, sollten 5 bis 15 Minuten nach jeder Mahlzeit eingenommen werden.

4. Zubereitungen, die beim Zubettgehen eingenommen werden sollen, sollten zwei Stunden nach dem Abendessen eingenommen werden.

5. Die im Rezept angegebene Dosis ist jeweils die Einzeldosis.

6. Grundsubstanzen wie Milch, Wasser, Sodawasser und Tee sind in einzelnen Rezepten erwähnt. In solchen Fällen ist ein Viertel Liter der Grundsubstanz einzunehmen, wenn die Vorschrift nicht anders lautet.

7. Wo keine Grundsubstanz erwähnt ist, sollte das Heilmittel mit Wasser genommen werden (im Winter mit lauwarmem Wasser).

Dosierung:

Erwachsene (älter als 15 Jahre) sollten die volle Dosis einnehmen. Kindern können je nach Lebensalter folgende Mengen verabreicht werden:

Bis zu einem Jahr	⅛ der Dosis für den Erwachsenen
Eineinhalb Jahre	⅙ der Dosis für den Erwachsenen
Drei bis vier Jahre	¼ der Dosis für den Erwachsenen
Fünf bis sechs Jahre	⅓ der Dosis für den Erwachsenen
Sieben bis neun Jahre	½ der Dosis für den Erwachsenen
Zehn bis fünfzehn Jahre	¾ der Dosis für den Erwachsenen

Allgemeine Anleitung

Diese Rezepte sind für einfache, unkomplizierte Anpassungen des Körpers gedacht, wie in Fällen von geringfügigen Ungleichgewichten, nicht aber für die Selbstbehandlung ernsthafter Erkrankungen. In allen Fällen von Krankheit sollte man geschulte medizinische Hilfe suchen und deren Empfehlungen ernsthaft überlegen und befolgen. Es wird berichtet, daß der heilige Prophet Muhammad *(s.a.w.s.)* seinen Jüngern empfohlen hat, den Rat von Ärzten zu suchen und gegen physische Krankheiten Medikamente einzunehmen.

Maße und Gewichte

Weniger als ein Teelöffel	= einige Körner
1 Teelöffel	= ein dram (= Schlückchen)
1 Eßlöffel	= 4 dram
1 Teeschale	= 7 Unzen
1 Unze	= 28,5 Gramm

Rezepte

Anämie

Blässe des ganzen Körpers, der Augen und der Nagelbette, Schwellung von Gesicht und Füßen, besonders am Morgen. Allgemeine Schwäche, Schwindel, Appetitverlust, manchmal Durchfall.

Empfehlungen: Leichte Diät mit frischem Obst und Nahrungsmitteln wie Hühnersuppe, Leberextrakt, rote Beete, Karotten, Spinat und Fenchel. Fettige Nahrung vermeiden.

Rezept 1

6 Teelöffel zermahlener Fenchelsamen
6 Teelöffel rote Rosenblätter

Zubereitung: In ¼ bis ⅜ Liter Wasser kochen und abseihen.

Dosierung: Zweimal täglich.

Rezept 2

¼ Teelöffel gemahlener indischer Zimt
8 Teelöffel Honig
2 Liter Granatapfelsaft

Zubereitung: Zimt und Honig im Granatapfelsaft auflösen.

Dosierung: 2 Teelöffel in ⅛ Liter Wasser, nach Bedarf.

Rezept 3

1 Teelöffel Portulak (Portulaca oleracea. Englisch: *purslane*)
1 Teelöffel süßes Basilikum
1 Teelöffel Gummiarabikum
9 Teelöffel Olivenöl
1 Teelöffel Rosenwasser

Zubereitung: Die ersten drei Ingredienzien 10 Minuten im Olivenöl braten. Die Substanz abseihen und eine Stunde im Rosenwasser einweichen.

Dosierung: Ein Teelöffel mehrmals am Tag.

Angina pectoris

Schmerz in den Brustmuskeln und in der Herzgegend, der von einem Kälte-Ungleichgewicht *(sardi)* ausgeht.

Rezept 1

1 Teelöffel Fenchel
2 Teelöffel Honig

Zubereitung: Fenchel in ¼ bis ⅜ Liter Wasser kochen, abseihen und den Honig hinzufügen.

Dosierung: 1mal täglich.

Rezept 2

1 Teelöffel Rosenöl
4 Teelöffel Süßmandelöl

Zubereitung: Die beiden Öle sorgfältig zusammenmischen.

Dosierung: Morgens und abends die Brust damit einreiben.

Empfehlungen: Kalte Luft vermeiden.

Arthritis

Schmerz oder Steifheit an einem oder mehreren Gelenken, aber ohne Schwellung; manchmal mit Fieber.

Empfehlungen: Saure und würzige Lebensmittel *(garmi)* meiden. Morgenspaziergang machen, sehr kalte Luft jedoch vermeiden.

Äußerliche Behandlung: Einreiben mit Öl von Amber und Weihrauch.

Rezept 1

1 Teelöffel zerstoßene Valerianwurzel (Wurzel von Valeriana officinalis)
1 Teelöffel Kamillen
½ Teelöffel Hopfen
1 Teelöffel getrockneter Safran

Zubereitung: Die ersten drei Ingredienzien in ¾ Liter Wasser zum Kochen bringen. Den Topf beim ersten Anzeichen des Kochens vom Feuer nehmen. Den Safran hinzufügen und zwanzig Minuten ziehen lassen. Dann abseihen.

Dosierung: ⅛ bis ¼ Liter vor dem Schlafengehen.

Rezept 2

6 Teelöffel Ingwer
6 Teelöffel Kümmel
3 Teelöffel schwarzen Pfeffer

Zubereitung: Zu einem feinen Pulver zermahlen und aufbewahren.

Dosierung: 2mal täglich ½ Teelöffel.

Asthma

Asthma tritt in krampfartigen Anfällen von Atemnot auf. Bei einem Asthmaanfall sollte man sitzen, den Kopf auf die Hände gestützt und diese mit den Ellbögen auf die Knie. Das Gesicht wird blaß, beim Atmen gibt es ein winselndes Geräusch. Nach ausgedehntem Husten kommt es gewöhnlich zu einem geringen Schleimauswurf.

Empfehlungen: Zu kalte Luft vermeiden. Kühlende *(sardi)* und saure Nahrungsmittel vermeiden.

Äußerliche Behandlung: Einreiben der Brust mit Süßmandelöl.

Rezept 1

1 Teelöffel gemahlener Ingwer
Zubereitung: ¼ bis ⅜ Liter kaltes Wasser über den Ingwer gießen.

Dosierung: 1 Teelöffel lauwarm beim Zubettgehen.

Rezept 2

1/1 Teelöffel skunk cabbage (Symplocorpus foetidus oder Lysichitum americanum)
½ Teelöffel horehound (Marrubium vulgare)
½ Teelöffel Cayennepfeffer
½ Teelöffel bayberry-Rinde (Rinde von Myrica pensylvanica)
½ Teelöffel gemahlene Valerian-Wurzel (Wurzel von Valeriana officinalis)
3 Unzen Melasse

Zubereitung: Alle Kräuter fein zermahlen und mit der Melasse vermischen.

Dosierung: Ein Teelöffel in ¼ Liter heißen Tee, nach Bedarf.

Bettnässen

Rezept 1

1 Teelöffel Granatapfelblüten
1 Teelöffel gemahlener Sesamsamen
1 Teelöffel Akazienharz (Gummiarabicum)
1 Teelöffel zerstoßener Koriandersamen
dunkelbrauner Zucker *(gur)* nach Bedarf

Zubereitung: Koriandersamen in Eisenpfanne anrösten, bis sie leicht angebrannt sind. Mit anderen Ingredienzien, ausgenommen den braunen Zucker, mischen und ein feines Puder bereiten. Eine ebenso große Menge braunen Zucker zu den Kräutern hinzufügen.

Dosierung: 1 Teelöffel beim Zubettgehen.

Rezept 2

3 Teelöffel gemahlene getrocknete Edelkastanie
3 Teelöffel Rohzucker

Zubereitung: Ein feines Pulver aus den Kastanien bereiten und mit dem Zucker mischen.

Dosierung: Ein Teelöffel zweimal am Tag.

Rezept 3

1 Teelöffel Cumin
1 Teelöffel gemahlene Gewürznelken
1 Teelöffel Mastix-Kraut
3 Unzen Honig

Zubereitung: Die ersten drei Ingredienzien zermahlen und mischen, dann den Honig hinzufügen und gut mischen.

Dosierung: Ein Teelöffel morgens und abends.

Bronchitis bei Kindern

Schnelles Atmen und ein hohler Laut zwischen den Rippen während des Atmens. Husten, Schmerzen und hohes Fieber sind oft Begleiterscheinungen. Das Gesicht wird rot und die Nasenschleimhäute schwellen während des Atmens. Das Kind wird unruhig.

Empfehlungen: Zu kalte Luft vermeiden, Nahrungsaufnahme auf Flüssigkeiten beschränken.

Rezept 1

2 Teelöffel geschnittene Lakritzen
2 Teelöffel Leinsamen
12 Teelöffel Honig

Zubereitung: Die ersten beiden Ingredienzien in ¼ bis ⅜ Liter Wasser 10 Minuten lang kochen, abseihen und mit Honig süßen.

Dosierung: 2- oder 3mal täglich.

Rezept 2

⅛ Teelöffel Aloe

Zubereitung: In Muttermilch oder Kuhmilch auflösen.

Anwendung:
1. Einnehmen
2. Aloe in Wasser auflösen und lauwarm auf die Brust auftragen.

Rezept 3

1 Teelöffel Knoblauchöl
3 Teelöffel Honig

Zubereitung: Ingredienzien zusammenmischen.

Dosierung: Das Kind mit der Zunge eine kleine Menge ablecken lassen, 3mal täglich.

Diabetes

Häufige und überreichliche Urinausscheidung, sehr großer Durst, schwacher Appetit und allgemeine Schwäche sind häufige Anzeichen. Zucker ist im Blut und im Urin gegenwärtig. Der Zuckergehalt des Urins sollte ärztlich festgestellt werden.

Empfehlungen: Süßigkeiten und süße Früchte vermeiden. Kohlehydrate (zum Beispiel in Form weißer Kartoffeln, süßer Kartoffeln oder Reis) vermeiden. Leichtes Körpertraining wird empfohlen.

Rezept 1

8 Teelöffel zerstoßener Cuminsamen

Zubereitung: Ein feines Puder bereiten.

Dosierung: ½ Teelöffel mit Wasser 2mal täglich.

Durchfall

Empfehlungen: leichte Diät, Chilis und stark gewürzte Speisen vermeiden.

Rezept 1

1 Teelöffel gemahlener Ingwer
1 Teelöffel gemahlener Cuminsamen
1 Teelöffel gemahlener Zimt

Zubereitung: Alle drei Pulver mit Honig zu einer dicken Paste anrühen.

Dosierung: ½ bis 1 Teelöffel 3mal täglich.

Rezept 2

3 Teelöffel gemahlener Ingwer
5 Teelöffel Fenchelsamen
Honig nach Bedarf

Zubereitung: Ingwer und Fenchel zu Pulver zermahlen und mit Honig zu einer dicken Paste anrühren.

Dosierung: 1 Teelöffel im Tee 3mal am Tag und vor dem Zubettgehen.

Rezept 3

6 Unzen Madjool-Datteln
6 Teelöffel Myrrhe
Rosenwasser nach Bedarf

Zubereitung: Aus den ersten zwei Ingredienzien ein feines Puder bereiten und dieses mit Rosenwasser anfeuchten. Pillen von Fingernagelgröße bereiten.

Dosierung: 2 Pillen 2mal täglich.

Erkältungen allgemeiner Art

Niesanfälle, wässerige Absonderungen aus der Nase, Kopfschmerzen, Husten, Übelkeit, manchmal leichtes Fieber.

Rezept 1

1 Teelöffel Veilchenblüten

Zubereitung: 3 Minuten in ¼ Liter Wasser kochen und abseihen.

Dosierung: 2mal täglich auf nüchternen Magen.

Rezept 2

1 Teelöffel Weizenkleie
5 schwarze Pfefferkörner
⅙ Teelöffel Salz

Zubereitung: Die Ingredienzien 3 Minuten in ¼ Liter Wasser kochen und abseihen.

Dosierung: 2mal täglich.

Rezept 3

½ Teelöffel zerstoßene Zimtrinde

Zubereitung: In ⅜ Liter Wasser 10 Minuten kochen, abseihen und mit Honig süßen.

Dosierung: 2mal täglich.

Fettleibigkeit

Rezept 1 (um übertriebenen Appetit zu zügeln)

1 Teelöffel Valerian-Wurzel (Wurzel von Valeriana officinalis)
1 Teelöffel geriebene Muskatnuß

Zubereitung: Die Ingredienzien zu einem feinen Pulver zermahlen.

Dosierung: ⅙ Teelöffel 30 Minuten vor jeder Mahlzeit mit Wasser.

Rezept 2

1 Teelöffel Limettensaft

Dosierung: Mit ¼ Liter Wasser am Morgen auf nüchternen Magen einnehmen.

Gelbsucht

Farbe des Urins und der Augen ist gelb. Die Haut ist blaß, Stuhl weiß oder graufarben. Im allgemeinen Brechreiz, Erbrechen, Fieber und Schwäche.

Rezept 1

1 Teelöffel Henna-Blätter

Zubereitung: Blätter zerkleinern, in ⅜ Liter Wasser kochen und abseihen.

Dosierung: So jeden Morgen einnehmen.

Rezept 2

1 Teelöffel geröstete Zichorienwurzel

Zubereitung: In ¼ Liter Wasser über Nacht einweichen, am Morgen abseihen.

Dosierung: Die ganze Menge am Morgen trinken.

Rezept 3

1 Teelöffel Zichoriensamen
1 Teelöffel geschnittene Lakritzen-Wurzel
1 Teelöffel Steinsalz

Zubereitung: Aus allen Ingredienzien ein feines Pulver bereiten.

Dosierung: ½ Teelöffel 2mal täglich mit Wasser einnehmen.

Haarausfall

Rezept

½ Liter Feigenbaumwurzeln
1 Liter Kokosnußöl oder Olivenöl

Zubereitung: Feigenwurzeln drei Tage lang im Schatten trocknen. Dann zerkleinern und fünfzehn Tage lang in Olivenöl aufbewahren. Dann abseihen und das Öl in einer Glasflasche aufbewahren.

Anwendung: Beim Schlafengehen in die Kopfhaut einmassieren und über Nacht einwirken lassen.

Hämorrhoiden

Verstopfung, Durchgang von hartem Stuhl mit Blut, Brennen und Irritation am Anus und unangenehme Empfindung beim Sitzen. Hämorroiden im Anus fühlbar, Blutaustritt nach Stuhlausscheidung.

Äußerliche Behandlung: Anus mit Rosenwasser oder anderem Blumenwasser zu Linderungszwecken einreiben.

Empfehlung: Leichte Körperübungen, Ernährung von grünen Gemüsen und leichten Speisen. Scharfe Gewürze vermeiden.

Rezept 1

1 Teelöffel Henna-Blätter
⅛ Teelöffel gebrannter Borax

Zubereitung: Hennablätter zu Puder zermahlen, ¼ Liter Wasser hinzufügen. Abseihen und den gebrannten Borax dem Wasser hinzufügen.

Dosierung: ⅛ Liter 2mal täglich trinken.

Rezept 2

⅛ Teelöffel Korianderblätter
⅛ Teelöffel rote Lehmerde

Zubereitung: Zu einer Paste zermahlen und auf den Anus auftragen.

Rezept 3

3 Teelöffel Eibisch
3 Teelöffel Dille

Zubereitung: Die Kräuter in ein reines steriles Tuch legen und mit warmem Wasser befeuchten.

Anwendung: Jeweils ½ Stunde lang auf die Anus-Gegend auflegen.

Hautgeschwüre und **Furunkel**

Rezept 1

Leinsamen nach Bedarf

Zubereitung: Zermahlen und mit Wasser eine Paste bereiten.

Anwendung: Auf den Furunkel auftragen (der bei entsprechender Reife aufgeschnitten werden sollte).

Husten

Rezept 1

¼ Liter Ingwerwasser
2 Teelöffel Honig

Zubereitung: Ingredienzien vermischen.

Dosierung: 2- oder 3mal täglich.

Rezept 2

2 Teelöffel Mohn
3 Teelöffel zerschnittene Lakritzen

Zubereitung: In ¼ Liter Wasser 10 Minuten kochen und abseihen.

Dosierung: 2mal täglich.

Weiteres Rezept: Wie Rezept 2 bei Asthma. – Dosierung 1 Teelöffel 3- oder 4mal täglich.

Kolik

Akuter Schmerz im Unterleib und Verstopfung. Unterleib aufgebläht. Blähungen und gurgelnde Geräusche.

Äußerliche Behandlung: Den Körper mit Rosenöl oder Süßmandelöl einreiben.

Empfohlene Nahrungsmittel: Suppe aus grünen Erbsen, Hühnersuppe.

Rezept 1

2 Teelöffel wildes Basilikum

Zubereitung und Anwendung: Zermahlen und mit Wasser eine Paste bereiten und auf den Unterleib auftragen.

Rezept 2

1 Tropfen Pfefferminzöl oder
1 Teelöffel Pfefferminzblätter

Zubereitung: Pfefferminzöl in 6 bis 8 Unzen Wasser vermischen oder Blätter in einem Viertel Liter Wasser 3 Minuten kochen.

Dosierung: 2mal täglich 1 Glas.

Kopfschmerzen

Es gibt Kopfschmerzen verschiedener Art, die manchmal in verschiedenen Teilen des Kopfes und manchmal im ganzen Kopf gespürt werden. Auch Brechreiz oder Erbrechen können vorhanden sein.

Rezept 1

3 Teelöffel Lavendelblüten
3 Teelöffel Koriandersamen
5 schwarze Pfefferkörner

Zubereitung: Aus allen Ingredienzien ein feines Pulver bereiten.

Dosierung: ½ Dosis mit Wasser früh am Morgen, dann 30 Minuten im Bett bleiben.

Rezept 2

1 Teelöffel spanischer Safran
1 Teelöffel Myrrhenharz
1 Teelöffel Zimt

Zubereitung: Aus allen Ingredienzien ein feines Pulver bereiten, ein wenig Wasser hinzufügen und zu einer Paste anrühren.

Anwendung: Paste auf ein Stück reines Baumwolltuch auftragen und auf eine oder beide Schläfen auflegen.

Rezept 3

6 Teelöffel Jasminwasser
1 Teelöffel Meeressalz

Zubereitung: Das Salz im Jasminwasser auflösen und in einer reinen gläsernen Tropfflasche aufbewahren.

Dosierung: 2 Tropfen in jedes Nasenloch 2mal täglich oder bei Bedarf.

Rezept 4 (gegen Migräne)

½ Teelöffel schwarze Pfefferkörner

Zubereitung: Mit 3 Eßlöffel Wasser zermahlen und abseihen.

Dosierung: 1 oder 2 Tropfen in die Nasenlöcher.

Menstruationsbeschwerden

Diesem Zustand gehen heftige Schmerzen in den Oberschenkeln, der Scheidengegend und der Leistengegend voraus. Manchmal treten schwerer Brechreiz und Erbrechen auf. Der Blutfluß ist gewöhnlich sehr spärlich.

Rezept 1

1 Teelöffel Myrrhenharz
1 Teelöffel Wacholderbeeren

Zubereitung: In ¼ Liter Wasser kochen und abseihen.

Dosierung: Sieben bis zehn Tage lang nach dem Ende der Periode jeden Morgen einnehmen.

Rezept 2

¾ Teelöffel gemahlener Rhabarber

Zubereitung: Trocknen und zu einem feinen Pulver zermahlen.

Dosierung: ⅛ Teelöffel Rhabarberpulver mit Wasser 2mal täglich einnehmen – ein oder zwei Wochen lang nach dem Ende der Periode.

Rezept 3

1 Teelöffel Fenchelsamen
1 Teelöffel wilde Raute
1 Teelöffel Wurmholz
1 Teelöffel Hagebutten
1 Teelöffel zerkleinerte Feigen
4 Teelöffel Honig

Zubereitung: Alle Ingredienzen fünf Minuten lang in ¼ Liter Wasser kochen, abseihen und aufbewahren.

Dosierung: Drei Tage lang 2mal täglich einen Eßlöffel voll. Dann drei Tage aussetzen, dann nochmals die gleiche Dosis.

Ruhr

Häufige Bewegung der Gedärme, Stuhl manchmal vermischt mit Schleim und Blut, grimmende Schmerzen und Schmerzen im Unterleib.

Empfehlungen: Eine Diät von Yoghurt und Reis wird empfohlen.

Rezept 1

10 Granatapfelblüten

Zubereitung: Blüten in einer halben Teeschale Wasser zermahlen und abseihen.

Dosierung: 2mal täglich.

Rezept 2

2 Teelöffel grüne Blätter vom Rosenstrauch

Zubereitung: Mit einer halben Teeschale Wasser zermahlen und abseihen.

Dosierung: 2mal täglich.

Scheidenjucken

Jucken und Brennen in der Vagina, brennende Empfindung beim Urinieren, Ruhelosigkeit.

Empfehlungen: Enge, straff anliegende Unterwäsche vermeiden, insbesondere wenn diese aus Nylon oder anderen synthetischen Stoffen hergestellt ist. Peinlich genaue Reinlichkeit in der Gegend der Vagina ist notwendig. Unmittelbar nach dem Urinieren und nach Geschlechtsverkehr baden.

Rezept 1

3 Teelöffel Fenchelsamen
2 Teelöffel Maiglöckchenwurzel
½ Teelöffel Granatapfelblüten
½ Teelöffel Hagebutten

Zubereitung: Zerstoßen und zu Puder zermahlen. Durchsieben.

Dosierung: Ein bis zwei Teelöffel täglich mit Buttermilch oder einem Glas Traubensaft von grünen Trauben.

Rezept 2

⅓ Teelöffel Kampferkraut
6 Teelöffel Rosenwasser

Zubereitung: Kampferkraut in Rosenwasser zerkleinern.

Anwendung: Tampon in die Lösung eintauchen und 30 Minuten lang an die Vagina halten. Nach Bedarf wiederholen.

Schlaflosigkeit

Rezept 1

½ Teelöffel Mohn
½ Teelöffel Kopfsalatsamen

Zubereitung: In ¼ Liter Wasser kochen, abseihen und mit Honig süßen.

Dosierung: 2mal täglich.

Rezept 2

½ Teelöffel Zimtstangen

Zubereitung: In ¼ Liter Wasser 5 Minuten kochen, abseihen und mit Honig süßen.

Dosierung: 2mal täglich.

Rezept 3

3 Tropfen Rosenöl
3 Tropfen Veilchenöl
1 Unze Süßmandelöl

Zubereitung: Die drei Öle sorgfältig miteinander mischen und aufbewahren.

Anwendung: Auf Kopfhaut, Ohren und Fußsohlen vor dem Schlafengehen auftragen. Eine kleine Menge kann auch auf den Anus aufgetragen werden.

Verbrennungen und **Abschürfungen**

Rezept 1

Granatapfelblüten nach Bedarf

Zubereitung und Anwendung: Zermahlen und mit Wasser eine Paste bereiten, die auf den betreffenden Körperteil aufgetragen wird.

Rezept 2

4 Teelöffel Limetten-Wasser
4 Teelöffel Kokosnußöl

Zubereitung und Anwendung: Vermischen und die Mischung zerreiben bis sie weiß wird. Dann auf die betreffenden Körperstellen auftragen.

Rezept 3

Eiweiß von einem Ei

Zubereitung und Anwendung: Auf die betroffenen Körperteile auftragen. Besonders wirksam, wenn sich Blasen gebildet haben.

Verdauungsstörungen

Gefühl von Schwere im Magen nach dem Essen, Appetitmangel, Brechreiz, Blähungen und Erbrechen. Dieser Zustand hängt gewöhnlich mit fehlerhafter und unregelmäßiger Ernährung zusammen; besonders, wenn man wieder ißt, bevor die vorige Mahlzeit voll verdaut ist.

Rezept 1

1 Teelöffel Fenchelsamen
1 Teelöffel Kardamom-Samen

Zubereitung: Aus dem Samen ein feines Pulver bereiten.

Dosierung: ⅙ Teelöffel mit Wasser täglich nach den Mahlzeiten.

Rezept 2

1 Teelöffel Fenchelsamen
1 Teelöffel getrockneter Ingwer
1 Teelöffel Gewürznelken

Zubereitung: Den Fenchel, den Ingwer und die Nelken zu einem feinen Pulver zermahlen. Mit Honig eine dicke Paste bereiten. In einem Glasgefäß aufbewahren.

Dosierung: 1 Teelöffel 15 Minuten nach jeder Mahlzeit und beim Zubettgehen.

Rezept 3

1 Teelöffel Steinsalz
⅛ Liter Ingwer-Wasser
½ Liter Limetten-Wasser

Zubereitung: Zutaten vermischen, in einer Glasflasche aufbewahren und 3 bis 4 Tage lang der Sonne aussetzen.

Dosierung: 1 Teelöffel mit ⅛ Liter Wasser vermischen, 2mal täglich nach den Mahlzeiten trinken.

Rezept 4

1 bis 3 Tropfen Pfefferminzöl

Zubereitung: 1 bis 3 Tropfen Pfefferminzöl mit 8 Unzen Wasser vermischen.

Dosierung: Nach Bedarf trinken.

Verstopfung

Empfehlungen: grüne Blattgemüse essen, Fruchtsäfte und viel Wasser. Zucker vermeiden, ebenso alle Süßigkeiten. Überanstrengung der Gedärme vermeiden. Toilette regelmäßig aufsuchen.

Rezept 1

5 Teelöffel getrocknete Datteln mit Minzegeschmack
5 Teelöffel zu einer homogenen Masse zerstoßene Mandeln
10 Teelöffel Honig

Zubereitung: Die beiden ersten Ingredienzien jedes für sich zermahlen, dann vermischen und dem Honig hinzufügen.

Dosierung: 2mal täglich 3 Teelöffel. Achtung: Dieses Rezept hilft auch bei Hämorrhoiden und chronischer Verstopfung.

Rezept 2

1 Teelöffel Sennesblätter
1 Teelöffel gemahlener Ingwer (frisch oder getrocknet)
1 Teelöffel Fenchelsamen
1 Teelöffel Steinsalz

Zubereitung: Aus allen Ingredienzien ein feines Pulver bereiten.

Dosierung: 1 Teelöffel mit Wasser beim Zubettgehen.

Zahnfleischentzündung und **Zahnschmerzen**

Geschwollener, geröteter und schmerzender Gaumen. Infolge des Schmerzes sind Ruhelosigkeit und hektische Bewegungen zu beobachten.

Rezept 1

¼ Liter Ingwer-Wasser
½ Teelöffel Salz

Zubereitung: Salz mit dem Ingwer-Wasser vermischen.

Anwendung: Finger in das Wasser tauchen und auf den Gaumen reiben.

Rezept 2

Gewürznelken nach Bedarf

Anwendung: Auf den Gaumen oder den schmerzenden Zahn auftragen.

Rezept 3

3 Teelöffel Essig
3 Teelöffel Rosenwasser

Zubereitung: Essig mit Rosenwasser in einem Glas vermischen.

Anwendung: Mit diesem Gemisch 3mal täglich gurgeln.

8 | Fasten – Die beste Medizin

Alles, was der Sohn Adams tut,
das tut er für sich selbst, ausgenommen das Fasten.
Das tut er um Meinetwillen,
und Ich gebe ihm dafür soviel Belohnung
wie Ich will.

Allah. der Erhabene und Gepriesene.

Fasten ist die älteste bekannte Form der natürlichen Heilbehandlung. Die Arten des Fastens reichen vom kurzzeitigen Verzicht auf ein einziges Nahrungsmittel bis zur lange dauernden Enthaltung gegenüber aller Speise und aller Flüssigkeit.

Für viele Menschen, die niemals gefastet haben, erscheint die Vorstellung vom Fasten seltsam, und einige halten es auch für ziemlich gefährlich. Diese Vorstellungen entbehren nicht jeder Grundlage, denn falsch angewendetes Fasten kann ernsthafte Störungen im Körper hervorrufen und sogar den Tod. Richtiges Fasten ist auf die Umläufe des Mondes und der anderen Planeten abgestimmt und darüber hinaus noch mit vielen anderen Dingen in Übereinstimmung. Tatsächlich entspricht das Fasten völlig der natürlichen Lebensweise, und sein Nutzen endet nicht bei der Heilung des Körpers und der Wiederherstellung der Gesundheit.

Bevor man irgendeine Form des Fastens beginnt, ist es wichtig, den eigentlichen Grund des Fastens zu verstehen. Die meisten Menschen, die im Westen zu fasten beginnen, tun dies, um den Körper zu reinigen und ihre Gesundheit zu verbessern. Dies sind aber nicht die richtigen Beweggründe für das Fasten.

In der Durchführung des Fastens haben die Sufis wahrscheinlich mehr Erfahrung als andere Gesellschaftsgruppen. Es gibt zahllose Berichte von Sufi-Shaykhs und deren Jüngern, die verschieden lange Zeiträume hindurch gefastet haben, was häufig genug zu ganz wundersamen Ergebnissen geführt hat. Wie bereits gesagt, befaßt sich der Sufi mit physischen Heilbehandlungen einzig und allein aus dem Grund, um Gott, dem Allerhöchsten, zu gefallen. Im Heiligen Qur'an hat Allah uns gesagt: »Ihr Gläubige, auch eine Fastenzeit ist euch wie euren Vorfahren vorgeschrieben, damit ihr gottesfürchtig seid.« (Qur'an 2:183)

Alles in der Schöpfung, mit Ausnahme des Menschen, folgt den durch die Naturgesetze gegebenen Befehlen Gottes. Tieren muß man im Hinblick auf Überernährung und falsche Ernährung keine Zurückhaltung auferlegen. Beim Menschen dagegen sind die Liebe zum materiellen Leben und die Versuchungen durch die materiellen Wünsche für den größten Teil aller Krankheiten verantwortlich. Deshalb hat uns Allah, der Allergütigste, angewiesen, diese Gelüste mittels des Fastens zu beherrschen und zu überwinden.

Der Qur'an sagt, daß der Mensch ohne Beherrschung der niedrigen Wünsche keine Erlösung erlangen kann: »Wer aber die Gegenwart seines Herrn gefürchtet und seine Seele von Gelüsten zurückgehalten, dessen Wohnstatt ist das Paradies.« (Qur'an 79:40-41)

Die Übung der Enthaltsamkeit gegenüber Dingen, die im allgemeinen für legitim und erlaubt gelten, stärkt, wenn sie einzig und allein für Allah durchgeführt wird, die Moral und die Selbstbeherrschung und vertieft das Bewußtsein der Gegenwart Allahs. Das unterscheidet das im Islam und im Sufismus geübte Fasten von dem gewöhnlichen Fasten aus Gesundheitsgründen.

Das wichtigste, im Islam allgemein einzuhaltende Fasten ist der *Ramaḍān.* Der *Ramaḍān* ist einer der Monate des islamischen Kalenders (siehe die Aufzählung der islamischen Monate im Anhang); der Monat, in dem sowohl der Qur'an als auch die Thora, Davids Psalmen und das Neue Testament von Allah zum erstenmal herabgesandt worden sind.

Die hervorragende Wirkung des Fastens kennen wir aus folgenden zwei Aussprüchen des Propheten *(s.a.w.s.):*

> Bei dem Einen, in dessen Hand mein Leben liegt: Der Wohlgeruch aus dem Munde eines Menschen, der fastet, ist Allah teurer als der Duft von Moschus.

> Das Paradies hat eine große Pforte, *Rayyān* genannt. Nur einer, der fastet, wird das Paradies durch diese Pforte betreten.

Allah hat uns verheißen, daß wir Ihn als Belohnung für das Fasten in einer Vision schauen können.

Wörtlich bedeutet *Ramaḍān* keineswegs »Fasten«. Der eigentliche Ausdruck für »Fasten« ist *ṣiyām.* Die Wurzel, aus der dieses Wort stammt, bedeutet »sich in Ruhe befinden«. Wenn wir der Speise, dem Trank und dem Geschlechtsverkehr entsagen, wird diesen Körperfunktionen Ruhe gewährt, und sie können sich neu beleben.

Das allgemeine Fasten im Monat *Ramaḍān* ist der ganzen Menschheit auferlegt. Die, die es wirklich halten, sind die Moslems. Viele Menschen, die eng mit Moslems zusammenleben, halten diese Form des Fastens ebenfalls und haben einigen Nutzen davon. Aber es gibt mehrere Gebote, die man befolgen muß, damit das Fasten von Wert ist.

Erstens muß man seinen Willen zum Fasten klar zum Ausdruck bringen. Da Allah gesagt hat, daß wir nach unseren Absichten beurteilt werden, kann der

Nutzen guter Handlungen nicht eintreten, wenn diese nur ganz zufällig geschehen. Wenn zum Beispiel jemand deshalb keine Nahrung zu sich nimmt, weil er sich in der Wildnis verirrt hat, so ist dies kein wirkliches Fasten, denn dieser Mensch würde essen, wenn er die Gelegenheit dazu hätte. Diese formelle Erklärung, eine bestimmte Handlungsweise zu setzen, heißt *niyyat.* Diese Erklärung sollte am besten in arabischer Sprache geschehen, aber sie ist auch in jeder anderen Sprache gültig. Man braucht bloß zu sagen: »Ich will heute um Allahs willen, nur um Seinetwillen fasten.«

Hat man Allah gegenüber das Fasten förmlich gelobt, hat man Allah damit ein Versprechen gegeben, und bricht man es absichtlich während der so gelobten Fastenzeit, so ist man zur Wiedergutmachung verpflichtet. Die Sühne kann dadurch erfolgen, daß man nochmals, einen oder mehrere Tage lang fastet.

Bezüglich der Einhaltung eines Fasttages sind im allgemeinen folgende Bedingungen einzuhalten:

1. Das Fastengelöbnis, *niyyat,* muß abgelegt werden; dies kann laut oder schweigend geschehen.
2. Die Dauer des Fastens muß sich von der Zeit unmittelbar vor Sonnenaufgang *(fajr)* bis zur Zeit unmittelbar nach Sonnenuntergang *(maghrib)* erstrecken. (Bezüglich der Zeitberechnung von Sonnenaufgang bis Sonnenuntergang siehe Kapitel 9 bei *ṣalāt.*)
3. Während des Fastens muß man sich folgender Dinge völlig enthalten: Speise, Trank (einschließlich Wasser), Tabakgenuß jeder Art, Geschlechtsverkehr, jeglicher Form negativen Denkens, Verleumdung oder übler Nachrede, Kampf, Fluchen, Streiten und ähnliche Verhaltensweisen.
4. Bewußt und willentlich dürfen weder Samenerguß noch Erbrechen stattfinden.
5. Das Fasten wird nach Sonnenuntergang dadurch beendet oder unterbrochen, daß man eine Dattel oder ein Glas Wasser zu sich nimmt, worauf ein bescheidenes Mahl folgt.

Schwangere Frauen, stillende Mütter, ernsthaft Kranke, Alte und Geistesgestörte sind vom Fasten ausgenommen, aber in manchen Fällen können sie dazu verpflichtet sein, versäumte Fasttage nachzuholen. Die Frau fastet auch nicht an den Tagen ihrer Menstruation, aber sie muß die versäumten Tage nachholen. Wenn ihre Periode endet, muß sie das Fasten wieder aufnehmen. Kinder unter dem Alter von zwölf Jahren sind im allgemeinen vom Fasten ausgenommen, aber sie können einige Zeit am Tage fasten oder an einigen der Tage. Es gibt mehrere Dutzend Regeln für besondere Fälle für das Fasten von Männern und Frauen, und bezüglich jeder Frage, die sich erhebt, sollte einer, der die Tätigkeit eines Muslim-Shaykhs ausübt, befragt werden.

Das Besondere an der Natur des Fastens ist, daß es den Menschen zu einem Geist der Geduld und des Opferns erzieht. Das Fasten geschieht in erster Linie im Geist. Daher ist es allen menschlichen Augen verborgen und nur dem Auge Gottes sichtbar. Es ist eine geheime Handlung.

Der Prophet *(s.a.w.s.)* pflegte in der Zeit zwischen Mitternacht und dem Anfang des Fastens eine Mahlzeit zu essen, welche *saḥūr* genannt wird. Diese kann aus allen erlaubten Nahrungsmitteln bestehen. Das Fasten wird gewöhnlich durch das Essen einer oder mehrer Datteln gebrochen, worauf etwas Wasser getrunken wird, was vor dem Abendgebet *(maghrib)* geschehen muß.

Obwohl das Reinigen der Zähne während des Fastens gestattet ist, ist es verdienstvoller, wenn man es nach Mittag nicht mehr vornimmt.

Zusätzlich zur Einhaltung dieser Vorschriften sollte man sich während des Fastens soviel als möglich mit dem Lesen und Rezitieren des Heiligen Qurʾan befassen und soviel Almosen geben als man vermag.

Das sind die Mindestregeln für das Fasten. Es ist das allgemeine, zur Beherrschung der Lust nach Essen und Trinken und der geschlechtlichen Leidenschaften vorgenommene Fasten. Eine höhere Form des Fastens besteht darin, daß man zusätzlich zu den hier genannten Regeln auch alle unrechten Bewegungen der Hände, der Füße, der Augen sowie der übrigen Glieder und Körperorgane unterläßt.

Der Heilige vollbringt die größte Art des Fastens, das Fasten des Geistes. Mit anderen Worten: Diese Menschen denken an nichts anderes als an Allah. Sie halten ihre Existenz in dieser Welt nur für ein Samenkorn für das Wachstum in der nächsten Welt. Zu dieser Art des Fastens gehört auch das Zurückhalten der Augen vor jedem üblen Anblick und das Verabscheuen von nutzloser Rede, Falschheit, Schlendrian, niedrigen Gedanken und Heuchelei. Kurz gesagt: Diese Fastenden bewahren Schweigen, und wenn sie sprechen, so tun sie es nur, um sich an Gott zu erinnern. Dieses Fasten ist so streng, daß man dabei nicht einmal auf verbotene Rede hören darf, die von anderen kommt. Man muß die Gegenwart eines Menschen verlassen, der sich an diese Regeln nicht hält.

Außerdem essen die Sufis, wenn sie das Fasten brechen, nur das Minimum dessen, was erforderlich ist, damit der Hunger nicht größer wird. Die richtige Mahlzeit, um ein solches Fasten zu brechen, ist die, wie sie von den ärmsten Menschen in der Gemeinde gegessen wird.

Zusätzlich zum vorgeschriebenen Fasten im heiligen Monat halten die Sufis auch noch verschiedentlich freiwilliges Fasten, welches *nafil*-Fasten genannt wird. Einige dieser Fastenübungen werden jährlich unternommen, andere jeden Monat, und andere jede Woche. Die Tabelle 3 gibt einen Überblick über das Fasten, wie es von den Sufis gehalten wird.

Tabelle 3

Die Fasttage der Sufis

Ramaḍān, das für alle Moslems obligatorische 30 Tage währende Fasten.

Weitere Fastenzeiten im Jahr
die *ʿArafāt*-Tage (im Monat *Dhul-Hijjah*)
die *ʿAshurah*-Tage (die ersten 10 Tage im Monat *Dhul-Hijjah*)
die ersten 10 Tage im Monat *Moharram*
Soviele Tage wie möglich im Monat *Sha ʿbān*
(Anmerkung: Fasten ist nicht gestattet an den drei Tagen vor dem Beginn des *Ramaḍān,* desgleichen nicht an den Festtagen der Monate *ʿĪd al-Fitr* und *ʿĪd al-Aḍḥā*)

Monatliches Fasten
Die günstigsten Fasttage in jedem Monat sind der erste Tag, der Tag in der Monatsmitte und der letzte Tag im Monat. Zusätzlich wird auch an den Tagen *ayyām bayād,* nämlich am 13., 14. und 15. Tag des Mondzyklus gefastet.

Wöchentliches Fasten
Allwöchentlich sollte man sich bemühen, am Donnerstag, Freitag und am Montag zu fasten, dies sind die ausgezeichnetsten Tage.

Tägliches Fasten
Jeden Tag zu fasten, hat der Prophet *(s.a.w.s.)* verboten. Der beste Weg zum maximalen Fasten ist jedoch das Fasten an jedem zweiten Tag. Der Prophet *(s.a.w.s.)* hat gesagt: »Die Schätze der Welt wurden vor mir ausgebreitet. Ich habe sie zurückgewiesen und gesprochen: ›Einen Tag werde ich hungrig bleiben und am nächsten Tag Nahrung zu mir nehmen. Und wenn ich Nahrung zu mir nehme, dann werde ich Dich preisen. Und wenn ich hungrig bleibe, dann werde ich von Dir Demut suchen.‹« Und sodann sagte er: »Es gibt kein besseres Fasten als dieses.«

Obwohl der Hauptzweck und der ersehnte Haupterfolg des Fastens im Bereich der Seele und ihrer Aufwärtsentwicklung liegt, ist es dennoch eine Tatsache, daß die meisten Menschen vom Fasten auch physischen Nutzen davontragen.

Wie bereits gesagt, entsteht Krankheit häufig durch unvollständige Verdauung der Nahrungsmittel in einem oder mehreren Abschnitten der Verdauung. Während des Fastens wird die gewöhnliche Arbeit des Körpers bei der Verdauung der Nahrung verringert, wodurch der Körper die Möglichkeit erhält, überflüssige Stoffe abzugeben und Schäden zu beheben, die durch lange falsche Ernährung entstanden sind.

Wenn das geschieht, dann reagiert der Körper auf verschiedene Art. Das erste, was er tut, wenn er diese Gelegenheit erhält, ist, daß er eine seltsame Fieberhitze erzeugt. Diese besondere Art der Hitze verursacht ein sehr schnelles Verarbeiten (»Herunterkochen«) der überflüssigen Stoffe, ohne Unterschied, worum es sich dabei handelt. Diese Substanzen werden so verfeinert und in eine Form gebracht, in der sie vom Körper ausgeschieden werden können. Die Ausscheidung geschieht auf eine der fünf Arten, die die fünf Formen der Heilungskrise genannt werden (und manchmal noch auf andere Arten): Nasenbluten, Erbrechen, Durchfall, Schwitzen und Urinausscheidung.

Wenn ich sage, daß diese Ausscheidung im Rahmen einer Heilungskrise erfolgt, dann meine ich damit, daß der Körper die überflüssigen und häufig schädlichen Nebenprodukte falsch erfolgter und unvollständiger Verdauung ausscheidet. Eine Heilungskrise durch Urinabsonderung ist nicht das gleiche wie normale Urinabsonderung. Das Ausmaß und die Häufigkeit kann sehr hoch sein, bis zu fünf Mal pro Stunde und das mehrere Stunden hindurch. Wenn die Heilungskrise durch Stuhlausscheidung erfolgt, so kann diese im Laufe mehrere Stunden fünfzehn Mal oder öfter geschehen. Interessanterweise sind diese Heilungskrisen genau jene Vorgänge, die in der westlichen Medizin als Krankheiten bezeichnet werden. Das hat zur Folge, daß deren Bemühungen, diese normalen Ausscheidungsfunktionen zum Stillstand zu bringen, die wirksamsten gesundheitserhaltenden Mechanismen lahmlegen, die der Körper besitzt.

Diese Formen der Heilungskrise werden hier erwähnt, weil es wahrscheinlich ist, daß insbesondere bei dem, der noch nie gefastet hat, nach drei oder vier Tagen (manchmal auch schon nach einigen Stunden) eine oder mehrere Formen dieser Krisen einsetzen werden. Hämmernder Kopfschmerz, vielleicht leicht erhöhte Temperatur oder Fieber, Schwitzen und ähnliche Anzeichen zeigen, daß der Körper in eine Reparaturphase eingetreten ist. Wenn heftiges Abführen oder Erbrechen beginnt, dann wird jemand, der mit den nützlichen Wirkungen des Fastens nicht vertraut ist, den Schluß ziehen, daß er sich mit Grippe angesteckt hat oder sonst mit einer Krankheit der Atmungsorgane, nachdem ihn das Fasten »geschwächt« hat!

Viele Menschen sind nicht willens, irgendeine Art von unangenehmer Empfindung zu ertragen und nehmen daher zu verschiedenen chemischen Drogen Zuflucht, die alle Heilungsprozesse des Körpers augenblicklich zum Stillstand bringen. Das mag ausreichen, um einen Menschen wieder arbeitsfähig zu machen oder ihn soweit zu bekommen, daß er an einer wichtigen Veranstaltung teilnehmen kann. Aber wenn man diese Ausscheidungsvorgänge Jahre und Jahre hindurch unterdrückt, dann stauen sich die Giftstoffe im Körper so lange zusammen, bis Schaden an inneren Organen entsteht und es keine Hoffnung mehr auf Heilung gibt, außer durch ganz drastische Mittel. Aber auch das ist dann schwierig und sehr unangenehm.

Bemühung und Disziplin sind zum Durchhalten dieser empfohlenen Fastenübungen notwendig. Ich empfehle, daß Menschen, die noch keine Erfahrung mit dem Fasten haben, mit einem Tag Fasten beginnen oder auch nur einem Teil eines Tages, und das Fasten dann Schritt für Schritt so weit ausdehnen, wie sie es wünschen. Moslems haben einen besonderen Vorteil, denn Allah hilft ihnen und gibt ihnen die Stärke, jedes Jahr volle dreißig Tage lang zu fasten. Von einem der großen Sufis wurde gesagt, daß er in den letzten vierzig Jahren seines Lebens jeden zweiten Tag gefastet hat, und daß er alles, was er aß, im Augenblick, wo er entdeckte, daß er aus der Nahrung Vergnügen zog, augenblicklich halbgekaut ausspuckte. Dieser Sufi wurde sechsundneunzig Jahre alt.

Allah der Allmächtige hat denen, die fasten, unzählige Belohnungen versprochen. Eine solche Belohnung für diese Glücklichen geschieht in den letzten Tagen des Monats *Ramaḍān.* Sie ist als *Laylat al-Qadr* (Nacht der Macht) bekannt. Dem, der das Fasten vollständig und nach den strengsten Bestimmungen eingehalten hat, schickt Allah einen Engel, der persönlich mit diesem Menschen zusammentrifft, und jeder Wunsch, den dieser Mensch tut, wird erfüllt. *Yā Ḥayyu! Yā Qayyūm!*

Fasten wurde von Gott dem Allerhöchsten als großer Segen Seiner Menschheit vorgeschrieben. Als der Erschaffer der menschlichen Körper kennt Er am besten die Techniken und Übungen, die zur Erhaltung von deren Gesundheit notwendig sind. Fasten ist nicht nur das beste und sicherste Mittel zum Schutz der physischen Gesundheit, es bringt auch riesige geistige Belohnungen.

Ein weiterer Aspekt des physischen Lebens, der entscheidend mit der menschlichen Gesundheit zu tun hat, ist das *ṣalāt,* der Eckstein aller Tätigkeiten des Sufis, welcher dem Aufsteigen auf der Leiter dient, über die man sich Gott nähert.

9 | Ṣalāt – Die Körperstellungen der Propheten

Der große und ruhmreiche Gott besteht nicht darauf,
daß wir Ihm eine andere Form der Hingabe erweisen
als die, die Er erweist bei der Übung des *ṣalāt.*

(Hazrat Khwāja Gharib Nawāz *(r.a.)*

Die Sure *al-Fātiḥah,* mit welcher der Heilige Qur'an beginnt, ist in ihrer Art das gehaltvollste und straffste Gebet, das man überhaupt sprechen kann. Man sagt, der gesamte Qur'an sei in dieser Eröffnungssure enthalten. Zwei ihrer Verse sind eine ganz besondere Bitte des Dieners Gottes des Allmächtigen um Seine Führung:

Ihdīnāṣ-ṣirāṭ al-mustaquīm
Ṣirāṭ alladhīna an'amta 'alayhīm

Du führe uns den rechten Weg,
den Weg derer, die Deiner Gnade sich freuen

Gott der Allerbarmer hat den Menschen nicht nur die beste Anrufung Seiner selbst gegeben, Er sagt Seinen Geschöpfen auch, unmittelbar nachdem Er diese aufrichtige Bitte hört, das Mittel, das zu ihrer Erfüllung führt: Er offenbart ihnen den ganzen Qur'an zur vollkommenen und vollständigen Anḷeitung der ganzen Menschheit.

Aber in den ersten Versen der zweiten Sure des Qur'an gibt Allah die Schlüssel an, die allein den Weg zum Segen dieses Buches eröffnen werden:

Dhalikal-kitābu lā rayba fīh
Hudā lil-muttaqīn;
Alladhinā yu'minūna bil-ghaybi
wa yuqīmūnaṣ-ṣalāta wa mimmā
razaqnāhum yunfiqūn.

Das ist die Schrift,
in der es keinen Zweifel gibt,
eine Anleitung für die, die das Übel verabscheuen,
die an das Unsichtbare glauben
die das *ṣalāt* einhalten
und die von dem geben,
was Wir ihnen gegeben haben.

Das arabische Wort *ṣalāt* wird mit »Gebet« oder »Anbetung« übersetzt. Es bedeutet auch Bitte um Vergebung, Mitleid und Gnade (im Urdu sowie in der persischen und türkischen Sprache tritt an seine Stelle das Wort *namāz*).

Westliche Gelehrte haben das Wort *ṣalāt* unglücklicherweise fehlinterpretiert, indem sie es nur mit »Gebet« oder »Anbetung« übersetzt haben. Tatsächlich ist die Übung des *ṣalāt* sehr eingehend festgelegt und bildet den einzigartigen Mittelpunkt des religiösen Lebens im Islam und im Sufismus. Der Heilige Prophet Muhammad *(s.a.w.s.)* hat der Überlieferung zufolge gesagt: »Der Unterschied zwischen einem, der an Gott glaubt und einem, der nicht an Ihn glaubt, ist die Übung des *ṣalāt*.« Der große Heilige Hazrat Khwāja Gharib Nawāz *(r.a.)* hat über die Wichtigkeit des *ṣalāt* folgendes gesagt:

> Ohne *ṣalāt* kann sich niemand Gott nähern, denn *ṣalāt* ist für den Frommen die höchste Steigerungsstufe in diesem Prozeß der Annäherung.
> *Ṣalāt* ist die Leiter, die in die Nähe *(qurb)* Gottes führt.
> Ṣalāt ist etwas, was von Gott dem Allmächtigen den Menschen in die Obsorge übergeben wurde, eine geheime Beziehung zwischen dem Anbeter und dem Angebeteten.

Der indische mystische Musiker Hazrat Inayat Khan, der in der ersten Hälfte dieses Jahrhunderts einige Sufigedanken in den Westen gebracht hat, sagte: »Wer niemals das *ṣalāt* verrichtet, hat keine Hoffnung, jemals in irgendeiner Weise fortzuschreiten, denn jeder Abschnitt des *ṣalāt* hat eine wunderbare Bedeutung und eine besondere Wirkung. *Ṣalāt* muß vorgeschrieben werden, bevor weitere heilige Lehren gegeben werden können. Wer darin keine Fortschritte macht, dessen Zukunft ist ohne Hoffnung.«

Ṣalāt ist zugleich eine äußere und eine innere Übung. Es ist ein fester Bestand von physischen Körperstellungen (einige haben sie mit den Yoga-Asanas verglichen) und der reichsten geistigen Nahrung. Wenn man jeden dieser Aspekte im Detail betrachtet, dann kann man verstehen, warum die Sufis in vielen Fällen der Überzeugung waren, daß sie lieber sterben würden, als ihr *ṣalāt* auslassen. *Mā shā' Allāh!*

Die Übung des *ṣalāt* wird mindestens fünfmal täglich ausgeführt, immer zur gleichen Zeit, und kann darüber hinaus noch, je nach den Fähigkeiten des Betenden, häufiger ausgeführt werden.

Die Zeiten bestimmen sich nach der Wanderung der Sonne und der Planeten über den Himmel. Es gibt folgende Zeiten:

Fajr: Beginnt ungefähr fünfundvierzig Minuten vor Sonnenaufgang und dauert bis zum Aufgehen der Sonne.

Ẓuhr: Beginnt, nachdem die Sonne den Mittagspunkt am Himmel überschritten hat und gerade abzusteigen beginnt.

ʿAṣr: Beginnt, wenn die Sonne die Hälfte ihres Weges zwischen dem Mittagspunkt und dem Horizont zurückgelegt hat oder wenn der Schatten des Körpers doppelt so lang ist wie der Körper selbst.

Maghrib: Beginnt unmittelbar, nachdem die Sonne unter den Horizont gesunken ist und kein Sonnenlicht mehr von den Wolken reflektiert wird (das heißt, kein Abendrot mehr zu sehen ist).

ʿIshā: Beginnt, wenn die Nacht vollständig hereingebrochen ist, ungefähr eine Stunde und zwanzig Minuten nach *maghrib,* dem Sonnenuntergang.

Wenn man diese Gebetszeiten einhält, ist man mit den Bewegungen der Planeten, den Veränderungen der Jahreszeit und den geographischen Unterschieden in völliger Übereinstimmung. Wenn man das tut, erlangt man die Harmonie mit allen natürlichen zyklischen Abläufen im Universum.

Es gibt drei Aspekte des *ṣalāt:* Gedanken, Wort und Handlung. Vor Beginn des *ṣalāt* muß man den Körper und die Kleidung von allem Schmutz reinigen und ebenso den Platz, an dem man das Gebet verrichten will. Zugleich muß man alle negativen oder üblen Gedanken vertreiben und den Geist reinigen, um sich voll auf den Glanz Allahs des Allmächtigen konzentrieren zu können. Diese Vorbereitung wird *wuḍūʾ* genannt. Sie besteht darin, daß man sich die Hände wäscht, den Mund ausspült (wenn notwendig die Zähne putzt), Wasser in der Nase aufzieht, das Gesicht von den Augenbrauen bis zum Mund und von einem Ohr zum anderen wäscht, die Unterarme vom Handgelenk bis zum Ellbogen wäscht, den Kopf, den Rücken und den Nacken feucht abwischt und die Füße wäscht bis zum Knöchel. Jede dieser Waschungen wird dreimal wiederholt, wobei die beschriebene Reihenfolge eingehalten werden muß.

Wenn das sorgfältig zu Ende gebracht wurde, begibt man sich an den Ort des

Gebetes, nimmt eine demutsvolle Haltung ein, der Kopf am Boden, die Hände zu den Seiten, die Beine in symmetrischer Anordnung unter den Schultern, und spricht mit folgenden Worten die Absicht aus, das *ṣalāt* zu verrichten:

> Ich habe die Absicht (die pflichtgemäße Zahl) *raʿkat* des *ṣalāt* zu verrichten und mich dabei der *qiblah,* der gepriesenen *Kaʿbah,* zuzuwenden, für Allah und nur für Allah. Ich nehme meine Zuflucht bei Allah vor dem ausgestoßenen und üblen Satan, und ich beginne im Namen Allahs des Allergnädigsten und Mitleidsvollsten.

Diese Anrufung sollte auf arabisch gesagt werden, aber es kann auch in jeder anderen Sprache geschehen. Der Rest des *ṣalāt* aber muß gänzlich auf arabisch rezitiert werden (in späteren Kapiteln werden die arabischen Vokale, Laute und Atemmuster beschrieben). Dieses eine Eröffnungsgebet muß in die Richtung nach Mekka in Saudiarabien gesprochen werden.

Bei der Verrichtung des *ṣalāt* muß der Körper *(arkān)* acht verschiedene Positionen einnehmen, wobei in jeder Position bestimmte *Qurʾan*-Verse rezitiert werden. Diese Körperstellungen werden hier der Reihe nach vorgestellt, und wir geben auch eine kurze Beschreibung der positiven Wirkungen, die einer jeden von ihnen zugeschrieben werden.

Abb. 3: Körperstellung 1 – Hände mit offenen Handflächen zu den Ohren bringen und die Daumen hinter die Ohrmuschel legen. Dabei sagt man: *»Allāhu akbar«* (Gott ist groß).

Name der Körperstellung: *Niyyat*

Zeit des Verweilens: Fünf Sekunden

Rezitation: *»Allāhu akbar«*

Positive Wirkungen: Der Körper fühlt sich wegen der gleichmäßigen Verteilung des Gewichtes auf beide Füße um sein Gewicht erleichtert. Das Gerademachen des Rückens verbessert die Körperhaltung. Der Geist wird unter die Herrschaft des Intellekts gebracht. Das Sehvermögen wird dadurch gestärkt, daß man auf den Boden schaut, wo dann der Kopf den Boden berührt. Die Muskeln im oberen und unteren Teil des Rückens werden gelockert. Die höheren und niederen Zentren des Gehirns werden vereinigt auf ein gemeinsames Ziel gerichtet.

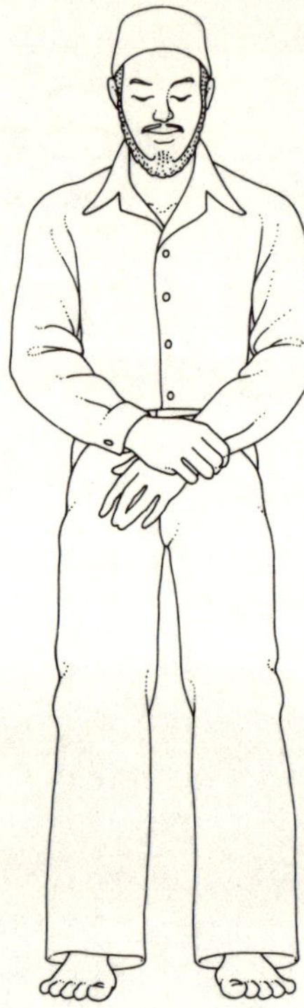

Abb. 4: Körperstellung 2 – Die rechte Hand liegt über der linken, unmittelbar unterhalb des Nabels.

Name der Körperstellung: *Qiyām*

Dauer des Verweilens: Vierzig bis sechzig Sekunden

Rezitation:

Bismi Llāh ir-Raḥmān ir-Raḥīm
Al-ḥamdu li-Llāhi rabb il-ʿalamīn.
Ar-Raḥmān, ir-Raḥim.
Māliki yawm id-Dīn.
Iyyāka naʿbudu wa iyyāka nastaʿīn.
Ihdināṣ-ṣirāṭ al-mustaqīm.
Ṣirāṭ alladhīna anʿamta ʿalayhīm
ʿGhayril-maghḍūbi ʿalayhīm wa lāḍ-ḍālīn.
Āmīn.

(Im Namen Allahs, des Wohltätigen und Gnadenreichen.
Alles Lob sei Allah, dem Herrn der Welten,
dem Wohltätigen, dem Gnadenreichen,
dem Meister vom Tag des Gerichts.
Dich allein bete ich an.
Dich allein bitte ich um Hilfe.
Zeige uns den geraden Weg,
den Weg derer, die Du liebst und begnadest,
nicht den Weg derer, die Deinen Ärger verdient haben
oder die auf Abwege geraten.
So sei es.)

Auf diese Worte folgend sollte ein kurzer Abschnitt von wenigstens drei Versen aus dem Heiligen Qur'an rezitiert werden (geeignete Beispiele finden sich im Anhang II).

Positive Wirkungen: Vertieft die Konzentration, führt zu weiterer Entspannung der Beine und des Rückens, erzeugt Gefühle von Demut, Bescheidenheit und Frömmigkeit. Beim Rezitieren der oben genannten Verse werden buchstäblich alle arabischen Laute ausgesprochen, wodurch die Verteilung aller neunundneunzig göttlichen Eigenschaften in genau dosiertem Ausmaß in Körper, Geist und Seele gefördert wird. Die Lautschwingung der langen Vokale ā, ī und ū stimuliert Herz, Schilddrüse, Zirbeldrüse, Hypophyse, Nebennieren und Lungen und reinigt und erhebt sie alle.

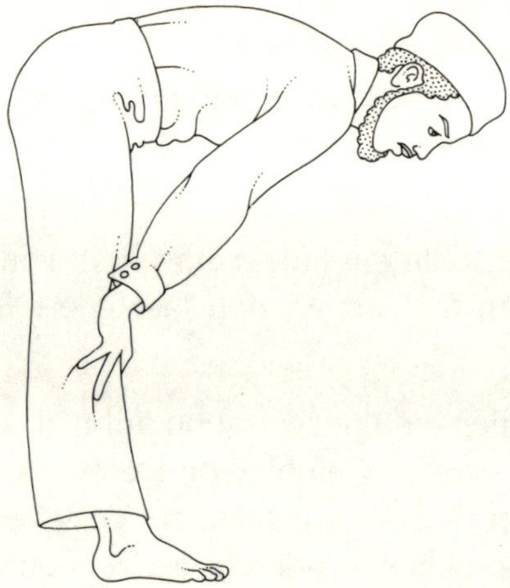

Abb. 5: Körperstellung 3 – Die Hüfte beugen, Handflächen mit gespreizten Fingern auf die Knie. Der Rücken ist parallel so zum Boden, daß aus einem Glas Wasser, das auf dem Rücken steht, nichts ausgeschüttet würde. Die Augen schauen gerade nach vorn zum Boden.

Name der Körperstellung: *Rukūʿ*

Dauer des Verweilens: Zwölf Sekunden

Rezitation: Beim Beugen der Hüfte rezitiere *»Allāhu akbar«* und dann:

Subḥāna Rabbī al-ʿAẓīm
Subḥāna Rabbī al-ʿAẓīm
Subḥāna Rabbī al-ʿAẓīm
(Heilig ist mein Herr, der Großartige)

Positive Wirkungen: Führt zur vollen Streckung der Muskeln des unteren Rückens, der Oberschenkel und der Unterschenkel. Blut wird in den oberen Teil des Rumpfes gepumpt. Die Muskeln von Magen, Unterleib und Nieren werden angespannt. Im Laufe der Zeit hilft diese Körperstellung zu einer Verbesserung der Persönlichkeit. Sie erzeugt angenehme Freundlichkeit und innere Harmonie.

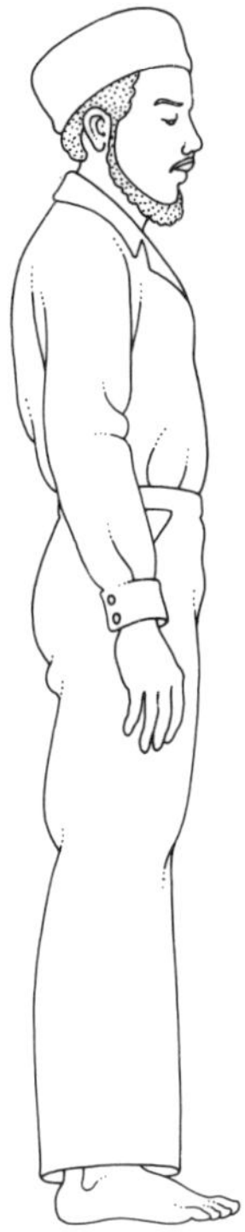

Abb. 6: Körperstellung 4 – Während man sich aus der geneigten Stellung *rukū'* aufrichtet, rezitiert man: »*Samica Llāhu li-man ḥamidah. Rabbanā wa lakal-ḥamd.*«
(Allah hört den, der Ihn preist. Unser Herr, Dein ist das Lob.) Dann kehrt man zur stehenden Position zurück, wobei die Arme an der Seite gehalten werden.

Name der Körperstellung: *Qiyām*

Dauer des Verweilens: Sechs Sekunden

Rezitation: Nachdem man die Stellung sechs Sekunden lang innegehabt hat, sagt man: »*Allāhu akbar*« und geht zur nächsten Stellung über.

Positive Wirkungen: Das zusätzliche Blut, das durch die vorige Stellung in den Rumpf gepumpt wurde, kehrt zur vorherigen Verteilung zurück und schwemmt die Toxine mit sich. Der Körper geht wieder in den Zustand der Entspannung ein. Die Spannung verschwindet.

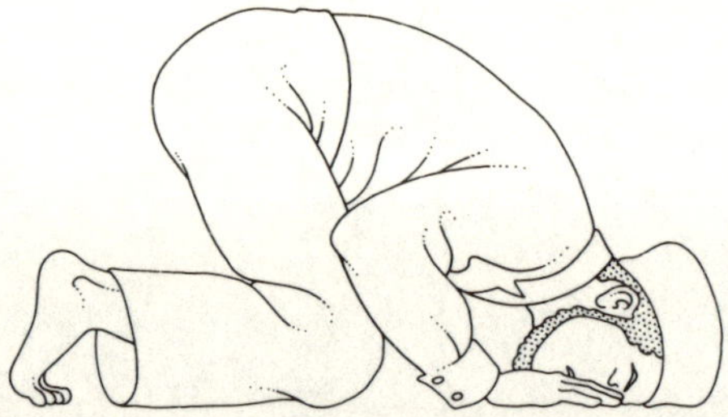

Abb. 7: Körperstellung 5 – Beide Hände auf die Knie legen und so langsam und mit Leichtigkeit eine kniende Stellung einnehmen. Dann mit Kopf und Handflächen den Boden berühren. Folgende sieben Körperteile sollten mit dem Boden in Berührung sein: Stirn, beide Handflächen, beide Knie und die Zehen beider Füße. Die Endstellung wird in der obigen Abbildung gezeigt.

Name der Körperstellung: *Sajdah*

Dauer des Verweilens: Zwölf Sekunden

Rezitation:
Subḥāna Rabbī al-ʿAlā
Subḥāna Rabbī al-ʿAlā
Subḥāna Rabbī al-ʿAlā
(Ruhm sei meinem Herrn, dem Allerhöchsten)

Positive Wirkungen: Die Knie bilden einen rechten Winkel. Das fördert die Entwicklung der Magenmuskeln, wirkt gegen Schlaffheit im Mittelteil des Körpers, vermehrt den Blutandrang in den oberen Körperregionen, besonders im Kopf (insbesondere in Augen, Ohren und Nase) und in den Lungen.

Das erlaubt, daß die geistigen Gifte vom Blut hinweggewaschen werden. Bei schwangeren Frauen ist diese Körperstellung ein ausgezeichnetes Mittel, um den Fetus in die richtige Lage zu bringen. Hoher Blutdruck wird herabgesetzt. Die Elastizität der Gelenke wird verbessert. Egoismus und Stolz werden überwunden. Geduld und Gottvertrauen werden vermehrt. Die geistige Größe wächst, und große seelische Energie entsteht im ganzen Körper. Dies ist eine Stellung der größten Ergebenheit und Demut. Sie ist die Essenz des Gebetes.

Abb. 8: Körperstellung 6 -- Während der Rezitation *Allāhu akbar* erhebt man sich aus der Stellung fünf und nimmt die hier gezeigte Sitzhaltung ein.

Name der Körperstellung: *Quʿūd*

Dauer des Verweilens: Sechs Sekunden

Rezitation: Am Ende der sechs Sekunden wird *Allāhu akbar* rezitiert, und alle Bewegungen der Stellung fünf werden wiederholt.

Positive Wirkungen: Bei Männern wird der rechte Fuß nach oben gedreht und das Gewicht des Beines und ein Teil des Körpergewichtes ruht darauf. Das hilft bei der Entgiftung der Leber und stimuliert die peristaltische Bewegung des Dickdarms. Frauen halten beide Füße unter ihrem Körper, während sie die Fußsohlen nach oben wenden. Dadurch entsteht eine noch tiefere Entspannung des Körpers; die Stellung ist hilfreich für die Verdauung, weil sie den Mageninhalt nach unten drückt.

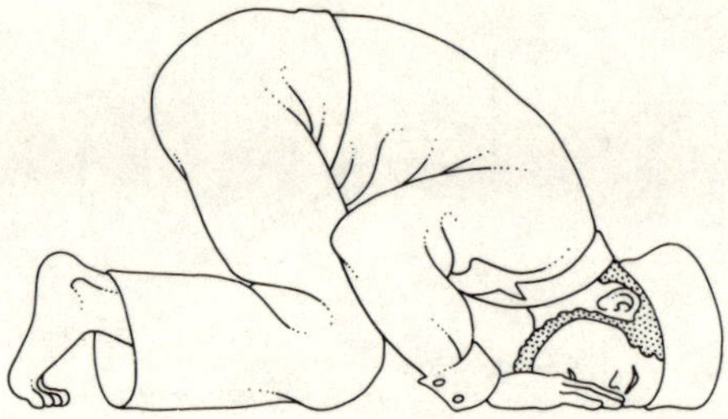

Abb. 9: Körperstellung 7 – Die Bewegungen von Körperstellung fünf werden exakt wiederholt. Dabei wird *Allāhu akbar* rezitiert. Dann kehrt man zur sitzenden Stellung sechs zurück.

Positive Wirkungen: Die Wiederholung der tiefen Verneigung innerhalb weniger Sekunden reinigt die Atmungsorgane, den Blutkreislauf und das Nervensystem. Es entsteht die Erfahrung der Leichtigkeit des Körpers und emotionelles Glücksgefühl. Der ganze Körper wird mit Sauerstoff versorgt. Das sympathische und das parasympathische Nervensystem werden miteinander ins Gleichgewicht gebracht.

Abb. 10: Körperstellung 8 – entsteht aus der Körperstellung fünf durch Niederbeugen des Kopfes. Der Kopf entfernt sich vom Boden. Der Rumpf neigt sich zurück. Die Hände liegen auf den Knien. Der Vorgang des Hinunterbeugens wird umgekehrt, und man kehrt unter der Rezitation *Allāhu akbar* zur stehenden Haltung zurück. Damit ist ein *raʿkat* des Gebetes beendet.

Das *ṣalāt* besteht je nach Tageszeit aus zwei, drei oder vier *ra ʿkat:*

Fajr: Zwei *raʿkat*
Zuhr: Vier raʿkat
ʿAsr: Vier *raʿkat*
Maghrib: Drei *raʿkat*
ʿIshā: Vier *raʿkat*

Am Ende jedes der beiden Teile des Gebetes wird die folgende Anrufung hinzugefügt:

At-taḥiyyātu li-Llāhi waṣ-ṣalawātu waṭ-ṭayyibāt
As-salāmu ʿalayka ayyuhān-Nabiyyu
Wa raḥmatu Llāhi wa barakātuhu
Was-salāmu ʿalaynā wa ʿala ʿibādi Llāhiṣ-ṣaliḥīn
Ash-hadu an lā ilāha illā Llāh
Wa ash-hadu anna Muḥammadan ʿabduhu wa rasūluh.

Diese Anrufung wird als Neuschaffung der himmlischen Konversation rezitiert, die zwischen Allah, dem Allmächtigen und dem Heiligen Propheten Muhammad *(s.a.w.s.)* in der Nacht des Aufstiegs zum Himmel *(Miʿrāj)* des Propheten stattgefunden hat. Die einzelnen Zeilen geben das Gespräch wieder:

Muhammad: Alle Grüße, aller Segen und alle guten Taten sind von Dir, mein Herr.
Allah: Gegrüßet seist du, o Prophet, und die Gnade und der Segen Allahs seien mit Dir.
Muhammad: Friede sei mit uns und mit den gerechten Dienern Allahs. Ich lege Zeugnis dafür ab, daß es keinen Gott gibt außer Allah.
Allah: Und ich lege Zeugnis dafür ab, daß Muhammad Sein Diener und Sein Bote ist.

Wenn die vorgeschriebene Anzahl der *raʿkat* nur zwei beträgt, dann nimmt das *ṣalāt* an dieser Stelle mit der nächsten Rezitation seinen Fortgang. Andernfalls müssen noch ein oder zwei *raʿkat* mehr verrichtet werden. Diese geschehen in der genau gleichen Weise wie die ersten beiden, nur daß nach der Rezitation von *Sūrat al-Fātiḥah* keine weiteren Rezitationen mehr erfolgen.

Die Rezitationen der ersten beiden *raʿkat* erfolgen laut während des *ṣalāt* zu *fajr, maghrib* und *ʿishā.* Zu den anderen Zeiten erfolgen alle Rezitationen still.

Wenn die vorgeschriebene Anzahl von zwei, drei oder vier *raʿkat* vollständig erfolgt ist, dann wird still noch ein weiteres Gebet verrichtet, mit dem den Propheten und ihren Familien Grüße und Segenswünsche dargebracht werden.

Allāhumma salli ʿalā sayyidinā Muḥammadin
wa ʿala āli Muḥammadin
kama ṣallayta ʿalā Ibrāhīma
wa ʿala āli Ibrāhīma
Innaka Hamīdun Majīd.
Allāhumma barik ʿalā Muḥammadin
wa ʿala āli Muḥammadin
kamā barakta ʿala Ibrāhīma
wa ʿala ālī Ibrāhīma
Innaka Hamīdun Majīd.

(Oh Allah, segne unseren Meister Muhammad und
die Familie von Muhammad,
so wie Du Abraham gesegnet hast
und die Familie von Abraham.
Sicherlich bist Du Der, den wir preisen müssen, der Ruhmreiche.
Oh Allah, sei gnädig mit Muhammad
und mit der Familie von Muhammad
So wie Du gnädig warst mit Abraham
und mit der Familie von Abraham
Sicher bist Du Der, den wir loben müssen, der Ruhmreiche.)

Am Ende dieser Rezitation läßt man den Kopf tief hängen und bewegt ihn dann langsam seitwärts bis er voll nach rechts ausgestreckt ist, so daß die Augen über die Schulter zurückschauen können, und rezitiert dabei:

As-salāmu ʿalaykum wa raḥmatu Llāh.

Dann dreht man den Kopf nach links und wiederholt dabei den Satz

As-salāmu ʿalaykum wa raḥmatu Llāh.

(Der Friede und der Segen Gottes sei mit dir.)

Diese letzten beiden Sätze sind an die Engel der Aufzeichnung gerichtet, von denen je einer auf jeder unserer Schultern sitzt und einer die guten, einer die bösen Taten aufzeichnet. *Subḥān Allāh!*

Interessant am *ṣalāt* ist weiter, daß man beim Einnehmen der drei wichtigsten Positionen *(qiyām, rukū'* und *sajdah)* die Form der arabischen Buchstaben *alif, dal* und *mim* annimmt. Aus diesen Buchstaben besteht das Wort »Adam«, der Name des ersten erschaffenen Menschen und des ersten Propheten *(a.s.)*. Die Abbildungen 11a, 11b und 11c zeigen, wie die Körperstellungen den Buchstaben entsprechen.

alif	dal	mim
Buchstabe Alif Qiyām-Körperstellung	Buchstabe Dal Rukū'-Körperstellung	Buchstabe Mim Sajdah-Körperstellung

Adam, entsprechend arabischer
Schreibweise, von rechts nach links

Die Engel, die nur dazu erschaffen wurden, Allah anzubeten, und dies aus ihrem natürlichen Verhalten heraus tun, nehmen alle diese Gebetsstellungen ein. All die Propheten der Geschichte (Friede sei mit ihnen allen!) haben auch jeweils eine oder mehrere dieser Körperstellungen geübt. Dem Propheten Muhammad *(s.a.w.s.)* wurde die Gnade erwiesen, daß er die Zusammenstellung aller dieser Körperstellungen aller Propheten der Menschheit vermitteln durfte. *Al-ḥamdu li-Llāh il-Hayyil-Qayyūm!*

Ein anderer wichtiger Punkt betreffend die Übung dieser Körperstellungen in ihrem physischen Aspekt ist, daß sie von Menschen jeden Alters gemeistert werden können. Sie sind ebenmäßig, fließend und leicht und führen mit der Zeit zur besten physischen Entwicklung, die überhaupt möglich ist.

Im Laufe eines Tages besteht das Minimum an Übung in siebzehn Gebetseinheiten, wobei jedes *ra'kat* wiederum aus neunzehn einzelnen Stellungen besteht. Das ergibt eine Summe von 119 Körperstellungen pro Tag, 3570 im Monat oder 42840 im Jahr. In der durchschnittlichen Lebensspanne eines Menschen von mehr als vierzig Jahren werden mehr als 1713600 Körperstellungen ausgeführt. Jeder, der diese Übungen macht, ist vor vielen Leiden und Krankheiten geschützt, wie zum Beispiel vor Herzanfällen und anderen Herzkrankheiten, Emphysem, Arthritis, Erkrankungen von Blase, Niere und Darm, Infektionen von Bakterien und Viren, Augenkrankheiten, Gedächtnisverlust und Senilität, Geisteskrankheiten, Rückenmarksleiden und vielen vielen anderen. Diese Übungen können buchstäblich überall gemacht werden. Sie brauchen keine besondere Ausrüstung und kosten überhaupt nichts. Für die Sufis ist das *ṣalāt* in ihrem Leben noch wichtiger, denn ihr Gebetsteppich, der Ort ihres Gebetes, wird zur Schwelle zum Eintritt in die göttliche Realität, das *ḥaqīqat.*

Die Shaykhs behaupten im allgemeinen, daß es auf dem Weg, der den geistig Strebenden zu Gott führt, vier Abschnitte gibt: *sharī'at* (Gesetz), *ṭarīqat* (der Weg), *ḥaqīqat* (Wahrheit), und *ma'ifat* (Ekstase).

Das erste Erfordernis ist es, daß *sharī'at* akzeptiert und befolgt wird – das sind die göttlichen Gesetze für das menschliche Leben – was zur rechten Zeit zu *ṣirāṭ al-mustaqūm,* dem Weg führt. Von der Bemühung des Sufismus sagt man häufig, daß er *ṭarīqat* befolgt. Dieser Weg führt zu *ḥaqīqat.* Ich möchte versuchen, diesen komplizierten Begriff zu definieren: *ḥaqīqat* ist die endgültige unbestreitbare absolute Wahrheit der Existenz. Zum Beispiel glauben einige Menschen an die Existenz Gottes und einige nicht. Aber beides kann nicht wahr sein. Das *ḥaqq* (Wahrheit) dieser Sache ist absolut. Wir alle werden die endgültige Lösung zur Zeit des Todes erfahren. Alles verborgene Wissen gehört zum Bereich von *ḥaqīqat.* Wenn man diesen Zustand der Einsicht in die göttliche Wahrheit erlangt, dann folgt ein Zustand, der *ma'ifat* genannt wird, die überwältigende Ekstase, ein bevorzugter und erwählter Freund des geliebten und allmächtigen Gottes zu sein.

Die Übung des *ṣalāt* ist notwendig, um irgendeine dieser Stationen zu erreichen (die eine nach der anderen auftreten). Aber das bloße Aussprechen von Lauten, während man an einem Platz steht, wird die erwünschten Wirkungen nicht erzeugen. Bestimmte innere Bedingungen müssen auch erfüllt sein.

Zunächst muß man an das Gebet mit demütigem Geist herangehen und die abhängige Stellung des Betenden im Vergleich zum Angebeteten anerkennen. Allah sagt, wir waren »etwas, woran sich niemand erinnert hat, bis Ich mich an dich erinnert habe«. Es gab niemals einen lebenden Menschen in der Geschichte der Welt, der für seine Zeugung selbst verantwortlich war. Nicht nur haben wir nicht existiert: Wir haben nicht einmal *gewußt,* daß wir nicht existiert haben!

Wir sollten alle Gedanken, ausgenommen die an unseren Gnädigen Schöpfer, aus unserem Geist entfernen, wenn wir uns darauf vorbereiten, mit Ihm zu sprechen. Weltliche Dinge müssen zur Seite geschoben werden, denn wir müssen verstehen, daß das Gebet das Mittel ist, die nächste Welt zu betreten und uns Gott zu nähern. Wenn der Geist mit weltlichen Gedanken schon angefüllt ist, dann hat er keinen Raum für die Erinnerung an Gott.

Ein weiteres Erfordernis beim Gebet ist, daß der Sinn der ausgesprochenen Worte so vollständig wie möglich gemeint wird. Auch wenn die Worte arabisch sind, sollte man ihre Bedeutung in der eigenen Sprache kennen und bei dieser so tief und aufrichtig wie möglich geistig verweilen.

Im Hadith wird berichtet, daß Gott zu Moses gesagt hat: »Oh Moses, wenn du dich an Mich erinnern willst, dann erinnere dich an Mich so, daß deine Glieder erzittern und daß Ich dir teuer bin, wenn du dich an Mich erinnerst. Und sei damit zufrieden. Wenn du vor Mir stehst, dann stehe vor Mir mit ehrfurchtsvollem Geist wie der ärmste Sklave und sprich zu Mir mit der Zunge eines ehrlichen Mannes.« Und dann offenbarte ihm Gott: »Sage deinen ungehorsamen Gefolgsleuten, daß sie sich an Mich erinnern sollen. Ich habe den Eid auf Mich genommen, daß Ich Mich an jeden erinnern werde, der sich an Mich erinnert. Als Abraham beim Gebet stand, da wurde die Stimme seines Herzens auch noch in der Entfernung von zwei Meilen gehört. Einem Menschen wird in der nächsten Welt vergeben entsprechend den Eigenschaften seines Geistes und nicht entsprechend den Eigenschaften seines Körpers.«

Einige Menschen wundern sich vielleicht über die Empfehlung, daß wir Gott fürchten sollen und behaupten statt dessen, daß wir nur an Gott als den Freundlichen und Alliebenden zu denken brauchen. Aber ein Vers im Heiligen Qur'an in der Sure *al-Baqarah* (2:112) macht das klar:

Balā man aslama wajhahū li-Llāhi
wa huwa muḥsinun
fa-lahū ajruhū ʿinda Rabbih

wa lā khawfun ʿalayhim
wa lā hum yaḥzanūn

(Wahrlich, wer seine eigenen Wünsche hingibt,
während er Allah dient und gute Handlungen verrichtet,
dem wird sein Lohn von seinem Herrn.
Diese werden keine Furcht haben,
und sie werden nicht trauern.)

Mit anderen Worten: Wenn man seine selbstsüchtigen Wünsche hingegeben hat und der Menschheit nur dient, um Allah zu gefallen, dann ist die Belohnung dafür Schutz, Gnade und Gunst von Allah in vollkommenem unbeschränktem Ausmaß. Wenn man Allah, den Schöpfer, Erhalter und Regenten der Schöpfung als Freund und Beschützer hat, wie kann man sich da je wieder fürchten oder unter Traurigkeit leiden?

Das Hauptleiden, das die Menschen im *ṣalāt* erfahren, sind im wesentlichen die Ablenkungen. Diese können physischer und geistiger Art sein. Oft wird man durch Lärm im Zimmer, durch Gespräche oder durch gedämpften Straßenlärm oder andere Geräusche von der tiefen Konzentration im Gebet abgelenkt. Das Heilmittel gegen diese Krankheit des *ṣalāt* ist es, diese Störungen von der Quelle her zu beseitigen.

Die Sufis finden, daß sie ihren Gottesdienst viel besser in dunklen kleinen einsamen Räumen verrichten können. Und wenn das nicht möglich ist, muß man sich einen abgesonderten Ort für die Anbetung Allahs und die Erinnerung an Ihn einrichten. Schließen Sie, wenn notwendig, die Augen, denn das Auge ist die erste Quelle der Ablenkung.

Die zweite Ursache der Ablenkung ist der Geist selbst: Sowie sich ein jeder Gedanke erhebt, führt er zu einem weiteren Gedanken. In den frühen Tagen des Islam kam ein Kameltreiber, ein sehr frommer Moslem, zu Abū Bakr und sagte: »Ich glaube nicht, daß du zwei *raʿkat* des *ṣalāt* ausführen kannst, ohne an etwas anderes als Allah zu denken.« Abū Bakr versicherte, daß er überzeugt war, er könne das tun. Da sagte der Kameltreiber zu Abū Bakr, daß er ihm ein Kamel schenken würde, wenn er zwei *raʿkat* ohne einen einzigen ablenkenden Gedanken ausführen könne, und er zeigte auf zwei Kamele, die in der Nähe standen, von denen eines schwarz war und eines braun.

Abū Bakr begann mit seinem *ṣalāt*. Als er fertig war, sah ihn der Kameltreiber ängstlich an. Abū Bakr war ein überaus ehrlicher Mensch, der nicht imstande war, einen anderen zu täuschen und gestand: »Du hattest recht, ich habe es nicht während der ganzen Dauer des *ṣalāt* durchgehalten. Ich wurde abgelenkt.« Da war der Kameltreiber erleichtert, daß er nicht eines seiner kostbaren Kamele verloren hatte, und er fragte ihn neugierig: »Was hat dich abgelenkt? Worüber hast du nachgedacht?« Abū Bakr antwortete: »Ich versuchte, zu einer Entscheidung zu kommen, ob ich das schwarze Kamel nehmen würde oder das braune.«

Es ist sehr schwer, die Wurzel der inneren geistigen Störungen abzuschneiden. Das beste ist es, man konzentriert sich so tief wie möglich auf die Bedeutung dessen, was man rezitiert. Wenn der Geist zu wandern beginnt, dann sollen wir ihn zurückzwingen zu den Bedeutungen der Qurʾan-Verse.

Der Prophet *(s.a.w.s.)* empfahl, das *ṣalāt* in einem Raum zu sprechen, der von einheitlicher Farbe ist, ohne Bilder und ohne übertriebene Zeichnungen auf dem Gebetsteppich, und daß wir es vermeiden, irgendwelche Ringe oder anderen Schmuck am Körper zu tragen.

Im Hadith heißt es, daß Allah dem, der im Gebet steht, den Schleier lüftet, so daß Sein Diener Ihm gegenübersteht. Die Engel klettern auf seine beiden Schultern und beten im Chor mit ihm und sagen stets *»Āmīn«* am Ende des Gebetes. Dann breiten sie die Tugenden aus, vom oberen Ende des Kopfes des Betenden bis zum Horizont. Dann ruft einer der Engel: »Hätte dieser Diener gewußt, wen er angerufen hat, dann hätte er sich nicht ablenken lassen, und er hätte nicht hergeschaut. Die Tore des Himmels fliegen auf vor dem, der betet, und Allah nimmt inmitten seiner Engel eine stolze Stellung vor ihm ein, und das Antlitz Gottes kommt vor sein Gesicht.« Diese Öffnung der Tore des Unsichtbaren heißt *kashf.*

Es gibt leider einige Pseudo-Sufis im Westen, die töricht meinen, *ṣalāt* sei nicht notwendig. Sie sagen – was seltsam ist – daß rituelle Handlungen wie das *ṣalāt* bloße Rituale sind, die der wahrhaft geistig Strebende nicht braucht. Solche irregeleitete Menschen führen Ibn ʿArabī *(r.a.),* Mawlānā Rūmī *(r.a.),* Imam al-Ghazzalī *(r.a.)* und Mansūr al-Ḥallāj *(r.a.)* als Beispiele für »wahrhaft befreite und freidenkende Sufis« an. Sie verachten jeden, der sein *ṣalāt* verrichtet oder es als notwendig empfiehlt, als einen rückwärts denkenden »Fundamentalisten«. Ich hoffe, daß die hier geschehene Darstellung nur einiger der tieferen Aspekte der Übung des *ṣalāt* die Menschen dazu inspirieren wird, das *ṣalāt* zu üben und seine wahrhaft wunderbaren Wirkungen kennenzulernen. Jene Großen, die hier erwähnt wurden, wie Rūmī und Ibn ʿArabi, waren in Wahrheit die glühendsten und aufrichtigsten Befolger des *ṣalāt.*

Einst im Dezember war Mawlānā Rūmī *(r.a.)* in Koniya in seine *ḥujrah* (Meditationszelle) gegangen, um seine Nachtgebete zu verrichten. Als dann die Zeit für das *fajr* (Morgengebet) kam, da erschien er nicht. Seine Jünger machten sich Sorgen, denn in zwanzig Jahren hatte Mawlānā es niemals versäumt, zum gemeinsamen Gebet zu erscheinen. Die Zeit verging und das Entsetzen der *murīd* wurde größer, bis sich einer schließlich entschloß, die Tür zu seiner Zelle aufzubrechen. Drinnen fanden sie Mawlānā. Sein Bart war an den Boden angefroren, und er bemühte sich, sich zu befreien. Bei seinem Gebet hatte er soviel geweint, daß sich eine Lache aus Tränen gebildet hatte, und seine Niederwerfungen in der Kälte hatten so lange gedauert, daß die Tränen währenddessen gefroren waren, so daß er durch seinen Bart gefangen wurde!

Manṣūr al-Ḥallāj *(r.a.)* wurde in der Geschichte des Sufismus berühmt für sein angebliches Verbrechen der Beleidigung des sogenannten orthodoxen Klerus. Tatsächlich aber wurde er angeklagt und verurteilt, weil er göttliche Geheimnisse ausgeplaudert hätte, die er durch Lauschen bei seiner Schwester erfahren hatte, die eine Sufi-Heilige war. Die Verhandlung dauerte mehr als acht Jahre. Als Manṣūr al-Ḥallāj in den letzten Wochen seines Lebens auf seine Hinrichtung wartete, da vertrieb er sich die Zeit durch pünktliches Verrichten des *ṣalāt.* Am letzten Tag seines Lebens verrichtete er fünfhundert *ra'kat ṣalāt!*

Die Sufis sind die heftigsten Verfechter des *ṣalāt.* Es gibt eine Geschichte von Hazrat 'Abdul-Qādir Jīlānī *(r. a.),* der eines Morgens dabei war, die Zeit für sein Morgengebet zu versäumen. Da kam eine Katze an seine Seite, als er schlafend dalag, und begann an ihm zu knabbern, bis er aufwachte. Als 'Abdul-Qādir erkannte, wie spät es war, verrichtete er seine zwei *ra'kat.* Als er damit zu Ende war, schaute er auf die Katze, und in seiner geistigen Einsicht sah er, daß die Katze tatsächlich ein Satan war. Das verwirrte den großen Heiligen. Er fragte sich, warum der Satan ihn zum Gebet aufgeweckt hatte. Und so fragte er: »Ich kann sehen, daß du ein Satan bist, aber warum in aller Welt wolltest du mich zum *fajr*-Gebet aufwecken?«

Da antwortete ihm die Katze: »Du bist genauso fromm und so klug, wie meine Satansbrüder gesagt haben. Da du mich entdeckt hast, kann ich es Dir wohl auch sagen. Ich wußte, daß du niemals dein pflichtgemäßes Gebet versäumst. Hättest du es aber getan, dann hättest du dafür hundert *ra'kat* verrichtet. Und so habe ich dich jetzt aufgeweckt, damit dir nur der Nutzen von zwei *ra'kat* zuteil wird.«

Im Laufe der Sufiausbildung tragen die Shaykhs dem *murīd* viele Übungen auf, die die Übung des *ṣalāt* ausdehnen und vertiefen. Zuerst werden dem pflichtgemäßen *(fard) ṣalāt* zwei extra Gebete hinzugefügt, wie sie der Prophet Muhammad *(s.a.w.s.)* zu sprechen pflegte. Diese werden *sunnah* genannt, wodurch mehrere Dutzend weiterer Gebete zum täglichen Pensum der *murīd* gehören. Später werden die verschiedenen Stellungen verschieden lange ausgehalten – bis zu einer Stunde und mehr – und es werden dann noch weitere Qur'an-Verse mystischen Inhalts rezitiert.

Ṣalāt ist für den wahren Gläubigen sowohl die erste als auch die letzte Stufe. Die wahre Bedeutung ist die Vereinigung mit der ganzen Menschheit und mit Gott dem Allmächtigen. Das *ṣalāt* wird in seiner wesentlichen Gestalt niemals abgeändert (auch in 1400 Jahren ist das niemals geschehen). Es wird zum Fundament, auf dem die feineren geistigen Übungen aufbauen. Für jeden, der sich der besten

Gesundheit erfreuen will und der das physische, mentale, emotionelle und geistige Leben miteinander in Harmonie bringen will, gibt es keine bessere Medizin als das *ṣalāt.* Wie Hazrat Khwāja Gharib Nawāz häufig seinen Jüngern gegenüber bemerkte: »Beeilt euch und verrichtet euer *ṣalāt,* bevor die letzte Stunde kommt!«

Es ist falsch zu sagen, wie das einige tun, daß Anbetung und Hingabe nicht länger für den nötig sind, der das Ziel seiner Wünsche erreicht hat, denn der Herr der Welt – der Segen und der Friede Gottes seien mit ihm! – hat sich immer in Hingabe und Anbetung vor Gott verneigt. Obwohl er schon den Gipfel der Hingabe erreicht hatte, sagte er doch: »O Herr, ich schäme mich, denn ich habe dich nicht so angebetet, wie ich es hätte tun sollen.«

Die Tabelle 4 enthält eine Zusammenstellung der vorschriftsmäßigen Anzahl der pflichtgemäßen und freiwilligen täglichen Übungen des *ṣalāt.*

Tabelle 4

Anzahl der *raʿkat* im *ṣalāt*

Gebet	*Sunnah* vorher (freiwillig)	*Farḍ* (Pflicht)	*Sunnah* nachher (freiwillig)	*Witr*	*Nāfil* (freiwillig)
Fajr (laute Rezitation)	2	2			
Zuhr (schweigend)	4	4	2		
ʿAsr (schweigend)	4	4			
Maghrib (die ersten beiden *raʿkat* laut)		3	2		6
ʿIshā (die ersten beiden *raʿkat* laut)	4	4	2	3	4

10 | Die Seele der Rose

Drei Dinge gibt es in dieser Welt,
die ich anderen vorzuziehen gelernt habe:
Gebet, Frauen und Wohlgerüche.

Muhammad *(s.a.w.s.)*, der Prophet

Der Prophet Sulaymān *(a.s.)* war der erste, der von den heilenden Eigenschaften der Kräuter und Blüten erfahren hatte. Eines Tages stand er betend in der Moschee. Da sprang eine Blume vor ihm auf und sagte: »*As-salām ʿalaykum,* Hazrat Sulaymān!« Da gab Hazrat Sulaymān den Gruß zurück und fragte: »Was tust du hier, wozu dienst du?« Und die Blume erwiderte ihm, sie sei ein Heilmittel gegen diese und jene Krankheit. Am nächsten Tag sprang eine andere Blume vor ihm auf und sagte Hazrat Sulaymān die Krankheit, gegen die sie als Heilmittel diente. Im Laufe der Zeit erschienen vor ihm alle Blumen, die als Heilpflanzen Verwendung finden, und unterrichteten ihn über ihre Heilwirkungen. Und er war der erste, der dieses Wissen hatte, das göttlichen Ursprunges ist.

Das Absolute an der Essenz Allahs wird *dhāt* genannt. Wir drücken dieses unermeßliche Absolute mit dem Fürwort *Hū* aus. Unser menschlicher Geist ist nicht imstande, die volle Wirklichkeit von Allah auszudrücken. Wenn wir die Natur Gottes erfassen wollen, dann müssen wir auf die vielfältigen Formen Seiner Schöpfung schauen und Ihn an Seinen Zeichen erkennen.

Jede der göttlichen Eigenschaften hat ein *dhāt,* was das Insgesamt dieser Eigenschaft bezeichnet. Zum Beispiel ist *ar-Raḥmān* das Insgesamt aller Arten von Gnade, die existieren, jemals existiert haben und je existieren werden; in allen ihren Formen, ob physisch, mental oder geistig, und ob wir sie kennen oder nicht. Allah in seiner Gnade hat unzählige Formen dieser Gnade unter die Menschheit und unter die Schöpfung der Engel und der Tiere verteilt. Und doch sind diese unzähligen Manifestationen immer noch nur ein kleiner Teil des *dhāt,* des Insgesamt von Allahs Eigenschaft *ar-Raḥmān.*

Dieser Begriff einer absoluten Einheit bezieht sich auch auf den Menschen in Beziehung zur Seele *(rūḥ).* Diese intime Beziehung zwischen der absoluten Essenz und den vielfältigen Formen dieser Essenz wird in aller Natur nachvollzogen. Jede Blume, jeder Baum und jeder Strauch hat sowohl seine physische Form als auch seine Essenz. Der Samen der Eiche wird niemals eine Weide hervorbringen. Alle spezifischen, charakteristischen Eigenschaften einer Blume sind in deren Samen enthalten, in deren Essenz. Dazu gehören die Größe der Pflanze, die Gestalt ihrer Blätter und ihrer Blüten, die Zeiten, in denen ihr Wachstum stillsteht, ihre Farbe, ihr Duft und auch ihre Heilwirkungen. Wir haben einige dieser essentiellen Eigenschaften erfahren, als wir die Beziehung zwischen Nahrungsmitteln und Gesundheit studiert haben.

Unsere eigene absolute Essenz als Menschen, unsere Seele, wird im Augenblick des Todes aus dem Körper herausgenommen. Allah hat mehrere Seiner Propheten (Friede sei mit ihnen allen!) dazu inspiriert, die Methoden des Herausnehmens der Seele *(rūḥ)* aus den Blumen zu entdecken, und dieses Wissen ist im Sufismus erhalten worden.

Ein herausragendes Beispiel dafür ist das, was *rūḥ-i gulāb,* die Seele der Rose genannt wird. Diese gilt als die absolute vollkommene Essenz der Rose, die innerhalb der Blume selbst existiert, gerade so, wie die vollkommene Essenz oder die Seele des Menschen innerhalb des Körpers existiert. Diese Essenzen der Blumen sind von unschätzbarem Wert für das Korrigieren von Ungleichgewichten im Menschen.

Das Symbol des Sufismus ist die Rose, denn diese Blume gilt als die Mutter der Düfte und als die Königin des Gartens. Daß die Rosenblüte in ihrer seltenen und edlen Schönheit und Süße am Ende eines langen festen Stammes voll stechender Dornen angebracht ist, ist ein gutes Symbol für den mystischen Weg zu Allah dem Allmächtigen.

Die 124000 Propheten, die Allah mit Seinen Anweisungen zur Führung der Menschheit auf die Erde gesandt hat, hatten zwar verschiedene Körper, aber ein und dieselbe Seele. Ihre Botschaft an die Menschheit war jeweils diesselbe, unabhängig von ihrer physischen Form, ihrer Hautfarbe und ihrer Sprache.

Allah hat gesagt, daß das erste Ding, das Er im Universum erschaffen hat, die Seele der Prophetenschaft war. Er sagte, daß Er sie aus dem Absoluten, Seinem eigenen Licht, welches *nūr* genannt wird, erschaffen hat. Allah sagte weiter, daß Er das Universum nicht erschaffen hätte, hätte Er nicht die Seele der Prophetenschaft erschaffen.

Als Allah der Allmächtige diese wunderbare Seele gebildet hatte, war sie so leuchtend, so strahlend, derart glühend von Licht, daß sie Schweißtropfen abzusondern begann. Aus diesem Schweiß der Seele der Prophetenschaft machte Allah die Seele der Rose. Das ist der eigentliche Ursprung der Kunst und der Wissenschaft der Aromatherapie.

Jede prophetische Tradition verwendet Blüten und ihre Öle zur Heilung. Wenn wir die Natur der Blüten selbst betrachten, dann erkennen wir, daß diese in erster Linie durch ihre Beziehung zu den Lichtstrahlen der Sonne zum Wachstum stimuliert und erhalten wird. Das geschieht durch den Prozeß der Fotosynthese, durch den die Pflanze Sauerstoff an die Luft abgibt, die wir atmen. Blumen brauchen diese Ernährung durch das Licht ebenso wie die durch den Boden und den Regen.

Es wird berichtet, daß die Menschen dem Propheten Muhammad *(s.a.w.s.)* zu folgen pflegten, um seine Schweißtropfen aufzusammeln, denn sie fanden heraus, daß diese den süßesten Duft hatten, den es überhaupt gab, der angenehmer war als der Duft einer jeden Blume. Der Grund dafür, daß diese Tröpfchen diese wunderbare Eigenschaft hatten, ist, daß sie die Essenz seiner Seele enthielten. Diese magische Beziehung zwischen dem Lebendigen und dem Nichtlebendigen entsteht dadurch, daß die Seele innerhalb des Körpers tätig wird. Unsere Lebensspanne ist die Zeit zwischen dem ersten Atemzug und dem letzten. Man findet, daß im Augenblick des ersten Atemzuges unmittelbar nach der Geburt die Urbilder aller Gerüche von der Haut und dem Atem des Neugeborenen ausgehen.

Der Duft eines Kleinkindes erzeugt die tiefste Liebe und Zuneigung im Herzen, im Geist und in der Seele der Menschen, die es aufnehmen. Es gibt niemanden, dem dieser wunderbare Geruch des Neugeborenen nicht gefallen würde. Das ist ein unverwechselbar einzigartiger Geruch und man kann einfach nicht genug davon bekommen. Er ist von absoluter Klarheit und Reinheit und verkörpert auf eine Art die Gefühle des hilflosen Vertrauens des Kindes zu dem, der für seinen Schutz verantwortlich ist, und in diesem Vertrauen ist unsere ganze Beziehung zu unserem Schöpfer – erhaben ist Er – enthalten.

Kleinkinder werden rein und ohne Sünde geboren und tragen in sich das göttliche Licht und den göttlichen Frieden. Die wahre Essenz der Seele der Prophetenschaft ist in ihrem Innern. Zweifellos verlieren sie ihre Unschuld, sowie sie in das Bewußtsein der Welt hineinwachsen, und der Duft verschwindet, sowie sie am Leben der Welt teilzunehmen beginnen – im *maqām an-nafs.* So muß man daran denken, wenn man über die Essenzen der Blumen spricht, daß diese den überlegenen Duft der Seele der Prophetenschaft nachahmen, aus der sie genommen sind.

Die Seele einer Blume kann auf verschiedene Arten extrahiert werden: durch Auspressen des Öls aus den Blütenblättern, durch das Destillieren von Wasser durch diese Blätter oder durch Binden des Öls an ein anderes, welches als Grundlage verwendet wird. In allen Fällen wird der Blüte ihre Essenz durch diesen Vorgang entzogen. Das Wort für diese Essenz (oder für das Öl, das diese Essenz enthält) ist *attar* (vom arabischen *ʿiṭr*). Im Westen spricht man von essentiellen Ölen, Duftstoffen, manchmal auch von Parfums. Durch Hinzufügung von Alkohol zu einer Blütenessenz würde diese Essenz getötet; daher sind im allgemeinen alle Alkohol enthaltenden Öle und Heilmittel für die Heilzwecke der Sufis ungeeignet.

Bei der Anwendung der *attar,* der essentiellen Öle, ist große Sorgfalt geboten, denn diese Öle sind sehr hoch konzentriert. Nicht nur die physisch aktiven Bestandteile, sondern auch die Essenz ist überaus stark. Daher werden einige der *attar* in einem reinen Grundlagenöl, wie zum Beispiel Olivenöl, Sandelholzöl oder Süßmandelöl, verdünnt.

Ideal wäre es, die frischen Blüten der Rose zu verwenden und einige Unzen davon in einem Fläschchen mit Quellwasser um die Mitte des Tages mehrere Stunden aufzubewahren. Dadurch wird die Essenz extrahiert, und man braucht sich um Reinheit oder um beigefügte Stoffe keine Sorge mehr zu machen. Um jede Verfälschung zu vermeiden, kann man auch einige der frischen Blütenblätter als Ganzes essen. Aus Gründen der Bequemlichkeit und da man die erforderlichen Zutaten nicht stets sogleich erhält, ist es manchmal klug, einen Vorrat qualitativ hochwertigen reines Öls bei der Hand zu haben.

Da man sagt, die Rose enthalte von allen Blüten die am meisten verfeinerte Essenz, wird sie oft zur Verabreichung des *baraka* (Segen) eines Heiligen verwendet. Menschen, die die letzte Ruhestätte *(dargah)* eines Heiligen besuchen, legen oft Rosenblätter auf das Grab und nehmen sie später wieder mit, um sie zu Heilzwecken zu verwenden. Da die Seele des Heiligen lebendig ist, wird die Rosenessenz mit der Essenz des Heiligen durchdrungen, die dann aufgenommen und jedem anderen Menschen mit ebenso positiven Resultaten weitergegeben werden kann.

Viele Sufi-*khanaqah* (Klöster) haben Rosengärten in ihrer Nähe. Auch rezitieren die Sufis verschiedene Verse aus dem Qur'an über die Rosenblätter und laden sie so mit noch größeren Heilkräften auf (siehe die folgenden Kapitel).

Der Sufi Abu Anees Muhammad Barkat Ali (möge Allah an ihm Gefallen finden!) erzeugt in seiner Einsiedelei in Pakistan seine eigenen Seelenheilmittel nach diesen Methoden. In seinem in der Nähe gelegenen Rosengarten pflückt er frische Rosenblätter, über die dann fortwährend Gebete und Erinnerungen an Allah gesprochen werden. Diese Blätter werden dann in einem besonderen Raum getrocknet, in dem mehr als 250000 Exemplare des Heiligen Qur'an lagern, darunter auch eines der vier ältesten Exemplare, die wir haben, und das aus der Zeit des Hazrat 'Uthsmān *(r.a.)* stammt. Der Raum, der Qur'an Maḥall (Haus des Qur'an) genannt wird, trägt die Schwingungen der göttlichen Gegenwart. Die Blätter werden dort so ausgelegt, daß sie die Gestalt des Wortes *Allah* bilden. Verschiedene wunderbare Verse werden eine Zeitlang über sie gesprochen, so daß die Heileigenschaft in ihnen reift. Schon ein oder zwei Blätter dieser heilenden Substanz, die solcherart zubereitet wird, sind, wie sich gezeigt hat, imstande, die Heilung jeder Krankheit zu bewirken, wie es Allah gefällt.

Jeder kann von dieser Methode Gebrauch machen. Er muß dazu ein reines Tuch verwenden, am besten von waldgrüner, ansonsten von blauer oder weißer Farbe, welches groß genug ist, die Gestalt des Wortes aufzunehmen (zirka 90×120 Zentimeter). Dann muß man *Bismi Llāh ir-Raḥmān, ir-Raḥīm* (im Namen Allahs des Allergnädigsten, des Allerbarmenden) rezitieren und die Blütenblätter genau in der in Abbildung 12 gezeigten Weise auf dem Tuch ausbreiten, daß sie das Wort *Allah* bilden.

Abb. 12: Gestalt und Abfolge der Bildung des Wortes Allah.

Nachdem man solcherart das Wort *Allah* geformt hat, muß man darüber 786-mal am Tag *Bismi Llāh ir-Raḥmān, ir-Raḥīm* rezitieren. Auch jede größere Anzahl ist richtig, wenn man dazu die Zeit und die Neigung hat. Danach können die Blätter zu Heilzwecken verwendet werden.

Yā Ḥayyū, yā Qayyūm! Lā ilāha illā anta yā arḥām ar-raḥīmīn! Amīn! (O Lebendiger, o ewig Währender, es gibt keinen außer Dir, o Du Gnadenreichster der Gnadenreichen! *Amīn!)*

Obwohl es vielleicht fünfzig- oder sechzigtausend verschiedene Pflanzen gibt, aus denen essentielle Öle gewonnen werden können, verwenden die Sufis in erster Linie die, die aus dem heiligen Wissen her empfohlen sind. Die *attar*s, um die es sich dabei handelt, sind: Amber, Weihrauch, Myrrhe, Veilchen, Sandelholz, Moschus, Rose, Jasmin, Hina, *ʿūd* und *jannat al-Fardaws.* Sie alle sind reine Öle, mit Ausnahme des letzten, welches ein Gemisch ist.

Es ist besser, einige wenige Öle gut kennenzulernen, als über Hunderte von Ölen nur wenig zu wissen. Sogar nur zehn dieser Öle bilden mehr als hundert Billionen verschiedener möglicher Kombinationen.

Amber

Amberöl (auf persisch *kahrabah*) oder flüssiger Amber, wie es bisweilen genannt wird, wird aus einer bestimmten Pinienart *(Picea succinfera)* gewonnen. Vielen sind die Amber-Steine und die Amber-Perlen bekannt. Es ist tatsächlich deren

Grundsubstanz, die hier zu Heilzwecken verwendet wird. Aber diese Steine sind durch einen Härtungsprozeß gegangen, der mehrere Millionen Jahre länger gedauert hat als beim Amber-Harz, das zur Herstellung von Amber-Öl verwendet wird.

Es gibt nur drei Orte auf der Welt, wo echter Amber gefunden wird. Seine Farbe ist überall verschieden. Sie reicht von durchschimmerndem Rosa bis zu schwerem Dunkelbraun. Wenn wir bedenken, daß die Essenz des Saftes dieser Bäume sechs Millionen Jahre lang konserviert werden mußte, damit daraus der Amber entstehen konnte, dann verstehen wir, daß wir hier auf uralte Heilenergien zurückgreifen.

Einige Menschen verwenden den frischen Saft dieser Bäume und destillieren daraus die Essenz. Aber andere wissen diese uralte Heilenergie zu schätzen. Sie zermahlen die Amber-Steine zu Puder und erhitzen es dann, um daraus die Essenz wiederzugewinnen. Diese Form des Ambers ist für Heilzwecke besser, aber sehr sehr schwer zu finden. Dieser Amber ist so lange fossil in der Erde gelegen, daß wir nicht einmal mehr wissen können, welche anderen Lebensformen es zur Zeit seiner Entstehung gegeben hat. Aber wir wissen, daß die Propheten *(a.s.),* die vor langer Zeit gelebt haben, außerordentliche Kräfte der Wahrnehmung und der Heilung besessen haben. Man sagt zum Beispiel, daß einer dieser Propheten imstande war, die Konversation von Ameisen über einen Abstand von mehr als zehn Meilen mit anzuhören! Es ist wahrscheinlich, daß diese Propheten zusätzlich zu ihren geistigen Kräften ein verborgenes Wissen um die Heilkraft der Pflanzen hatten. Viele der damaligen Pflanzenarten sind jetzt ausgestorben.

Obwohl die besten Ambersorten nur aus dem Nahen Osten, aus Rußland und aus der Dominikanischen Republik kommen, werden auch solche aus anderen Teilen der Welt verwendet. Es wird ihnen die Essenz entzogen und daraus das *attar* bereitet. Amber, der in Tunesien und im Sudan verarbeitet wird, ist bemerkenswert rein, klar und heilend. Der sudanesische Amber ist viel heißer als der tunesische und daher stärker in seiner Wirkung. Er ist so dick, daß man ihn nicht umschütten kann. Man muß ihn erhitzen, damit er aus der Flasche fließt. Der gepreßte Amber aus Afghanistan ist der beste der Welt, und nicht so teuer, wenn man ihn in jenem Lande kauft. Leider ist es derzeit schwierig, ihn zu bekommen.

Amber wird besonders bei allen Krankheiten und Störungen des Herzens empfohlen. Während man die Rose für die Mutter der Düfte hält, wird Amber der Vater (oder der König) der Düfte genannt.

Die westliche Heilkunde macht heute sehr wenig Gebrauch vom Amber, obwohl ihn Ärzte in den zwanziger Jahren unseres Jahrhunderts gegen Herzleiden verschrieben haben.

Eine ausgezeichnete Methode der Verwendung von Amber ist es, einen Tropfen auf den Finger aufzubringen und ihn in den Punkt des »dritten Auges« (natürlich nicht in die physischen Augen!) aufzutragen. Dieser wird dann vom Körper aufgenommen und stimuliert die Zirbeldrüse, die viele der physiologischen Funktionen aktiviert.

Weihrauch

Das englische Wort »incense«, das zur Bezeichnung für alle Arten von Räucherwerk verwendet wird, kommt aus dem französischen Wort »encens«, das ursprünglich Weihrauch bedeutet hat, jetzt aber jede Art von duftenden Dämpfen bezeichnet. Im Englischen verwendet man das Wort »frankincense«, das sich aus den Wortbestandteilen »frank« und »incense« zusammensetzt, für Weihrauch. Die Silbe »frank« soll »luxuriös« oder »teuer« bedeuten. So bedeutet »frankincense«, Weihrauch, die beste Art vom Räucherwerk.

Der ursprüngliche lateinische Ausdruck für Weihrauch war »per fumum«, was »durch Rauch« bedeutet. Das Verbrennen des Öles ist eine häufige Form der Anwendung, denn dadurch wird die Essenz noch weiter verfeinert und an die Luft abgegeben, so daß sie sich dann leicht über eine große Fläche verbreitet. Das ist auch ein wirksames Mittel, Düfte bei Geisteskranken, bei Kindern oder bei anderen Menschen anzuwenden, die sie nicht durch das Riechen an Duftstoffen aufnehmen können.

Wenn eine Essenz in ihrer verdampften Form angewendet wird, dann wandert sie durch das Netzwerk der Essenzen durch den Körper und erreicht so ihr Ziel leichter. Wenn man sie schluckt oder in die Haut einreibt, dann gibt es viele Möglichkeiten, daß sie noch am Erreichen des erwünschten Zieles gehindert wird, besonders wenn sie durch den Magen geht. Die Verdauungssäfte können die Heilwirkungen zunichte machen, denn bei der gewöhnlichen Verdauung entsteht auch Alkohol als Nebenprodukt.

Weihrauch ist heiß im zweiten Grade, aber nicht so heiß wie der Amber. Er ist auch etwas weniger trocknend. Weihrauch wird heute in der katholischen Kirche für religiöse Zwecke verwendet und war eine der Substanzen, die man dem neugeborenen Jesus *(a.s.)* dargebracht hat. Das hat man deshalb getan, weil Weihrauch ein sehr machtvolles Reinigungsmittel für die Aura und die psychischen Ebenen ist.

Myrrhe

Myrrhe ist heiß und trocknend. Myrrheöl war einer der Stoffe, die Gott Moses *(a.s.)* und auch Jesus *(a.s.)* geschenkt hat. Es sollte eines der Bestandteile ihres heilenden Öles, ihres heiligen Salböles, werden. In alter Zeit wurde Myrrheöl verwendet, um Menschen eine bestimmte innere esoterische Lehre beizubringen, nämlich um ihre geistige Umgebung zu reinigen, so daß die Lehre den richtigen Boden findet, um darein gepflanzt zu werden.

Es wird im Qur'an erwähnt, daß Myrrhe bestimmte Heileigenschaften hat. Auch hier gibt es wieder verschiedene Arten; die aus Tunesien und Marokko dürften die beste Qualität haben.

Veilchen

Veilchen ist kalt und feucht im ersten Grad und ist deshalb von milder Wirkung. Veilchenblätter, Veilchenblüten und Veilchenöl kommen häufig in Heilrezepten vor.

Sandelholz

Sandelholz ist kalt und trocken im zweiten Grad. Das beste und berühmteste Sandelholzöl kommt aus Mysore in Indien. Es wird bei vielerlei Krankheitszuständen verwendet, besonders bei Infektionen der Geschlechtsorgane und der Harnleiter. Sandelholz wird auch als Grundlagenöl verwendet, in das andere Öle extrahiert oder hineingemischt werden. Es ist deshalb eine sehr gute Grundlage, weil es sehr langsam verdampft und bei langer Lagerung nicht schlecht wird. Tatsächlich ist gealtertes Sandelholzöl besser als neues.

Sandelholz wird stets empfohlen, wenn ernsthafte Meditationsübungen und geistige Übungen unternommen werden, denn es beruhigt alle Formen des Egoismus im Körper, besonders die, die mit den geschlechtlichen Energien zusammenhängen.

Moschus

Es wird im Hadith berichtet, daß der Prophet Muhammad *(s.a.w.s.)* vom Moschusöl besonders angetan war. Das richtige Moschusöl wird aus den Geschlechtsdrüsen einer Antilopenart gewonnen, die nur in entlegenen Gegenden der Welt vorkommt. Moschus ist heiß und trocken. Einige Menschen lehnen es ab, weil sie überhaupt dagegen sind, daß tierische Substanzen verwendet werden. Aber Moschus hat seinen festen Platz in der Medizin, besonders zur Heilung des Herzens und von Störungen in den Geschlechtsorganen.

Rose

Die Rose ist kalt und trocken im zweiten Grad. Es gibt etwa dreihundert verschiedene Rosenarten, die in der Aromatherapie verwendet werden. Das feinste

Rosenöl, sagt man, ist das *attar* der bulgarischen Rose, das im Handel um 350 Dollar pro Unze verkauft wird. Nur wenige haben es vorrätig. Andere sind der Überzeugung, daß indisches Rosenöl aus der ersten Pressung noch besser ist als bulgarisches. Sein Preis liegt in Indien bei 450 Dollar pro Pfund.

Die Herstellung von einem Kilogramm Rosenöl erster Pressung braucht fast 30000 Kilogramm Rosenblätter. Es wird berichtet, daß die Inder das Rosenöl zur Zeit der Heirat von Shah Jehan entdeckt haben, jenes Mannes, der das Taj Mahal und die Shalimar-Gärten gebaut hat, als Zeugnis seiner unaufhörliche Liebe zu seiner Frau Noor Jehan. Am Tage der Hochzeit ließ dieser Kaiser den Graben um sein Schloß herum mit Rosenwasser füllen, durch das die Hochzeitsgäste hindurchgerudert wurden. Als die Sonne das Rosenwasser erhitzte, kam es dabei auf natürlichem Wege zur Destillation des Öles, welches sich vom Wasser trennte und oben zu schwimmen begann. Es wurde abgeschöpft, und seither haben die Inder immer wieder hervorragendes Rosenöl produziert.

Die Rose hat den wunderbarsten aller Düfte im Reiche der Blumen. Der Rosenduft hat seine Wirkung zugleich auf den physischen, den emotionellen und den geistigen Körper und reinigt und erhebt sie alle drei. Rosenöl ist am wenigsten toxisch. Man kann ein köstliches Sommergetränk herstellen, wenn man einen Tropfen Rosenöl in eine Gallone (4 Liter) Wasser hineinmischt. Das Gemisch muß man schütteln und einen Tropfen davon wieder zu einer Gallone Wasser hinzufügen. Das entstehende Gemisch ist sehr erfrischend. Dieser eine Tropfen hat immer noch die Kraft, dem Wasser seinen Duft zu geben, obwohl er millionenfach verdünnt wurde.

Jasmin

Jasmin ist kalt und trocken. Die Blüten des Jasmin sind kalt. Aber das essentielle Öl ist erhitzend. Das ist ein wichtiger Punkt: Nicht alle Substanzen haben in allen ihren Formen die gleiche Wirkung, so wie auch Wasser und Eis recht verschiedene Wirkungen haben, obwohl sie chemisch dasselbe sind. Aber es ist auch wahr, daß Blüten und ihre Öle auf den Menschen nicht immer die gleiche Wirkung haben wie auf Tiere. Was auf einen Menschen erhitzend wirkt, das mag auf einen Fisch kühlend wirken. Dadurch werden willkürlich vorgenommene Tierversuche zu einer Sache von höchstens fragwürdigem Wert. Der Jasminduft wird besonders von den Shaykhs der berühmten wirbelnden mystischen Tänzer aus der Türkei vorgezogen. Seine besondere Eigenschaft ist seine beispiellose Fähigkeit, die Stimmung zu heben und geistige Depression überwinden zu helfen.

Hina

Hina ist das Öl, das aus den Blüten der Henna-Pflanze gewonnen wird. Hina ist in den Vereinigten Staaten sehr schwer zu bekommen. Es gilt als eines der feinsten und edelsten Öle der Welt; in seinem Preis spiegelt sich das wieder. In Indien kostet ein *dram* erstklassigen Hinaöls (das ist ungefähr ein Teelöffel voll) 100 Dollar, denn Hinaöl wird gewöhnlich lange Zeit hindurch aufbewahrt; seine Qualität verbessert sich mit dem Alter. Ich habe einen Katalog gesehen, in dem Hinaöl für 1000 Dollar Pro Pfund angepriesen wird. Aber man kann verschiedene Arten von vermischtem Hinaöl bekommen, wodurch dieses für jederman erschwinglich wird. Das Interessante am Hina (und auch an einigen anderen Ölsorten) ist, daß die Freude an seinem Duft anerzogen ist. Viele Menschen finden seinen Geruch zunächst abstoßend.

ʿŪd

Das seltene und kostbare Öl, das als *ʿūd* bekannt ist, wird aus dem Holz des Aloe-Baumes gewonnen. Das beste *ʿud* kommt aus Indien. Es kann bis zu 800 Dollar pro *dram* kosten. Aber für die, die mit seinen Wirkungen vertraut sind, spielt der Preis keine Rolle. Man könnte sagen, daß den Nutzen von *ʿūd* nur die erfahren, deren Seele höher entwickelt ist. Tatsächlich wird es nur auf Ungleichgewichte in den letzten drei Stationen der Seelenentwicklung angewandt.

Jannat al-Fardaws

Obwohl eine Mischung, ist *jannat al-Fardaws* unter den Sufis sehr beliebt. Man sagt, daß ein Sufi-*ʿaṭṭar,* ein Hersteller von Duftessenzen, eines Tages die Region *Fardaws,* den höchsten Himmel, bei seinen mystischen Übungen betrat. Als er dort angelangt war, roch er einen bestimmten Duft. Zu seinem gewöhnlichen Geisteszustand zurückgekehrt, mischte er einen entsprechenden Duftstoff, daher kommt der Name. Er bedeutet: »Tor zum höchsten Himmel«.

Die Anwendung der Öle

Die häufigste Art der Verwendung essentieller Öle bei den Sufis ist es, eine kleine Menge davon in die ausgestreckte rechte Hand bei nach unten gehaltener Handfläche einzureiben. Das ist die Sitte des Entgegennehmens von Duftölen, wenn sie einem von einem Shaykh gereicht werden. Dann wird das Öl in den Bart oder das Kinn, über die Vorderseite des Hemdes und in die Handgelenke eingerieben.

Eine zweite Methode der Anwendung des Öls, besonders, wenn es sich um die Behandlung geistiger oder emotioneller Zustände handelt, ist folgende: Man befeuchtet ein Stück Watte, ungefähr von der Größe des Endstücks eines Wattestäbchens (aber kein Wattestäbchen verwenden!) mit zwei oder drei Tropfen Öl und führt die Watte in die Vertiefung der Ohrmuschel ein, die sich unmittelbar oberhalb der Ohröffnung befindet (nicht in das Ohr!). Die Abbildung 13 zeigt die richtige Anwendung.

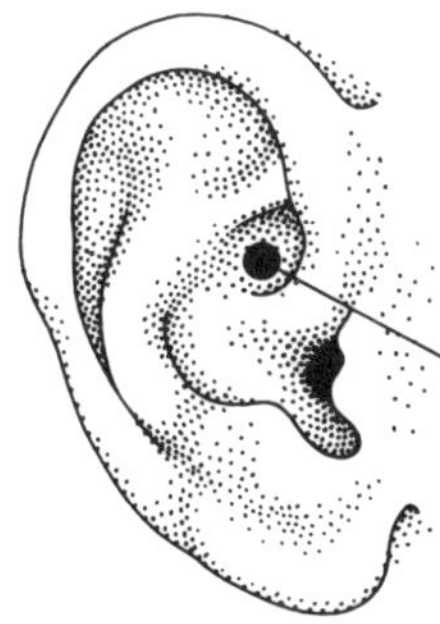

Abb. 13: Das Aufbringen von Öltropfen am Ohr mittels Watte.

Das muß am *rechten* Ohr geschehen, nicht am linken. Im rechten Ohr kommen an dieser Stelle fünf Kopfnerven zusammen und bilden gemeinsam eine Nervenmasse. Dieser Punkt spielt auch in anderen Medizinsystemen eine wichtige Rolle, wie zum Beispiel in der chinesischen Akupunktur, in der er *shen wen* genannt wird, einer der wichtigen lebensregulierenden Punkte.

Nachdem wir jetzt etwas von den Ölen verstehen, können wir sagen, welches der Öle in jedem Zustand der Seelenevolution – des Egoismus, des Herzens, der Seele, der göttlichen Geheimnisse, der Nähe oder der Vereinigung – anzuwenden sind. Im nächsten Kapitel führen wir die einzelnen Stationen, ihre Ungleichgewichte und Folgeerscheinungen an, jeweils mit dem entsprechenden Duftstoff, der dabei zu verwenden ist.

Einige Leser fragen sich vielleicht, warum ich nicht die innerliche Anwendung der Öle bei physischen Krankheiten empfehle. Es gibt eine Wissenschaft dieser Art von Verwendung der *attars*, der essentiellen Öle, aber ich gebe hier nur die Anwendungen, die die emotionellen und geistigen Zentren beeinflussen sollen, denn dort haben die Krankheitszustände ihren *Ursprung*. Ein anderes Buch, das die Anwendung der Öle für physische Krankheiten enthält, ist in Vorbereitung.

Im allgemeinen kann man sagen, daß in allen Zuständen der Seele bei den vorkommenden Ungleichgewichten das bloße Riechen der Öle für die Wirkung ausreicht. Aber man wird auch entdecken, daß die Öle im Seelenzustand des Egoismus und des Herzens ihre Wirkungen haben, wenn man sie einem Massageöl beifügt, das in den ganzen Körper eingerieben wird. In den anderen Zuständen ist nur das Einatmen des Duftes erforderlich.

Man sollte daran denken, daß das angestrebte Ziel nicht darin besteht, Krankheiten zu bekämpfen, sondern darin, den jeweils nächsthöheren Zustand der Evolution mit unwiderstehlicher Freundlichkeit und Süße einzuladen. Schließlich muß man auch noch daran denken, daß beim Arbeiten mit Emotionen und geistigen Handlungsweisen alle Wirkungen in Übereinstimmung mit der Natur eintreten, das heißt nach Maßgabe der eigenen Heilenergien des Körpers, und nicht augenblicklich. Wie ein großer Sufi einst gesagt hat: »Geduld ist der Schlüssel zur Freude.«

Tabelle 5

Zustände von Ungleichgewichten und *attar*, die zu ihrer Richtigstellung verwendet werden.

Allah

Maqām al-wiṣāl
(Göttliche Vereinigung)

Physische Leiden: keine
Geistige Ungleichgewichte: keine
attar: Rose

Maqām al-qurb
(Zustand der Nähe)

Physische Leiden: keine
Geistige Leiden: Übermäßige Ekstase, unaufhörliches Weinen, Unberechenbarkeit, Stille
attar: Rose, Amber

Maquām as-sirr
(Zustand der göttlichen Geheimnisse)

Physische Leiden: Fieber, Erstickungsgefühl, Herzschmerzen, Unrast des Herzens
attar: Jannat al-Fardaws
Geistige Ungleichgewichte: Unglauben an Gott, Vergeßlichkeit, Überempfindlichkeit gegenüber kleinen Dingen, falsche Interpretation göttlicher Phenomene, Verlust der Verbindung mit der Wirklichkeit, Irrationalität, Mangel an Lebenskraft, Plappern, Schwätzen
attar: ʿūd, hina, Sandelholz

Maqām ar-rūḥ
(Zustand der Seele)

Physische Leiden: Verbrecherische oder perverse Gelüste, Müdigkeit, Fieber, Muskel- und Nervenkrankheiten, Selbstvergiftung, Geisteskrankheit
attar: ʿūd, hina, Amber, Moschus
Geistige Ungleichgewichte: Arroganz, Stolz, Vergeßlichkeit, Selbsttäuschung, Herabsetzung anderer, Selbstsucht, Mangel an Konzentration, Schwindelanfälle
attar: Veilchen, Rose, Sandelholz

Maqām al-qalb
(Zustand des Herzens)

Physische Leiden: Hautausschläge, Nierenkrankheiten, Fieber, Kopfschmerz, Brechreiz, Durchfall, Gliederschmerzen, toxische Reizbarkeit
attar: Amber, Rose, Moschus
Geistige Ungleichgewichte: Konzentrationsmangel, Furcht vor Mißerfolgen, übertriebene Emotionen, mangelnde Rücksicht auf die Gefühle anderer, finanzielle Instabilität, Selbstüberheblichkeit, Heuchelei, starker Ärger
attar: Jasmin, Sandelholz, Veilchen, Weihrauch

Maqām an-nafs
(Zustand des Egotismus)

Physische Leiden: Alkoholismus, Drogenmißbrauch, Drogensucht, Überessen, Fettleibigkeit, Gicht, erhöhter Blutzuckerspiegel, Augenleiden, Blindheit, Gelbsucht, Krebs, kriminelles Verhalten, Herzanfälle
attar: Jasmin, Rose, Sandelholz, Weihrauch, Moschus
Geistige Ungleichgewichte: Depressionen, Selbstmord, sexuelle Perversionen, grundloses Weinen, Furcht, Ängstlichkeit, Selbstzweifel, Selbstsucht, Verrücktheit und andere Geisteskrankheiten
attar: Veilchen, Rose, Weihrauch

11 | Das Universum des Atems

> Und denke daran, daß dein Herr zu den Engeln gesagt hat:
> »Siehe, Ich erschaffe einen Sterblichen
> aus dem Lehm des Töpfers und aus schwarzer Erde.
> Und wenn Ich ihn erschaffen habe
> und ihm Meinen Geist eingehaucht habe ...«
>
> (Qurʾan 15:28–29)

Diese Verse aus dem Qurʾan offenbaren in straffster Form die ganze mystische Beziehung zwischen Gott und Seiner menschlichen Schöpfung. Er sagt, daß Er die Menschen aus den Elementen erschaffen hat und dann das Leben in ihren Körper eingehaucht hat. Die Worte, die Er hier verwendet, sind bedeutungsvoll.

Allah hat hier für Seinen eigenen Atem das Wort *nafas* verwendet. Und Er verwendet das Wort *rūḥ* für Seine eigene Seele. Diese gleichen Worte werden auch für den menschlichen Atem und für die menschliche Seele verwendet, womit die Tatsache bestätigt wird, daß wir ursprünglich von Allah sind, aus Allah, für Allah, und daß wir am Ende zu Allah zurückkehren.

Von all den physischen Gegebenheiten, die auf die Gesundheit von Einfluß sind, ist das, was in der medizinischen Wissenschaft und in der Heilkunde am wenigsten beachtet wird, der Atem. Zwischen dem Atem und der Gesundheit bestehen die folgenden wichtigen Beziehungen:

1. Der Atem ist der Mittler, der die göttliche Erlaubnis *(idhn)* trägt.
2. Der Atem ist dafür verantwortlich, daß die göttlichen Eigenschaften vom Herzen an die verschiedenen Zentren des menschlichen Geistes, des Körpers und der Seele weitergegeben werden.
3. Der Atem erzeugt das Gleichgewicht und die Harmonie zwischen den verschiedenen Temperamenten des Körpers.
4. Der Atem trägt die lebenserhaltenden Elemente vom Bereich außerhalb des Körpers in den inneren Bereich der physiologischen Funktionen.

Atem ist nicht gleichbedeutend mit Luft und auch nicht mit Sauerstoff. Der Atem ist das, was vom göttlichen Ursprung seinen Ausgang nimmt und das Temperament der himmlischen Bereiche zu seiner Essenz hat. Der Atem ist eine leuchtende Substanz, ein Lichtstrahl: Der Atem ist die Lebenskraft von Gott selbst!

Der Atem bestimmt über Freude, Traurigkeit, Vergnügen, Ärger, Eifersucht und andere Emotionen. Sowohl die Quantität als auch die Qualität des Atems haben direkte und indirekte Wirkungen auf die menschliche Gesundheit. Das ist deshalb so, weil bestimmte physische Vorgänge die göttliche Essenz, die durch den Atem vermittelt wird, verändern und in einer bestimmten Weise überdecken können. Industrieabgase, alkoholische Getränke und verschiedene Nahrungsmittel können sich mit dem Atem vermischen und die Reinheit der Wirkungsweise stören, die ihm zugedacht ist.

Alle diese Wirkungen ändern sich auch mit dem Alter, dem Klima und den Gewohnheiten. Ein Beispiel macht das anschaulich: Wenn man sich sehr deprimiert fühlt, dann werden die natürlichen Kräfte geschwächt, und man konzentriert sich auf den Atem. Durch diese Konzentration entsteht eine heftige Stauung des Atems, was einem Teil der natürlichen Hitze den Weg versperrt und ein Kälteungleichgewicht erzeugt. Je nachdem, wie lange die Depression andauert, kann diese Kälte eines oder mehrere der Körperorgane erfassen und dort verschiedene Grade von Krankheit erzeugen.

Auch die Wirkungen der Furcht und die Wirkungen großer ständiger Gefahr führen zu einer Verschwendung der natürlichen Hitze. Ärger führt zu einer Vermehrung der Produktion an gelber Gallenessenz. Wenn der Ärger lange andauert, dann treten die Krankheiten auf, die mit dem Überschuß an gelber Galle zusammenhängen. Deshalb müssen die Heilmittel nach ihrer Wirkung auf den Atem und dessen Temperament (oder dessen verändertes Temperament) ausgewählt werden. Darum verwendet man häufig kombinierte Heilmittel, um nicht nur die physischen Symptome wieder ins Gleichgewicht zu bringen, sondern auch die diesen zugrunde liegenden Temperamente der physiologischen Essenzen *und* die Essenzen des Atems.

Das ist auch der Grund dafür, daß Blütenessenzen in Form der *attar* so große Heilwirkungen haben. Es ist wesentlich, daß diese zugleich mit Heilmitteln verabreicht werden, die nur die physischen Symptome bekämpfen. Blüten haben am ehesten die Fähigkeit, den Atem und das Verhalten der inneren Essenzen wieder ins Gleichgewicht zu bringen.

Der Atem ist das Bindeglied zwischen dem Schöpfer und uns. Die Heilmethoden der Sufis messen dem Atem mehr Wichtigkeit bei als irgendeinem anderen Faktor des Lebens.

Im Februar 1979 erhielt ich einen Brief von meinem alten Freund Yunus Maharaj, dem Oberhaupt jener Familien, die das *dargah* unseres Chishti-Hauptquartieres in Ajmer besuchen. »Der Mensch kommt nicht auf die Erde, um für immer hier zu bleiben,« schrieb er mir. Mein Herz schlug heftig, denn ich wußte, was folgen würde. »Hazrat Maalana Sufi Darveesh Wahiduddin Begg vollendete seine Atemübungen am zwölften *Rabīaʿ al-Awwal* A.H. 1400. Es war eine segensreiche Zeit unmittelbar nach Sonnenuntergang. Und der Tag war noch mehr segensreich. Es war der Geburtstag des Propheten *(s.a.w.s.).*«

Trotz der vielen Gefühle, die im Zusammenhang mit dem Hinscheiden meines *Ṣhaykh* (möge Allah ihn mit Seinem Mitleid bedecken!) in mir aufstiegen, war ich doch auch heftig von der einzigartigen Anschauung berührt, die Yunus Maharaj mir gegenüber zum Ausdruck gebracht hatte: daß nämlich das Leben von seinem Anfang bis zu seinem Ende eine einzige Aufeinanderfolge von Atemübungen ist. Das ist die Anschauung der Sufis.

Der Heilige Qurʾan ist zusätzlich zu allem, was er außerdem noch ist, eine Aufeinanderfolge von Atemübungen. Tatsächlich war es das erste Gebot des allmächtigen Gottes, daß der Qurʾan rezitiert werden soll. Die ersten Verse, die dem Propheten Muhammad *(s.a.w.s.)* durch Gabriel geoffenbart wurden, waren die folgenden:

Iqraʾ bismi Rabbik alladhī khalaq
Khalaqal insāna min ʿalaq
Iqraʾ wa Rabbukal-Akram
Alladhī ʿallama bil-qalam
ʿAllamal insana mā lam yaʿlam.

Rezitiere!
Im Namen deines Herrn,
der den Menschen aus Seinem Blutstropfen erschaffen hat,
dem Er Empfindsamkeit gegeben hat.

Rezitiere!
Und dein Herr ist der Allergütigste,
der mit der Feder lehrt,
der den Menschen das lehrt, was er nicht wußte.

Das arabische Wort *iqra* wird hier als »rezitiere« übersetzt, denn es bedeutet das Vorlesen aus einem Buch, das Lesen von Buchstaben.

Der Prophet aber war ein *ummī,* einer, der nicht lesen und schreiben konnte. So erschien ihm diese Aufforderung damals verwirrend, ja sogar erschreckend. Aber der Heilige Prophet *(s.a.w.s.)* hatte alle die Verse, die zu ihm gekommen waren, im Gedächtnis behalten und konnte sie von dort »lesen«, obwohl es schon zu seinen Lebzeiten Abschriften davon gab.

Einer der Gefährten des Propheten berichtet, daß Muhammad *(s.a.w.s.)* über den Wert der Qurʾan-Rezitation gesagt hat: »Den Qurʾan aus dem Gedächtnis herzusagen bringt tausend Grade von religiösem Verdienst, wohingegen dieser Verdienst auf zweitausend Grade erhöht wird, wenn man aus dem Buche selbst vorliest.«

Der Nutzen und die Wirkungen des Qur'an-Lesens sind wie beim Einpflanzen eines Samenkorns, das später Zweige, Äste, Wurzeln und Blätter in alle Richtungen sprießen läßt, die für die Pflanze als ganze hilfreich sind. Im Hadith steht: »Jeder, der den *Qur'an* liest und nach dem handelt, was darin enthalten ist, dessen Eltern werden am Tage des Gerichtes eine Krone tragen, die heller glänzen wird als die Sonne glänzen würde, wenn man sie in eure Häuser bringen würde. Und wenn das die Belohnung für die Eltern ist, was meinst du dann, ist die Belohnung für einen solchen Menschen selbst?«

Die wichtigste Überlegung im Zusammenhang mit dem Qur'an ist die, daß Allah in diesem Buche sagt, daß es nicht menschlichen Ursprunges ist. Es besteht aus der unmittelbaren Rede von Allah selbst, wie sie schon vor der Ewigkeit vorhanden war. Daher gibt es kein anderes Buch, das denselben Grad von Vollkommenheit und Ausgewogenheit in seinen Worten hätte. Auch der uninteressierteste Beobachter wird unvermeidlich beeindruckt sein, wenn er bei der Qur'an-Rezitation zuhört, denn diese ist von einer alles übertreffenden Schönheit, Melodie und Erhabenheit.

Ein anderer wichtiger Punkt, den Qur'an betreffend, ist, daß in den ersten sieben Zeilen buchstäblich alle Laute enthalten sind, die in der arabischen Sprache vorkommen. Einer von diesen Buchstaben ist *ghayn,* der, wenn man ihn ausspricht, einen Laut bildet, der tief in der hinteren Kehle ausgesprochen wird. Jeder dieser Buchstaben erzeugt ein bestimmtes Schwingungsmuster, das sich in eine bestimmte Richtung bewegt, eine bestimmte Zeitdauer hat und ganz besondere physische, mentale und geistige Wirkungen erzeugt. Der Laut des Buchstabens *ghayn* (und auch der von *khā', 'ayn* und andere) existiert im Englischen für gewöhnlich nicht. Das bedeutet, daß die Wirkungen, die mit solchen Buchstaben verbunden sind, überhaupt nicht empfunden werden, solange man nicht arabisch rezitiert. Es ist recht interessant, daß die meisten Laute, die im Arabischen, aber nicht im Englischen vorkommen, im Englischen mit Würgelauten in Verbindung gebracht werden!

Aber noch wichtiger ist, daß die verschiedenen Kombinationen von Vokalen und Konsonanten dazu gebildet wurden, die göttlichen Eigenschaften des Rezitierenden in vollkommenem Maße zum Leben zu erwecken und im Körper zu verteilen. Eine dieser Eigenschaften ist *al-Ghafūr* (der Vergebende). Dieses Wort enthält den Buchstaben *ghayn.* Wer diesen Buchstaben niemals ausspricht, erlangt niemals das volle Maß der Vergebung in seiner Seele.

Es gibt im Arabischen drei Grundvokale: die Buchstaben *alif, waw* und *yā'*. Diese werden wie folgt ausgesprochen:

Bezeichnung	Aussprache	Symbol
alif	a wie im englischen *father*	ا
yā'	i wie im englischen *machine*	ي
waw	u wie im englischen *you*	و

Alle Sprachen verwenden diese drei grundlegenden Vokallaute, so daß man davon ausgehen kann, daß diese universelle harmonische Konstante sind, die nicht nur von Menschen ausgesprochen werden, sondern von jedem Wesen in der Schöpfung. Sobald man sich innerlich auf diese Laute eingestellt hat, kann man sie in den Äußerungen der ganzen Natur vernehmen.

Die Schwingungen dieser drei Laute haben verschiedene Wirkungen. Der lange Vokallaut ā geht hinunter und stimuliert das Herz, das der Aufbewahrungsort der göttlichen Eigenschaften ist. Das lange ī wandert nach oben und stimuliert die Zirbeldrüse, die von der westlichen Wissenschaft noch nicht voll verstanden wird, von der man aber die Empfindung hat, daß sie für die Aktivierung der Lebenskräfte verantwortlich ist. Der lange Vokal ū erklingt am äußeren Rand der nach vorne gerichteten Lippen und mischt sich mit dem *idhn* von Allah, Seiner Erlaubnis für unser Leben, die sich dort mit dem einströmenden und dem ausströmenden Atem vereinigt.

Genaugenommen werden diese Laute weder gesungen noch gesprochen, sie werden vielmehr in einer besonderen Weise rezitiert. Dieses Rezitieren kann man dadurch richtig erlernen, daß man das Lesen des Qur'an eine Zeit lang übt. Nach einiger Zeit beginnen diese Laute in ihrer Essenz im Tongefäß der Seele zu schwingen. Das mag undeutlich ausgedrückt erscheinen, aber solange man nicht selbst die Erfahrung gemacht hat, müssen diese Beschreibungen genügen. Die Abbildung 14 zeigt den Ursprung und die Richtung des Wanderns von schwingenden Lauten, wie sie mit allen Vokalen verbunden sind.

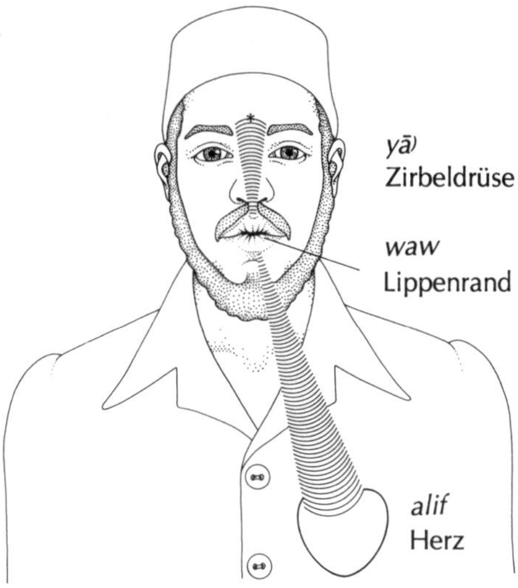

Abb. 14: Der Vokallaut des Buchstabens *alif* (ā) wandert abwärts und nach links. Das stimuliert das Herz, das der Aufbewahrungsort der göttlichen Eigenschaften ist.
Der lange Vokallaut *yāʾ* (ī) wandert entlang der Nasenscheidewand aufwärts und stimuliert die Zirbeldrüse, von der westliche Forscher annehmen, daß sie ein Überbleibsel eines lichtempfindlichen Organs, des dritten Auges, ist.
Der Laut *waw* (ū) schwingt am Rande der vorgestreckten Lippen und ladet sich mit der Essenz Allahs des Allmächtigen auf.

Zusätzlich zu den hier geschilderten Überlegungen über den Laut und den Atem hat der Qurʾan noch eine weitere einzigartige Besonderheit: Seine Rezitation wird zu einer vollständigen Serie von Atemübungen.

In den meisten Ausgaben des Heiligen Qurʾan (allerdings nicht in jenen, die für die geschrieben sind, die mit der arabischen Sprache aufgewachsen sind und deren Aussprache schon kennen) gibt es Zeichen im Text, die wie Interpunktionszeichen erscheinen. Unter diesen gibt es solche, die *waqf* genannt werden, was Pause heißt. Sie besagen, daß der Rezitierende hier innehalten und voll einatmen muß. Das wichtigste *waqf*-Zeichen ist ein kleiner Kreis, wie in Abbildung 15 dargestellt.

بِسْمِ اللّٰهِ الرَّحْمٰنِ الرَّحِيْمِ ○

Abb. 15: *waqf*

In der Sure *al-Fātiḥah,* die zu Beginn des Qurʾan steht, gibt es zum Beispiel sieben dieser Zeichen, je eines nach jedem der sieben *ayat* (Verse). Ein Anfänger im Rezitieren muß jedesmal eine Pause machen, wenn er zu diesem Zeichen kommt. Diese Pause führt dazu, daß jede Zeile eine bestimmte Dauer gleicher Art hat, wie sie in der ursprünglichen Form gegeben war, als der Qurʾan dem Propheten Muhammad *(s.a.w.s.)* geoffenbart wurde.

Da Er aber erkannte, daß einige Menschen größere Fähigkeiten haben als andere, gestattete Allah verschiedene Formen der Rezitation, eine jede den jeweiligen Fähigkeiten des Atmens und der geistigen Entwicklung des Rezitierenden angemessen. Daher gibt es noch weitere Textzeichen, die es gestatten, daß mehrere *ayat* ohne die Hauptpausen hintereinander rezitiert werden. So kann es geschehen, daß die Rezitation derselben Textstelle nur wenige Sekunden, aber auch bis zu zwei Minuten dauern kann.

Die richtigen sieben Haupt-Atempausen in der Anfangssure sind in der Abbildung 16 angegeben. Jeder, der den Qurʾan studiert, befolgt am Anfang diese hauptsächlichen Atempausen.

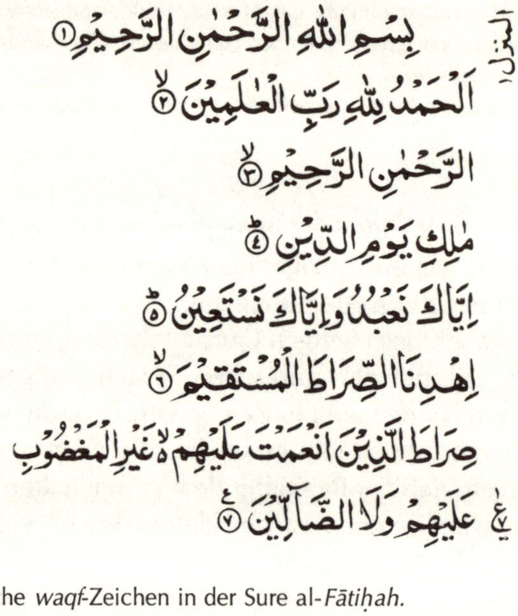

Abb. 16: Hauptsächliche *waqf*-Zeichen in der Sure al-*Fātiḥah.*

Die Zeichen innerhalb der Kreise bezeichnen die Zahl des *ayat.* Die Zeichen über den Kreisen bezeichnen jene Pausen, die man zwingend befolgen muß, und jene, die man übergehen kann. Das Zeichen *lam-alif* bedeutet, daß es freigestellt ist, ob man die Pause machen will oder nicht. Wenn man auf dieses Zeichen trifft, kann man jedesmal so lange weiterlesen, bis man beim Zeichen *ṭā* anlangt, das jene Pausen bezeichnet, die in der zweiten Stufe der Rezitation zwingend sind. Eine noch höhere Art der Rezitation erlaubt auch das Übergehen des *ṭā*-Zeichens und verlangt nur dann eine Pause, wenn das Zeichen *ʿayn* über dem Kreis erscheint. Dementsprechend kann man die Sure *al-Fātiḥah* entweder in sieben oder in drei oder in einem Atemzug rezitieren. In einigen der *ayat* führen diese Atempausen zu einer Rezitationsdauer von fast zwei Minuten. Es ist wirklich eindrucksvoll, den Qurʾan auf diese Art rezitiert zu hören.

Darüber hinaus gibt es noch weitere Stufen der Rezitation, in denen es zu einer Verlängerung des Atems kommt und zum Hervorheben bestimmter Vokale und Konsonanten. Man würde bestimmt Jahre brauchen, um alle diese Arten der Rezitation des Heiligen Qurʾan vollständig zu meistern. Wer diese Meisterschaft erlangt hat, wird *qārīʾ* genannt und hat, sobald er diese Stufe erreicht hat, notwendigerweise den ganzen Qurʾan auswendig gelernt.

Das erste Erfordernis für den Sufi-Anfänger ist das Wissen um die richtige Art der Rezitation der Verse des Heiligen Qurʾan. Das Gefühl ekstatischer Erhebung, das dadurch entsteht, kann man sich nur vorstellen. Es gibt mehr als nur einige Berichte von Shaykhs, die beim Anhören einer Qurʾan-Rezitation oder beim Rezitieren des Heiligen Qurʾan ihren Tod fanden. Shaykh Bayazid Bisṭamī *(r.a.)* bemerkte einst, daß es für ihn das größte Mysterium sei, daß die, die den Ruf zum Gebet vortragen, nicht daran sterben.

Freilich kann nicht jeder, insbesondere nicht jeder Novize, die ganze Rezitation des Qurʾan in kurzer Zeit meistern. Um das Eintreten der Wirkungen der Qurʾan-Rezitation auf Körper, Geist und Seele zu beschleunigen, nehmen die Sufis Zuflucht zum Gebrauch der heiligen Namen, die die Wirkungen langer Rezitationen in komprimierter Weise in kürzerer Zeit ermöglichen.

Hier betreten wir den Bereich der göttlichen Wirklichkeit, wo dem Menschen nur noch wahrer und starker Glaube helfen kann.

12 | *Taʿwīdh* – Die Heilmittel der Gnade

Wir senden im Qurʾan Stufe um Stufe
das herab, was heilend und gnadenreich ist
für die, die glauben.

(Qurʾan 17:82)

Die Sufis machen bei der Behandlung von Krankheiten von vier Dingen Gebrauch: Gebet, Medizin, Übungen und Verzicht.

Die Übung des Verzichtes auf verschiedene Dinge kommt in erster Linie von religiösen Geboten aus dem Heiligen Qurʾan. Zu diesen gehört der Verzicht auf Schweinefleisch und Alkohol, die täglichen Gebete, das Reinigen des Körpers durch Waschungen und vieles andere. Die Verwendung von Heilmitteln (einschließlich Nahrungsmittel und Kräuter) ist vom Propheten Muhammad *(s.a.w.s.)* für akzeptabel erklärt und sogar empfohlen worden. Obwohl alle diese Maßnahmen für die Gesundheit notwendig sind und manchmal sogar zwingend, halten die Sufis doch Gebete für die höchste überlegene Art der Medizin.

Zusätzlich zu den verschiedenen Gebeten, die die Sufis täglich sprechen, kennen sie noch besondere Verse aus dem Qurʾan und die Namen der verschiedenen Eigenschaften Gottes, die alle auf besondere Arten zu Heilzwecken kombiniert werden können. Diese Art des Heilens wird die Wissenschaft *taʿwīdh* genannt. Dieses Wort ist von dem Verbum *ʿādha* abgeleitet, was »in Gott seine Zuflucht nehmen« bedeutet.

Die Wissenschaft von *taʿwīdh* kombiniert alle Aspekte von Gebet, Atem und Laut. Das Zeremoniell, das dabei eingehalten wird, kann sehr reichhaltig werden. Der Grund für die Wirksamkeit dieser Art von Heilung wird im Kapitel »Der Ursprung der Wunder« erklärt. Den unmittelbaren mechanischen Zusammenhang aber, um den es dabei geht, können wir hier in gewissem Umfang erklären:

Beim Schreiben und bei jeder Verwendung des heiligen *taʿwīdh* spielen Zahlen oft eine zentrale Rolle. Dem oberflächlichen Betrachter mögen diese Zahlen etwas unverständlich erscheinen und ohne besondere Bedeutung sowohl für sich als auch in der Aufeinanderfolge.

Mit dem arabischen Alphabet ist ein kompliziertes System der Numerologie verbunden, durch das einem jeden Buchstaben ein bestimmter Zahlenwert zugeordnet wird, wodurch es möglich wird, daß jeder geschriebene Satz durch eine Menge aufeinanderfolgender Zahlen ausgedrückt werden kann. Diese Wissenschaft heißt *abjad.* Für diesen Gebrauch von Zahlen gibt es mehrere praktische Gründe. Oft ist ein Qur'an-Vers, den man gebrauchen möchte, so lang, daß es zu mühsam wäre, ihn zur Gänze handschriftlich aufzuschreiben. Es kann auch sein, daß für das Aufschreiben nicht genügend Zeit zur Verfügung steht, wenn man ihn schon innerhalb von Minuten zur Verfügung haben will und nicht erst nach Stunden oder Tagen. Ein dritter Grund liegt darin, daß die Texte und die Buchstaben des Qur'an von besonderer Heiligkeit sind und eine besondere Art von Hochachtung und Ehrfurcht gebieten, wohingegen die Sufis ihre Heiltätigkeit allen Menschen gegenüber ausüben, ohne Unterscheidungen zu treffen. Daher erlaubt man dem, der die besondere Art der Ehrfurcht gegenüber dem Qur'an nicht gelernt hat, nicht, daß er mit diesem unmittelbar in Berührung kommt. In solchen Fällen werden Zahlen an die Stellen der tatsächlichen Qur'an-Verse gesetzt, ohne daß dabei die Gefahr besteht, daß die göttlichen Verse verlorengehen oder beschädigt werden können.

So kann der Qur'an-Vers *Bismi Llāh ir-Raḥmān, ir-Raḥīm* durch die Zahl 786 ausgedrückt werden. Der Name *Allāh* wird durch die Zahl 66 ausgedrückt. Die Zuweisung der Zahlenwerte zu den einzelnen Buchstaben geschieht nach der Tabelle 6 auf Seite 176.

Es gibt verschiedene Arten, wie diese Buchstaben transkribiert werden können, je nachdem, ob sie aus der arabischen, der türkischen, der persischen oder einer anderen Sprache genommen sind. Die Zahlenwerte sind aber die gleichen, unabhängig von den Symbolen, die man zur Transkription verwendet.

Tabelle 6

Zahlenwerte für die Buchstaben des arabischen Alphabets

Buchst. (Grund- form)	Zahlen- wert	Bezeichnung und Transkription	Buchst. (Grund- form)	Zahlen- wert	Bezeichnung und Transkription
ا	1	*alif*	ض	800	*ḍāḍ* : ḍ
ب	2	*bā* : b	ط	9	*ṭā* : ṭ
ت	400	*tā* : t	ظ	900	*ẓā* : ẓ
ث	500	*thā* : th	ع	70	*ʿayn* : ʿ
ج	3	*jim* : j	غ	1000	*ghayn* : gh
ح	8	*ḥā* : ḥ	ف	80	*fāʾ* : f
خ	600	*khā* : kh	ق	100	*qāf* : q
د	4	*dāl* : d	ك	20	*kāf* : k
ذ	700	*dhāl* : dh	ل	30	*lām* : l
ر	200	*rā* : r	م	40	*mīm* : m
ز	7	*zāʾ* : z	ن	50	*nūn* : n
س	60	*sīn* : s	ه	5	*hā* : h
ش	300	*shīn* : sh	و	6	*waw* : w
ص	90	*sād* : ṣ	ى	10	*yāʾ* : y

Wenn man von den Zahlenwerten der Buchstaben ausgeht, wie sie in der Tabelle enthalten sind, dann kann man die Zahl für Allah durch die folgende Berechnung als 66 erkennen:

ال ل ه	*ha*	+	*lam*	+	*lam*	+	*alif*	=	66
	1	+	30	+	30	+	5	=	66

Die Zahl für *Bismi Llāh ir-Raḥmān, ir-Raḥīm* wird folgendermaßen berechnet:

5	30	30	1
ه	ل	ل	ا
hā	lām	lām	alif

40	60	2
م	س	ب
mīm	sīn	bā

50	40	8	200	30	1
ن	م	ح	ر	ل	ا
nūn	mīm	ḥā	rā	lām	alif

40	10	8	200	30	1
م	ى	ح	ر	ل	ا
mīm	yā'	ḥā	rā	lām	alif

Das ergibt:

Bism:	2 + 60 + 40	= 102
Allah:	1 + 30 + 30 + 5	= 66
al-Raḥmān:	1 + 30 + 200 + 8 + 40 + 50	= 329
al-Raḥīm:	1 + 30 + 200 + 8 + 10 + 40	= 289
Summe		= 786

Wir wollen noch festhalten, daß in der arabischen Schrift einige Vokale nicht geschrieben, *(fatḥah, kaṣrah, ḍammah)* sondern nur bei der Rezitation ausgesprochen werden. Diese Vokale spielen bei der Berechnung der Zahlenwerte keine Rolle.

Im Bereich der Heilung werden einige Qur'an-Verse in Zahlenform geschrieben und ebenso einige der göttlichen Eigenschaften. Zum Beispiel wird die Sure *al-Fātiḥah* durch die folgende Zahlentafel ausgedrückt:

2340	2343	4346	2332
2345	2343	2339	2344
2344	2348	2341	2338
2342	2337	2335	2347

Man muß klar verstehen, daß die Heilwirkung weder vom Papier noch von Zahlen oder Symbolen ausgeht. Eine solche Vorstellung wäre ebenso irrtümlich wie gefährlich, denn sie würde unsere Überzeugung von der Ausschließlichkeit Gottes untergraben. Es ist Allah der Allmächtige allein, der diese geistigen Heilmittel erdacht und vorgezeichnet und uns zur Verfügung gestellt hat, und nur durch Seine Erlaubnis üben sie im Bereich der menschlichen Dinge ihre Wirkung aus.

Diese Formeln werden auf verschiedene Arten zur Anwendung gebracht. Sie werden auf ein Stück Papier geschrieben, als stilles Gebet gesprochen, als lautes Gebet gesprochen oder auf Glas geschrieben, wonach die Tinte wieder abgewaschen und als Medizin eingenommen wird oder auf einzelne Körperteile aufgetragen oder im Boden vergraben. Es gibt noch viele andere Methoden. Manchmal werden sie vom Shaykh im stillen rezitiert und mit seinem Atem nach außen getragen, wobei sich ihre Wirkung entfaltet, sobald ihr Schwingungsmuster auf den Atem des Patienten übergeht.

Es werden mehrere Tausend solcher Formen gebraucht, und nur eine besondere Ausbildung macht es möglich, daß man sie richtig schreiben und vorbereiten kann. Zu dieser Ausbildung gehört nicht nur das Erlernen der arabischen Sprache und ein solides Fundament in den äußeren Lehren über den Heiligen Qur'an, die Identität jener Engel, deren Pflichtenkreis besonders mit der Heilung zu tun hat, die richtige Zeit für das Gebet, sondern natürlich auch eine Fähigkeit zur richtigen Diagnose der eigentlichen Ursache der Krankheit auf geistiger Ebene, denn nur so kann das Heilmittel die erwünschte Wirkung haben.

Nicht alle Shaykhs haben das gleiche Wissen. Einige von ihnen sind auf bestimmte Krankheitszustände spezialisiert, wie zum Beispiel Gelbsucht, Blindheit oder Geisteskrankheiten. Manchmal kommt ein Patient zu einem Shaykh, um sich beraten zu lassen und wird dann von diesem an einen anderen empfohlen, der über die Formeln verfügt, die zur Heilung dieses Patienten notwendig sind.

Der Shaykh, der die *ta'wīdh*-Formel schreibt, muß sehr fromm sein und darf keine materialistischen Ziele verfolgen. Er muß sich im Zustand der Reinheit, *wuḍū* befinden. Diese Formeln werden mit indischer Tinte geschrieben und manchmal auch mit roten oder grünen Pflanzenfarben. Sobald das *ta'wīdh* einmal bereitet ist, wird es in ein Behältnis aus Metall, Stoff oder Leder gesteckt und irgendwo am Körper getragen. Einige der *ta'wīdh* sind nur für begrenzte Zeit wirksam, während andere jahrelang getragen werden. Sobald ihre Wirkung einmal eingetreten ist, müssen sie verbrannt und ihre Asche an einem sicheren Ort vergraben werden.

Weil viele physische Krankheiten ihre Ursachen in emotionellen Ungleichgewichten haben oder in den Lebensgewohnheiten des Patienten, findet das *ta'wīdh* in einem großen Bereich Verwendung. Wenn ein Patient zum Beispiel wegen seiner Sorgen um seine Schulden krank geworden ist, dann bereitet der Heiler diesem Patienten ein *ta'wīdh,* das zu einer Vergrößerung des Einkommens führt, um die Krankheit an ihrer Wurzel zu fassen. Es gibt auch ein *ta'wīdh* für die Vergrößerung der Ernte, die vermehrte Honigproduktion von Bienen, zur Abwehr von Schicksalsschlägen oder von feindlichen Anschlägen, gegen buchstäblich jede Krankheit und für die befriedigende Gestaltung der Beziehung zu den Mitmenschen.

Auf den folgenden Seiten sind einige authentische *ta'wīdh*-Formeln wiedergegeben, wie sie von den Naqshbandiyyah- und den Chishtiyyah-Sufis in Afghanistan verwendet werden. (Es ist nicht erlaubt, alle existierenden *ta'wīdh*-Formeln zu veröffentlichen und ihre Wirkungen der Öffentlichkeit zur Verfügung zu stellen, denn sonst könnte sie jemand mißbrauchen.)

ta'wīdh: Die Heilmittel der Gnade

۷۸۶

یاالله	یاالله	یاالله
یاالله	یاالله	یاالله
یاالله	یاالله	یاالله

Abb. 17: Bei Schmerzen im gesamten Kopf. Wird um den Nacken getragen.

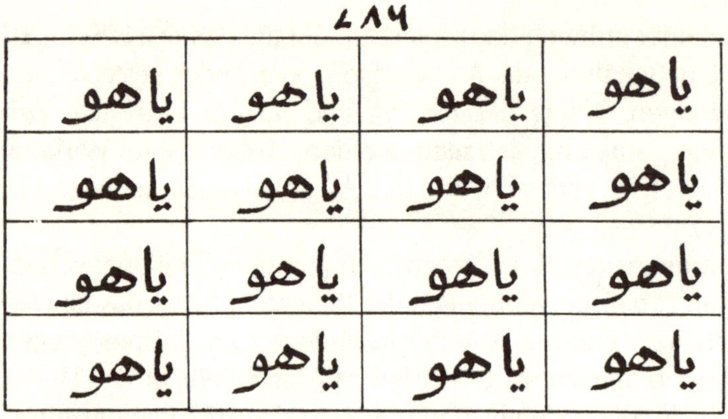

Abb. 18: Gegen den bösen Blick und gegen die Jinns (Geister). Wird außen an der Kleidung getragen.

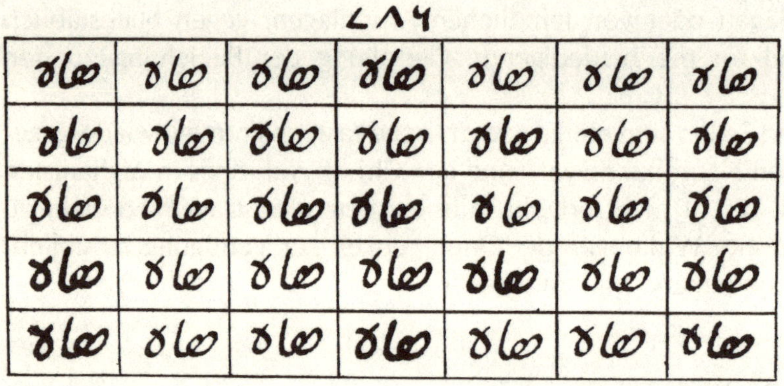

Abb. 19: Für unfruchtbare Frauen. Wird mit Pflanzenfarbe geschrieben, abgewaschen und getrunken.

Abb. 20: Für Kleinkinder mit Masern. Wird auf der Kehle getragen.

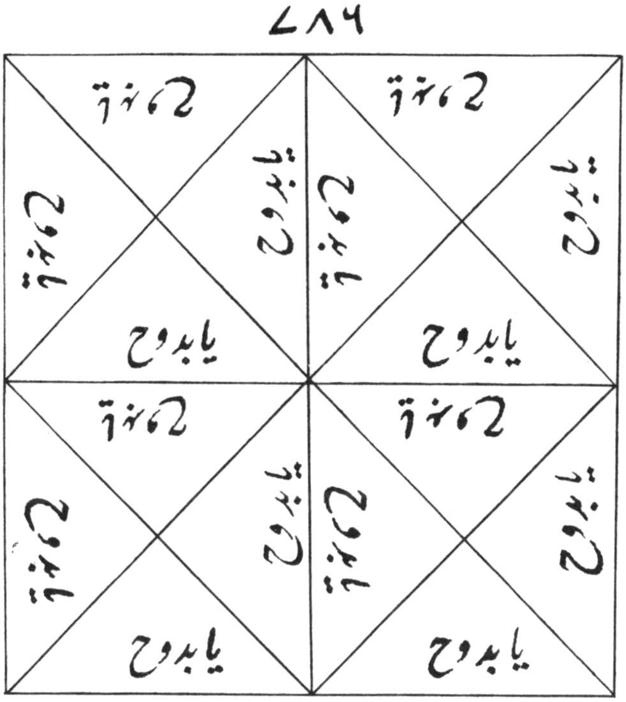

Abb. 21: Bei Augenentzündungen. Wird an einem sonnigen Tag geschrieben und auf der Kehle getragen.

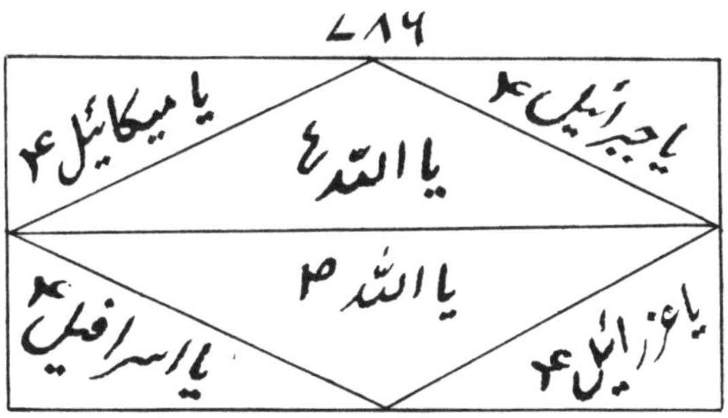

Abb. 22: Bei Augenschmerzen. Wird über dem schmerzenden Auge getragen.

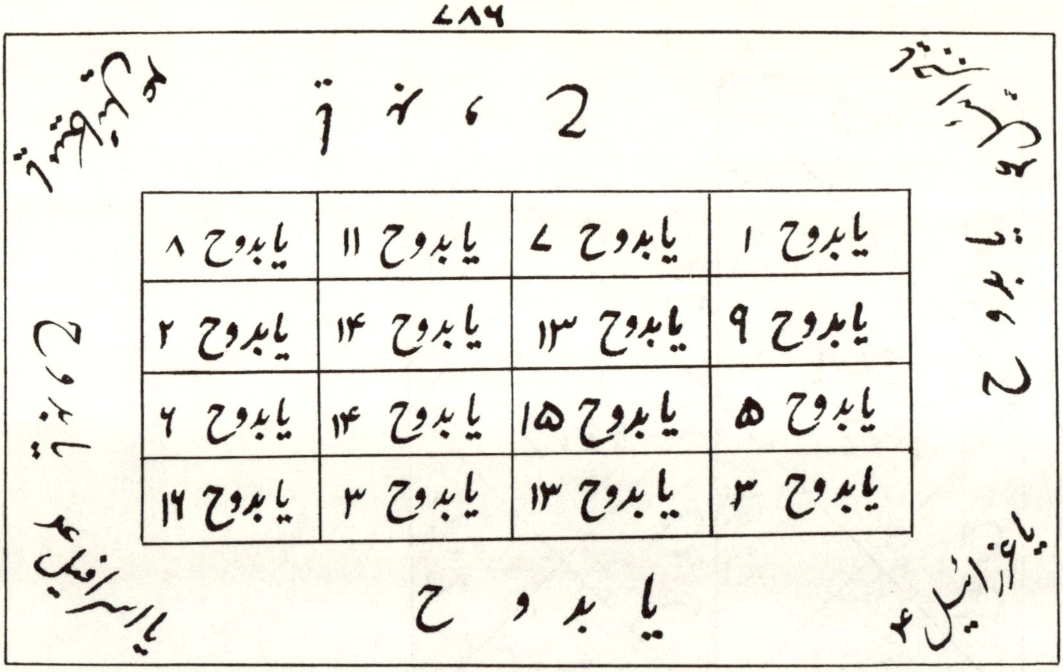

Abb. 23: Gegen Schicksalsschläge, Katastrophen, für erlaubte gute Taten, gegen unbekannte und unheilbare Krankheiten. Wird am Freitag geschrieben und um den Nacken getragen.

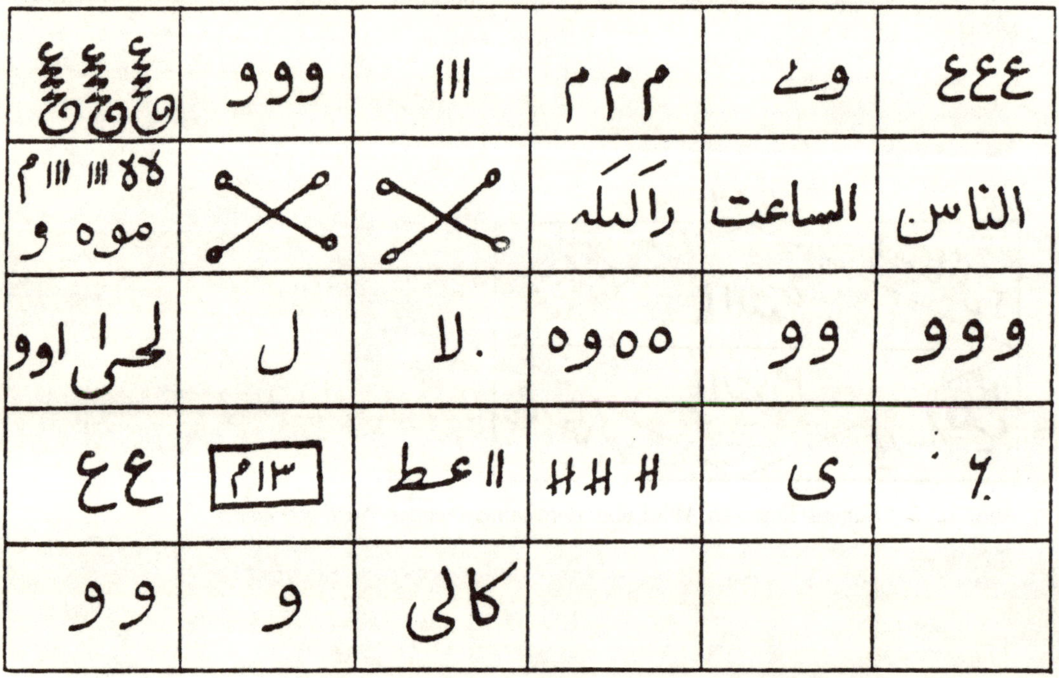

Abb. 24: Um Liebe zwischen zwei Menschen herbeizuführen. Wird mit Pflanzenfarbe geschrieben, abgewaschen und von den Betreffenden getrunken.

Abb. 25: Eine Seite aus dem Buch *ta(wīdh.* Abgebildet sind sieben verschiedene *ta(wīdh* gegen physische Krankheiten.

Wir wollen uns jetzt der gestrafftesten und gehaltvollsten Heilformel zuwenden, die es gibt, dem Gedenken an Gott, dem Himmlischen Gespräch, dem, das Allah das Liebste ist und das Lebensblut und der Lebensatem der Sufis: dem *dhikr.*

Al-ḥamdu li-Llāh illadhī tawāḍaʿa kullu shayʾin li-ʿazmatihi.
Wal-ḥamdu li-Llāh illadhī dhalla kullu shayʾin li-ʿizzatihi.
Wal-ḥamdu li-Llāh illadhī khaḍaʿa kullu shayʾin li-milkihi.
Wal-ḥamdu li-Llāh illadhī astaslama kullu shayʾin li-qudratih.

(Alles Lob gebührt Allah,
vor Dessen Größe alles klein erscheint.
Alles Lob gebührt Allah,
von Dessen Größe alles übertroffen wird.
Alles Lob gebührt Allah,
vor Dessen Herrschaft alles niedrig ist.
Alles Lob gebührt Allah,
Dessen Stärke alles überwindet.)

13 *Dhikr* – Das Gedenken an Gott

> Die Männer, die viel an Gott denken
> und die Frauen, die viel an Gott denken,
> Allah hat für sie die Vergebung bereitet
> und großen Lohn.
>
> (Qur'an 33:35)

Die innige und vertraute Beziehung zwischen dem Sufi und Allah kommt in folgendem Qur'an-Vers zum Ausdruck: »Gedenket ihr Meiner, so werde Ich auch eurer gedenken.« (Qur'an 2:152). Diese Art der gegenseitigen Anziehung und Hingabe ist die äußerste Form der Liebe. Sie bedeutet in Wahrheit: Ich will jeden Aspekt meines eigenen Selbst zurücklassen und mich mit ganzem Herzen und vollkommen dazu verwenden, Dich zu erfreuen. Auf jeden Fall ist das der Zustand, in dem sich der Sufi befindet.

Das Wort, das man für dieses ausschließliche und intime Verweilen bei Gott verwendet, ist *dhikr,* manchmal auch als *zikr* transkribiert. Allah hat dieses Wort häufig verwendet, wenn es um die Offenbarung höherer Formen der Anbetung ging:

> Gedenke oft deines Herrn und lobe Ihn in den ersten Stunden der Nacht und des Morgens.
> (Qur'an 3:41)

> Habt ihr eure religiösen Pflichten *(ṣalāt)* erfüllt, dann seid Allahs eingedenk, ihr möget stehen, sitzen oder darniederliegen.
> (Qur'an 4:103)

> Siehe! Ich bin Allah, und außer Mir gibt es keinen Gott; darum diene Mir und verrichte, Meiner eingedenk, den Akt der Verehrung.
> (Qur'an 20:14)

> Doch wahrlich, Allahs eingedenk zu sein, ist eine noch größere Tugend.
> (Qur'an 29:45)

> O ihr Gläubigen! Gedenket Allahs und erinnert euch Seiner gar häufig.
> (Qur'an 37:75)

Es gibt noch Dutzende anderer Verse im Heiligen *Qur'an,* die ähnliche Botschaften darüber enthalten, für wie überaus bedeutungsvoll Allah das *dhikr* hält.

Unter Gedenken könnte man einfach irgendeine Art von Gedankenablauf verstehen, der sich mit Allah oder Seinen Eigenschaften beschäftigt. Es geschah aber einst, daß fromme Männer und Frauen zum Propheten Muhammad *(s.a.w.s.)* kamen, nachdem diese Verse geoffenbart waren und um eine Erläuterung des Wortes *dhikr* baten. Im reinen Hadith wird berichtet, daß der Prophet *(s.a.w.s.)* darauf sagte: »*Lā ilāha illā Llāhu* ist die hervorragendste unter all den Formeln des Gedenkens an Allah den Allmächtigen.« Es wird auch berichtet, daß Er gesagt hat, daß das Ende der Welt nicht kommen wird, solange auch nur ein Mensch am Leben ist, der *Lā ilāha illā Llāhu* rezitiert.

Einer der großen Shaykhs hat gesagt: »Die Ekstase, die im Herzen der Derwische in ihrem *dhikr* entsteht, ist eine Art von stürmischer Bewegung, die die Ursache für Wellen ist, die sich schäumend an der Küste brechen.« Dem Propheten Moses *(a.s.)* sagte Allah, daß das *dhikr* unter den besonderen Gebeten das sei, das Er am meisten vorzieht. Wegen seiner Fähigkeit, tiefe Aufrichtigkeit im Herzen des Gläubigen vorzubringen, heißt der Vers *Lā ilāha illā Llāhu* auch die Reinigung der Seele.

Diese heilige Formel wird auch der Schlüssel zum Paradies genannt, denn der Prophet Muhammad *(s.a.w.s.)* sagte in einer seiner Predigten, daß die Tore des Himmels offen sein würden für jeden, der diesen Vers auch nur einmal in seinem Leben mit wahrer Aufrichtigkeit ausgesprochen hat. Er verwendete das Wort »Tore« in der Mehrzahl, denn es gibt viele Tore, die in den Himmel führen und dieser Satz ist der Schlüssel zu ihnen allen. Kurz gesagt, es gibt nichts Größeres in den Augen Allahs als das Gedenken an Ihn. Erhaben ist Er: *Lā ilāha illā Llāhu.*

Man kann dieses Gedenken in Gedanken oder in Worten jederzeit üben. Aber die Sufis haben bestimmte Gemeinschaftsübungen entwickelt, die dazu führen, daß sich der einzelne im Kreis des *dhikr* befindet. Wahrscheinlich hat diese Übung in den verschiedenen Teilen der Welt mehr die Aufmerksamkeit der Menschen angezogen als alle anderen Tätigkeiten der Sufis.

Der Prophet *(s.a.w.s.)* berichtet darüber, was sich bei der gemeinschaftlichen Übung des *dhikr* abspielt:

Der Heilige Prophet *(s.a.w.s.)* sagte, daß es eine besondere Schar von Engeln gibt, denen Allah die Aufgabe übertragen hat, die ganze Erde zu überwachen und nach denen Ausschau zu halten, die das Gedenken an Allah den Allmächtigen üben und Seinen Namen singen. Wenn sie solche Versammlungen entdecken, sind diese Engel so erstaunt und freudig bewegt, daß sie noch mehr Engel herbeirufen, die zu ihnen kommen und sie mit ihren Flügeln umarmen. So bilden sie eine Säule, die hinaufreicht bis in den Himmel.

Wenn die *dhikr*-Versammlung zu Ende ist, dann kehren diese Engel zum Himmel zurück, und Allah fragt sie, wo sie gewesen sind. (Auch wenn Er schon weiß, was sich abgespielt hat, so freut Er sich doch, es noch einmal zu hören.)

Die Engel sagen Ihm dann, daß sie von einer Versammlung kommen, die das Gedenken an Ihn geübt hat und daß Er dort gepriesen und gerühmt wurde. Dann fragt Allah die Engel: »Haben mich die Menschen gesehen?« Und die Engel antworten: »Nein Herr, sie haben Dich nicht gesehen.« Und Allah der Allmächtige fragt dann die Engel: »Was würden diese Menschen denken, wenn sie Mich gesehen hätten?« Und die Engel antworten, daß sie in diesem Fall noch tiefer gebetet hätten.

»Worum bitten sie Mich?« fragt Allah der Allmächtige dann. »Sie sehnen sich nach Deinem Paradies«, antworten die Engel. »Haben sie Mein Paradies gesehen?« fragt Allah. »Nein, sie haben es nicht gesehen«, antworten die Engel. »Was würde geschehen, wenn sie es gesehen hätten?« fragt Allah die Engel. »Sie hätten sich noch mehr danach gesehnt«, ist deren Antwort.

Dann fragt Allah der Allmächtige die Engel: »Warum haben diese Menschen Meinen Schutz gesucht?« Und die Engel sagen Ihm, daß die Menschen Seinen Schutz vor der Hölle gesucht haben. »Haben sie Meine Hölle gesehen?« fragt Allah. »Nein Herr, sie haben Deine Hölle nicht gesehen«, antworten die Engel. »Was wäre, wenn sie Meine Hölle gesehen hätten?« fragt Allah der Allmächtige die Engel, und diese antworten: »Die Menschen hätten dann noch mehr Schutz und Zuflucht vor der Hölle gesucht.«

Dann verkündet Allah der Allmächtige vor den anwesenden Engeln, daß er all denen vergeben hat, die das Gedenken an ihn geübt haben. Und ein Engel sagt zu Allah: »Aber Herr, es war einer unter ihnen, der ist nur zufällig bei ihnen gesessen und hat dort gar nicht hingehört« (das heißt, er war unaufrichtig). Und Allah der Allmächtige antwortet: »Auch diesem einen habe Ich vergeben. So erhaben ist die Versammlung, daß ich auch dem, der an ihrem Rande ist, Meine Belohnung nicht vorenthalte«.

Die *dhikr*-Versammlung nimmt viele Formen an. Sie wird *dhikr-ḥalqah, samāʿ* oder einfach *dhikr* genannt. Jeder Sufi-Orden kann seine eigene Form und seinen eigenen Ablauf bei der Übung des *dhikr* haben, aber diese Unterschiede sind so geringfügig, daß keine Wirkungen von ihnen ausgehen. Die *dhikr*-Zeremonie des Chishti-Ordens besteht aus vier Teilen, von denen jeder ungefähr eine Stunde lang dauert, obwohl es auch sein kann, daß der anwesende Shaykh die Zeremonie auf fünf oder mehr Stunden ausdehnt, je nach dem Grad des Fortschritts der Anwesenden. Pir Syed Daoud Iqbali, das Oberhaupt der Naqshbandiyyah-Sufis von Afghanistan bemerkte einst, daß jedes *dhikr,* das weniger als vier oder fünf Stunden lang dauert, nur eine unsinnige Zeitverschwendung sei.

Für jeden, der ernsthaft daran interessiert ist, den höchsten Nutzen aus dem Sufi-*dhikr* zu ziehen, ist es absolut notwendig, daß er sich an einen wahren Shaykh (oder *murshid*) wendet. Oder wie einer der großen Sufis gesagt hat: »Wer keinen Shaykh hat und sich selbst folgt, der hat sich den Satan zum Führer gewählt.« Auch Allah hat uns im Qur'an gewarnt, daß der, der keinen *murshid* hat, vollkommen verloren ist.

Im allgemeinen wird die *dhikr*-Zeremonie am Donnerstagabend abgehalten (das ist für die Sufis der Anfang des Freitags, des Tages der gemeinschaftlichen Gebete im Islam). Gewöhnlich kommen die Shaykhs zum Abendessen zusammen oder kurz danach und verrichten dann das letzte Abendgebet (*'ishā*) gemeinsam. Dann warten sie darauf, daß der Shaykh das Zeichen für den Beginn gibt.

Die Derwische bilden sitzend einen Kreis. Der Shaykh beginnt mit der Rezitation von Lobsprüchen auf den Propheten Muhammad *(s.a.w.s.)* und verschiedenen anderen Anrufungen. Dann wird die heilige Formel *Lā ilāha illā Llāhu* angestimmt. Diese Rezitation folgt der Führung durch den Shaykh. Sie kann schnell oder langsam erfolgen, laut oder leise. Auf jeden Fall ist das wahre Ziel des *dhikr,* so intensiv man es auch übt, nicht »high« zu werden oder die Orientierung zu verlieren. Vielmehr besteht es darin, die Leiter der Stationen der Seele emporzusteigen, bis man an der Schwelle ankommt und einen Blick des Göttlichen erhascht. Wenn das geschieht (es geschieht sicher nicht immer und allen), dann kann es sein, daß der Betreffende in den Zustand von *wajd* (Ekstase) fällt. Als Zeichen des Respekts erheben sich dann alle Anwesenden, bis dieser Zustand den Derwisch wieder verläßt.

Der Shaykh gibt das Zeichen für das Ende jeder Phase des *dhikr* und den Anfang der nächsten. Im Chishtiyyah-Orden besteht die Anfangsphase des *dhikr* in der Rezitation von *Lā ilāha illā Llāhu,* wobei an einer bestimmten Stelle eine Atempause gemacht wird. Der zweite, dritte und vierte Teil des *dhikr* besteht dann aus Abschnitten der heiligen Formel *illā Llāhu,* nichts außer Allah, Allah, Gott, und *Hū,* der Eine. Wenn es der Shaykh für gut hält, können auch bestimmte Abwandlungen des *dhikr* vorgenommen werden, indem bestimmte göttliche Eigenschaften *(ṣifāt)* an den verschiedenen Stellen des *dhikr* eingeflochten werden.

Nachdem das *dhikr* nach kürzerer oder längerer Dauer zu Ende gegangen ist, rezitiert der Shaykh oder ein anderer Derwisch aus dem Heiligen Qur'an. Dann folgt eine ausgedehnte Anrufung des Propheten Muhammad *(s.a.w.s.),* seiner Familie und derer, die ihm gefolgt sind (möge Allah ihnen allen gnädig sein!), der anderen Propheten *(a.s.),* der heiligen Vorfahren im Orden und anderer.

Körperhaltung und Kopfbewegungen sind dabei von den einzelnen Sufi-Orden in besonderer Weise vorgeschrieben, und hierin liegen auch die Unterschiede zwischen den einzelnen Orden. Im Chishtiyyah-Orden wird das *dhikr* gewöhnlich in folgender Weise abgehalten:

Lā ilāha illā Llāhu. Zuerst kommt die Waschung. Dann beginnt man in sitzender Gebetshaltung, wobei die Beine unter dem Körper überkreuzt sind. Wenn die Beine wie im Schneidersitz gekreuzt werden, muß die Vene des linken Beines hinter dem Knie mit der großen Zehe berührt werden. Diese Stellung vertreibt üble Eingebungen und führt auch zur Verflüchtigung von Fett, das sich um das Herz herum angesammelt hat, das der Aufenthaltsort des »kriechenden Einflüsterers« *(al-khannās)* ist, einer der Formen des Teufels.

Während des Rezitierens wird der Kopf in Form eines Bogens bewegt. Am Anfang dieser Bewegung liegt die rechte Wange auf der rechten Schulter. Der Kopf wird abwärts geschwungen an der Brust entlang. Sobald das Gesicht wieder nach oben schaut, wird eine Pause gemacht. Während dieser Bewegung wird *La ilāha* gesprochen. Beim Aussprechen der Silbe *ill* wird der Kopf recht kräftig abwärts, in die Richtung zum Herzen, geschwungen. Die Rezitation endet damit, daß der Kopf wieder erhoben wird, wobei *Allāhū* gesagt wird. Die Bewegungen sind in den Abbildungen 26 bis 29 dargestellt.

Abb. 26: Ausgangsstellung des Kopfes: *Lā*

Abb. 27: 2. Stellung: *ilāha*

Abb. 28: 3. Stellung: *ill*

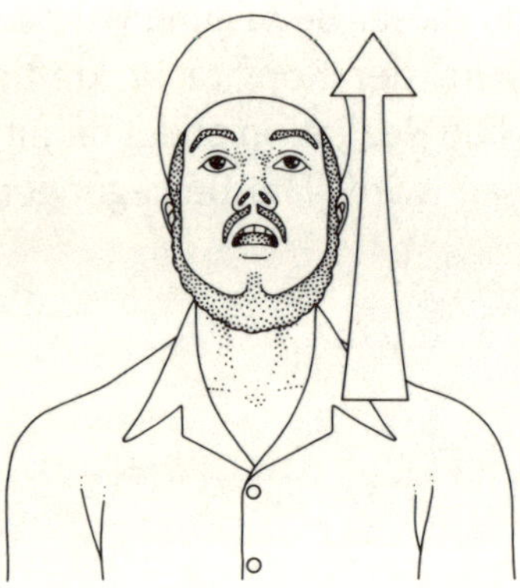

Abb. 29: 4. Stellung: *Allāhū (beziehungsweise Llāhu)*

Es ist unschädlich, diese Übung in Maßen – einige Dutzend Mal – allein auszuführen. Die Sufis haben aber ihre Schüler zu *tariqat*s zusammengefaßt, so daß diejenigen, die die Übungen machen, aus der Nähe überwacht werden können. Wenn Sprüche zur Heilung von Krankheiten rezitiert werden, ist es wichtig, daß die Anzahl der Rezitationen mit Nullen endet (z. B. 30, 60, 100 oder 300). Das hängt damit zusammen, daß der Wunsch darauf gerichtet ist, daß am Ende nichts mehr vorhanden ist.

Wenn einzelne immer wieder unbekümmert selbständig Übungen ausführen, dann ist der geringste Schaden, der dabei entstehen kann, eine ernsthafte geistige Verwirrung, der ernsteste aber ist der Tod, wie es auch schon vorgekommen ist.

Das *dhikr* ist deshalb so wirksam, weil die langen Vokale der Worte von *Lā ilāha illā Llāhu* in erster Linie im Herzen erklingen, wodurch die göttlichen Eigenschaften in allerkürzester Zeit gewaltig verbreitet werden. Außerdem wird der Atem in einer Weise zusammengepreßt und verdichtet, die ein großes Maß von Hitze erzeugt, die wiederum viele physische Unreinheiten im Körper verbrennt. Am Ende der Zeremonie sind Derwische häufig schweißgebadet.

Es ist manchmal erlaubt, kurze *dhikr*-Zeremonien ohne die Gegenwart eines Shaykhs durchzuführen. Aber wahre Derwische ziehen es immer vor, wegen der

Zuteilung von *barakah,* des göttlichen Segens, was nur die Shaykhs vollbringen können, einen oder mehrere Shaykhs anwesend zu haben.

Ich habe einst im nördlichen Afghanistan einer *dhikr*-Zeremonie beigewohnt. Ungefähr vierzig Männer waren anwesend. Der Sufi-Orden, bei dem die Zeremonie stattfand, hält *dhikr*-Zeremonien schon seit 1 200 Jahren ohne Unterbrechung jeden Donnerstag ab. *Mā shā' Allāh.*

Als wir uns niedergesetzt hatten und mit den Anfangsrezitationen begannen, hielt der Shaykh einige Sekunden inne. Ein lautes mahlendes und zischendes Geräusch erklang durch den Raum des Lehmgebäudes. Als ich aufschaute, sah ich, daß sich in der entfernt gelegenen Mauer des Raumes ein Spalt gebildet hatte, der sich aber nach einem Augenblick wieder verschloß. Später am Ende des *dhikr* verbrachte der Shaykh fast eine ganze Stunde mit der Rezitation von *ṣalām,* dem Grüßen der frommen Seelen, die durch den Spalt hereingekommen waren. *Yā Allāh!*

Shaykhs halten auch andere Formen des Gedenkens ab und empfehlen diese, wobei jeweils eine oder mehr der 99 göttlichen Eigenschaften verwendet werden. Diese 99 Eigenschaften sind im Anhang III aufgezählt.

Nicht alle dieser Eigenschaften werden zu allen Zeiten verwendet. Für den Chishtiyyah-Orden haben fünf dieser Eigenschaften besondere Bedeutungen und Macht. Die besonderen Eigenschaften und die Art, wie man sie verwendet, können hier nicht beschrieben werden. Aber sie auf eine bestimmte Art, eine bestimmte Anzahl von Malen zu rezitieren, bringt folgende Wirkungen: 1. Es wird verhindert, daß ein Feind dem Rezitierenden irgendeinen Schaden zufügt. 2. Es bringt eine erwünschte Geldsumme. 3. Zwingt jeden, den Rezitierenden mit Freundlichkeit zu behandeln und hilfreiche Dinge für ihn zu tun. 4. Befreit das Herz von Ängstlichkeit und 5. beseitigt jede Zwietracht und jeden Streit zwischen zwei Menschen. Solche Macht muß selbstverständlich gehütet und davor bewahrt werden, in die Hände von Menschen mit schlechten Absichten zu gelangen.

Ich habe gesehen, wie viele schwere Krankheiten von denen vertrieben wurden, die mit im Kreise des *dhikr* gesessen sind, wobei keine andere Behandlung stattgefunden hat als diese. Die Natur Allahs ist nicht eine von Begrenzung oder Krankheit. Wer seinen Geist und sein Herz mit dem Gedanken an Allah und dem Bewußtseins Allahs erfüllt, der wird finden, daß alle Dinge außer Allah überwunden werden.

Das *dhikr* vollbringt folgendes: Es vertreibt die üblen Kräfte und besiegt sie, es gefällt Allah dem Allmächtigen, zieht Wohlstand an, macht die Persönlichkeit eindrucksvoll und Verehrung gebietend, es gibt Zugang zu Allah dem Allmächtigen, es belebt und erweckt das Herz, verbannt Fehler und Irrtümer, bewahrt die Rede vor Klatsch und vor übler Gegenrede, es heilt alle Leiden des Herzens, überwindet alle Angst und Enge des Herzens und verhindert Heuchelei.

Außerdem gibt es eine Ecke im Herzen (und daher bestimmte göttliche Anlagen im Inneren), die nicht anders geöffnet werden kann, als durch das *dhikr.*

Das *dhikr* Allahs des Allmächtigen ist der Anfang aller mystischen Übungen aller Sufi-Orden. Bringt man es dazu, daß man das *dhikr* mit Aufrichtigkeit übt, so ist man in jenem glücklichen Zustand, da alles aus Büchern gelernte Wissen nichts mehr nütze ist. Wenn man dem *dhikr* erlaubt, aufzublühen und sich zu entfalten, dann führt es einen, so Er will, zu den höchsten Stufen der menschlichen Entwicklung, und man erlangt Zutritt zu dem Ursprung der Wunder.

ALLĀHŪ! ALLĀHŪ! ALLĀHŪ!

14 | Der Ursprung der Wunder

Aber Sein Befehl ist,
so Er etwas will,
daß Er spricht:
»Es werde!« – Und es ist.

(Qur'an 36:82)

Ein Wunder ist ein Ereignis, das sich außerhalb der Naturgesetze vollzieht und jenseits der Erklärungsfähigkeit des menschlichen Geistes und Verstandes. Es werden in der Sufi-Heilkunde zwei Worte für »Wunder« verwendet, und es ist sehr wichtig, daß wir den Unterschied zwischen diesen verstehen. Das erste Wort heißt *mu'jizah* und bezieht sich auf ein unmittelbares Eingreifen von Gott Selbst in die menschlichen und natürlichen Gesetze. Das zweite Wort ist *karāmah* und bedeutet das Dazwischentreten eines Menschen als Mittler der göttlichen Intervention. Es mag schwierig erscheinen, diese Unterscheidung zu treffen. Das *mu'jizah* kann irgendein Vorgang sein, um den kein Mensch gebeten hat und an dessen Vollbringung auch kein Mensch beteiligt ist. Zum Beispiel war die jungfräuliche Empfängnis von Jesus *(a.s.)* durch Maria ein *mu'jizah* von Allah – erhaben ist Er. Ein Beispiel für *karāmah* ist die Erweckung eines Toten durch Hazrat Jesus auf dessen Befehl hin. Allerdings ist es in beiden Fällen die Macht Allahs, die das Geschehen bewirkt.

Abdullah Yusuf Ali (Möge Allah an ihm Gefallen finden!) sagte in seinem Kommentar zum Heiligen Qur'an: »Es ist das Privileg der Männer Allahs, diese erhabendsten Mysterien der geistigen Welt zu sehen und die Menschen Rechtschaffenheit zu lehren. Diese sind es, die die Menschen vor dem Übel warnen und beschützen. Aber nichts kann die Verantwortlichkeit einer jeden Seele für ihre eigenen Taten mindern. Jeder trägt sein Schicksal um den Nacken. Die Gaben Allahs sind für alle, aber nicht alle nehmen die gleichen Gaben entgegen. Es sind nicht alle Gaben gleich groß und mit der gleichen Würde verbunden.«

Der Heilige Prophet *(s.a.w.s.)* sagte über jene Menschen, die Allah durch jene Mysterien bevorzugt: »Wahrlich, Allah der Allerhöchste hat einen Wein, den Er für Seine Freunde *(awliyā')* bereitet hat. Wenn sie davon trinken, dann werden sie gereinigt, und wenn sie gereinigt werden, dann werden sie gewandt, und wenn sie gewandt werden, dann erheben sie sich, und wenn sie sich erheben, dann erreichen sie, und wenn sie erreichen, dann vereinigen sie, und wenn sie vereinigen, dann trennen sie, und wenn sie trennen, dann gehen sie dahin, und wenn sie dahingehen, dann verweilen sie, und wenn sie verweilen, dann werden sie Könige, dann sind sie in der Gemeinschaft der Wahrheit in der Gegenwart eines souveränen Allmächtigen.«

Der erwürdige Shaykh al-Ḥabīb *(r.a.)* sagt über einen Mann: »Wenn er das Geheimnis Seines Mysteriums nur kennen würde, dann würde er mit jedem seiner Atemzüge eine Träne vergießen ...«

Berichte über das Leben der Sufis sind voll von Beschreibungen dessen, was wir wunderbare Erlebnisse nennen würden – Reisen in den Raum, Erweckung der Toten, Heilung der Kranken und andere Phänomene. Natürlich ist der eindrucksvollste Bericht der der Erhebung des Propheten Muhammad *(s.a.w.s.)* in den Himmel. Während dieses Besuches erfuhr er viele göttliche Mysterien und traf die Seelen vieler Propheten und heiliger Menschen, und er erhielt Belehrungen von Allah dem Allmächtigen Selbst.

Hazrat Ibn ʿArabī *(r.a.),* der große Sufi-Theologe, der vor etwa 800 Jahren gelebt hat, berichtet, daß er den Mond besucht hat. Er schrieb lange Schilderungen der Charakteristika der Umgebung, die dort zu finden ist – die kürzlich alle von den amerikanischen Raumforschern bestätigt wurden.

Als Kind im Alter von nur sechs Jahren erschreckte Mawlānā Rūmī *(r.a.)* seine Spielkameraden damit, daß er eines Nachmittags einen Sprung zum Himmel machte und verschwand, wo er auf eine Rundreise durch die Sternbilder des Tierkreises mitgenommen wurde.

Solche Berichte mögen phänomenal erscheinen, aber sie haben sich so oft ereignet und es gibt für sie so viele Augenzeugen, daß man sie nicht einfach deshalb abtun kann, weil die gegenwärtige Wissenschaft nicht in der Lage ist, sie zu verstehen.

Denken wir zum Beispiel an die Existenz der Radiowellen. Diese Wellen haben viele Jahrtausende hindurch existiert, aber erst in diesem Jahrhundert ist man imstande, sie zu erkennen, zu messen und zu verwenden. Der Bereich der göttlichen Wirklichkeit erstreckt sich aber bis weit jenseits der Fähigkeit des menschlichen Geistes, sie zu erkennen, und Menschen können von diesen Dingen nur dann einen Blick erhaschen, wenn Allah es ihnen erlaubt.

Für den Durchschnittsmenschen erscheinen Wunder unverständlich. Aber so unaussprechlich Wunder auch sind, sie sind wirklich. Man kann sich berechtigterweise fragen, wie die Wunder vor sich gehen.

Die *mu'jizah*s, die unmittelbaren Wunder Allahs, sind nicht so schwer zu verstehen. Wenn wir erkennen, daß Gott das ganze Universum erschaffen hat und noch viel mehr als dieses, dann sollten wir nicht zögern, es für möglich zu halten, daß Er im Rahmen Seiner Fähigkeiten tätig wird. Aber wenn wir davon hören, daß

Menschen solche Dinge vollbringen, so sind wir skeptisch, ob Sufis oder nicht! Ein zeitgemäßes Beispiel kann diesen komplexen und schwer durchschaubaren Gegenstand ein wenig erhellen:

Wir alle verwenden das Telefon, um große Entfernungen zu überbrücken. Mit Hilfe dieser ziemlich einfachen Vorrichtung können wir sieben Ziffern wählen und dann mit irgendwem in irgendeinem anderen Teil unserer Stadt sprechen. Und wenn wir noch drei weitere Ziffern hinzufügen, können wir jeden im ganzen Land erreichen, und mit noch einigen Ziffern mehr wird die ganze Welt für uns erreichbar. Die Menschen tun dies immer wieder. Verwenden wir das Telefon zusammen mit einem Computer, ergeben sich noch viel mehr Möglichkeiten, und es können ungeheuer komplizierte Abläufe in Gang gesetzt werden. Wenn man zum Beispiel die richtige Aufeinanderfolge der Zahlen kennt, kann man Millionen Dollar von einer Bank zur anderen überweisen, auch wenn die Banken Tausende von Meilen entfernt sind. Wenn man aber diese fünfzehnstellige Zahl jemandem sagen würde, der nicht um ihre richtige Verwendung weiß, dann geschieht nichts. Was der Sufi tut, um Wunder herbeizuführen, das ist in gewisser Weise analog zur Wirkungsweise eines Computers.

Allah der Allmächtige hat gesagt, daß der Qur'an das Buch der Belehrung ist. Des weiteren hat Er gesagt, daß aus dem Qur'an nichts ausgelassen ist. Diese Behauptung mag manchen übertrieben erscheinen, aber sie ist wahr bei der Autorität des Herrn der Welten.

Laut Berechnungen der Shaykhs hat jeder Vers, jeder *ayat* des Qur'an mindestens 18000 Bedeutungen. Da der menschliche Geist jedoch ganz offensichtlich außerstande ist, jedem einzelnen Vers 18000 Bedeutungen zuzuordnen, kommt jedem *ayat* eine unermeßliche Anzahl von Bedeutungen zu, die auf unsichtbaren und unbekannten Ebenen bestehen, den zellularen, atomaren und subatomaren Ebenen; in einer Weise, die außerhalb des Bereichs der gegenwärtigen Technologie und Einsicht steht.

Wir haben hier im Zusammenhang mit den Vokallauten und den Schwingungseffekten der Rezitation des Heiligen Qur'an einige Überlegungen angestellt. Jedem Buchstaben des arabischen Alphabets ist indessen eine Beziehung zwischen dem göttlichen Bereich und der Welt des Menschen zugeordnet. Die Tabelle 7 gibt den Zusammenhang an, der zwischen jedem Buchstaben des arabischen Alphabets und den Regionen in der Hierarchie des Universums besteht.

Tabelle 7

Die symbolischen Beziehungen zwischen den Buchstaben des arabischen Alphabets und den Bereichen in der Rangordnung des Universums.

alif	=	1	=	*al-Bārī':*	der Schöpfer
b	=	2	=	*al-'aql:*	Intellekt
j	=	3	=	*an-nafs:*	Seele
p	=	4	=	*aṭ-ṭabī'ah:*	Natur
h	=	6	=	*al-Bārī'bil-iḍāfah:*	Schöpfer in Beziehung zu dem, was unter Ihm ist
w	=	6	=	*al-'Aql bil-iḍāfah:*	Intellekt in Beziehung zu dem, was unter ihm ist
z	=	7	=	*an-nafs bil-iḍāfah:*	Seele in Beziehung zu dem, was unter ihr ist
ḥ	=	8	=	*aṭ-ṭabī'ah bil-iḍāfah:*	die Natur in Beziehung zu dem, was unter ihr ist
ṭ	=	9	=	*al-hayūlā:*	Die Materie, die keine Beziehung zu etwas hat, was unterhalb ist
y	=	10	=	*al-ibdā':*	der Plan des Schöpfers
x	=	20	=	*at-takwīn:*	die Struktur, die dem erschaffenen Bereich aufgeprägt ist
l	=	30	=	*al-amr:*	das göttliche Gebot *(fa-yakūn)*
m	=	40	=	*al-khalq:*	das erschaffene Universum
n	=	50	=	*al-wujūd:*	der zweifache Aspekt des Seins

s	= 60 =		die zweifache Beziehung zwischen *khalq* und *takwīn*
ʿayn	= 70 =	*al-tarṭīb:*	die Kette der Befehle, die dem Universum aufgeprägt werden
ṣ	= 90 =		die dreifache Beziehung zwischen *amr, khalq* und *takwīn*
q	= 100 =	*ijtimāl al-jumlah fil-ibdāʾ:*	die Versammlung aller Dinge in der Ebene des Schöpfers
r	= 200 =	*at-tawhid:*	die Einheit, das Zurückkehren aller Dinge zu dem Einen, was ihr Prinzip ist und der Grund für ihre Existenz.

Dadurch, daß jedem Buchstaben des Wortes *Allāh* ein solch kosmischer Wert zugeordnet wird, kann man jetzt behaupten, daß auf folgende Weise in den unsichtbaren Bereichen bestimmte Vorgänge in Bewegung gesetzt werden:

A = der Schöpfer (der absolute Eigentümer alles Existierenden)
L = das göttliche Gebot
H = der Schöpfer in Beziehung zu dem, was unter Ihm ist, die göttliche Essenz *(dhāt)* in Beziehung zu Seinen Manifestationen *(ʾasmāʾ)*

Wenn man das Wort *Qurʾan* arabisch ausspricht, so werden dadurch in den göttlichen Bereichen bestimmte Obertöne erzeugt:

Qurʾan

Q	=	die Versammlung aller Dinge auf der Ebene des Schöpfers (das abschließende Gesetz, das alles, was existiert, betrifft und ordnet)
ʿAyn	=	Die Kette der göttlichen Befehle, die dem Universum aufgeprägt werden
R	=	die Rückkehr aller Dinge zu dem Einen (der göttliche Zweck in der Schöpfung)
A	=	der Schöpfer, der durch Seine Anordnungen den Anstoß zur Verwirklichung Seiner Absichten gibt
N	=	der doppelte Aspekt des Seins (die Trennung vom Schöpfer: Mensch und Gott)

Wenn daher vor einem Sufi das Wort *Allāh* ausgesprochen wird, dann wird in diesem eine ganze Kette von Ereignissen in den tiefsten Gründen seines Geistes und seiner Seele ausgelöst, die den Gedenkenden an den Einen erinnern *(dhikr),* dessen er gedenkt.

Wenn wir das Wort *Allah* aussprechen, dann wird der innersten Essenz des Menschen folgende Vorstellung eingeprägt:

Der Schöpfer, der absolute Herr und Meister alles Existierenden, schickt die Seele ins menschliche Leben und stattet sie mit einem ihr eigenen Wissen und dem Gehorsam gegenüber den göttlichen Geboten aus. Diese existieren innerhalb von Körper, Geist und Seele des Menschen auf eine unaussprechlich feine Art und sind miteinander verwoben. Dann gibt der Schöpfer der Seele den Befehl, einen bestimmten Tropfen fühlsam gemachten Blutes *(ovum)* zu bewohnen, und das Leben beginnt. Von diesem Augenblick an ist das menschliche Leben nichts anderes als eine Widerspiegelung des Schöpfers.

Ein ähnliches Selbstgespräch der Seele wird durch das Wort *Qurʾan* ausgelöst: das Buch, *al-Kitab.* Der Qurʾan ist die Sammlung des Wissens über »alle Dinge auf der Ebene des Schöpfers.« Allah hat gesagt, daß im Qurʾan nichts weggelassen wurde und daß selbst dann, wenn alle Bäume Schreibfedern wären und die Ozeane aus Tinte bestünden und all das zweifach existieren würde, wir doch nicht das gesamte Wissen aufschreiben könnten, das im Qurʾan enthalten ist.

Mit dem Aussprechen des ersten Buchstabens des Wortes *Qurʾan* rühren wir an die tiefsten Regionen unserer mentalen und psychologischen Welt. Wenn wir das Wort weiter aussprechen und den Laut *rā* erzeugen, dann werden unsere Seelen dadurch zur »Rückkehr aller Dinge in den Einen« ermuntert. Der Buchstabe *ʿayn* bringt die Vorstellung einer Kette von göttlichen Geboten mit sich, die herabgesandt wurden, um die ganze erschaffene Welt zu ordnen. Nachdem die ersten drei Buchstaben den Gedanken an die unvorstellbar riesige Gesamtheit des Schöpferplanes entzündet haben und an unseren Zweck im menschlichen Leben, bewegt uns der vierte Buchstabe *alif* wieder dazu, uns an den Schöpfer zu erinnern, wobei er die Wirklichkeit unserer gegenwärtigen Situation in der Dualität bestätigt, die Wirklichkeit der Trennung, das Fehlen des Einsseins mit unserem Herrn. Tatsächlich ist das der ständige Zustand im Leben. Das ist nicht bloß eine Vorstellung.

Die Wissenschaft des Sufismus wird innerhalb einer geschlossenen Gesellschaft, innerhalb eines esoterischen privaten Rahmens gepflegt. Das Wissen der Sufis kommt von ihrem tiefen Eintauchen in die Natur des Seins, wovon wir oben gesprochen haben. Allah hat die »Codezahlen« zur Verwendung dieses Wissens gegeben, durch die dieses Wissen dazu eingesetzt werden kann, Wunder auf der menschlichen Ebene zu bewirken.

Als Beispiel wurde das Rezitieren einzelner göttlicher Eigenschaften erwähnt, was in bestimmter Häufigkeit erfolgen muß, um den Betreffenden vor Schaden zu bewahren, den ihm Feinde zufügen könnten. Andere solche Codes gibt es zur Verwendung vieler anderer *ayat* des Qur'an (Das Wort *ayat* heißt übrigens zugleich »Vers« und »Wunder«). Es gibt eine Sufi-Übung, deren Wirkung auf die Seele so groß ist wie die Übung des *ṣalāt,* wenn man sie 700 Jahre lang ausführt. Diese Übung besteht in einer Rezitation von nur fünf Sekunden Dauer. Aber nicht jeder könnte sie aushalten. Für einige wäre sie so, als würde man einer erkälteten Fliege eine volle Spritze Pennicillin verabreichen!

Wenn man Übungen aneinanderreiht, dann werden die Wirkungen so groß, daß sie nicht mehr durch abstrakte mathematische Vorstellungen erfaßt werden können. Einige Sufis haben solche Formeln bis zu -zig Millionen Mal rezitiert.

Eine der Schwierigkeiten bei der Erklärung der Vorstellungen, die der Sufi-Heilkunde zugrundeliegen, ist, daß jemand, der Zeuge einer Heilung wird, auch wenn es eine Wunderheilung ist, nur sehr wenig tatsächliche Veränderung wahrnehmen kann. Jemand kommt vor den Shaykh. Der Shaykh scheint etwas zu murmeln und bläst seinen Atem auf den Patienten, und der Patient wird von einer Krankheit geheilt, die ihn bewegungsunfähig gemacht hat. Und doch kann man dabei nicht die jahrzehntelangen Vorbereitungen sehen, die für den Shaykh notwendig waren, um diese Handlung zu vollziehen. Es mag sein, daß dieser Shaykh 30 Jahre lang in der Einsamkeit gesessen ist und eine bestimmte Formel 50 Millionen Mal rezitiert hat, um fähig zu werden, diesen einen Menschen zu heilen und diese Heilung war vielleicht der Hauptzweck im Leben des Shaykhs.

Einige Menschen hätten gerne von den Sufis eine Liste von Krankheiten und den besonderen Formeln, mit deren Hilfe man sie heilen kann. Aber es ist nicht die Formel an sich, sondern es ist die Verwendung der Formel. Durch die Vermittlung des gereinigten Atems und der gereinigten Seele des Shaykhs wird die Wirkung erzeugt. Die Formeln an sich wären für einen Laien ziemlich nutzlos.

Solange Geist und Körper des Menschen umwölkt und von Unreinheiten bedeckt sind, machen sie das Üben wahrer Vernunft schwer. Zu diesen Unreinheiten kommen die Einflüsse der verschiedenen Prägungen durch Gesellschaft und Familie hinzu, die letztlich dazu führen, daß der Mensch ein bloßer Schatten des erhabenen und majestätischen Wesens ist, das Gott der Allerhöchste jedem Menschen als sein Geburtsrecht gegeben hat.

Es braucht eine riesige und schwierige Mischung von Heilmitteln, um diejenigen zu heilen, die sich in diesen Zuständen des Ungleichgewichtes befinden. Keine zwei Krankheiten sind genau dieselben. Daher müssen die Heilmittel dem Menschen individuell angepaßt werden und unter Berücksichtigung der Harmonie von Körper, Geist und Seele. Das Ziel des Sufi-Shaykhs als Arzt ist es, nicht nur den Patienten Erleichterung von physischen Schmerzen oder Unbequemlichkeiten zu bringen, sondern auch eine grundlegende Änderung des Lebens eines jeden herbeizuführen in Übereinstimmung mit dem göttlichen Segen und dem Plan des Schöpfers. Erhaben ist Er.

Der Sufi Barkat Ali (Möge Allah ihm seinen auserwähltesten Segen gewähren und soviel es davon gibt!) bemerkte einst: »Nur Herzen können Wissen über Herzen vermitteln. Und dieses Wissen wird verliehen, es wird nicht erworben.«

Anfänglich müssen diese Versicherungen als Gegenstand des Glaubens aufgenommen werden. Aber jeder, der sich darum bemüht, sie zu prüfen, wird finden, daß dieser Glaube in Gewißheit umgewandelt wird, *in shā' Allāh.*

Die letzten Kapitel dieses Buches geben einige Übungen an, die hoch aufgeladen sind mit göttlicher Gnade und göttlichem Segen. Eine dieser Übungen hat als nur eine ihrer Wirkungen den Schutz gegen jede Krankheit für den Tag, an dem man sie ausführt. Und von der zweiten Übung weiß man, daß sie jede Krankheit heilen kann.

Yā Ḥayyū! Yā Qayyūm!

15 | Die Schlüssel zu den Schätzen des Himmels und der Erde

Wolltet ihr die Wohltaten Allahs aufzählen,
ihr vermöchtet es nicht.

(Qur'an 14:33)

Einige der auf den vorangehenden Seiten dargestellten Vorstellungen und Ideale sind für den Neuling vielleicht schwer anzuwenden. Die Übung jedoch, die ich jetzt vorstellen will, ist von jedem leicht durchführbar. Sie enthält all das, was bis jetzt dargestellt wurde. Meines Wissens ist dies die erste der westlichen Öffentlichkeit vorgestellte Sufi-Übung dieser Art.

Ein Erfordernis für die Heilwirkung einer jeden Formel der Sufis ist die besondere Art der Rezitation. Aus diesem Grund geben wir hier den Wortlaut eines Bekenntnisses, das die Tore zu den Ozeanen zu der Gnade von Allah dem Allmächtigen öffnen wird, *in shā' Allāh.* Die Formel lautet:

Lā ilāha illā Llāh, Muḥammadun rasūlu Llāh.

Dieses Bekenntnis sollte man unmittelbar vor jedem Versuch einer Sufi-Übung rezitieren, damit nicht übelwollende Kräfte mit ins Spiel gebracht werden. Es ist auch empfehlenswert, jenen Vers zu rezitieren, der jede Teilnahme des Satans verhindert. Dieser Vers lautet so:

A 'ūdhu bi-Llāhi min ash-shayṭān ir-rajīm.

Wenn Sie mit der arabischen Sprache vertraut sind, dann lesen Sie die Transkriptionen sorgfältig und versuchen Sie, die Worte so gut auszusprechen, wie Sie können, und hoffen Sie, daß Sie sie richtig ausgesprochen haben.

Obwohl es Tausende Gebete, Anrufungen und Übungen gibt, die von den Sufis verwendet werden, werden einige davon für besonders gut gehalten. Dazu gehört der Vers, den wir hier gegeben haben, welcher *Maqualad as-Samawati wal Ard* genannt wird, die Schlüssel zu den Schätzen der Himmel und der Erde. Obwohl es sich hierbei im besonderen um eine Heilübung handelt, die am Tage der Rezitation vor jeder Krankheit schützt, geht doch der Nutzen, der dadurch zu gewinnen ist, über den Bereich der physischen Gesundheit hinaus, was man aus der folgenden Stelle aus dem Hadith entnehmen kann:

Es wird berichtet, daß ʿUthmān Ibn ʿAffān (möge Allah an ihm Gefallen finden) weitere Erläuterungen erbat über Allahs Versprechen der Schlüssel zu den Schätzen des Himmels und der Erde (das mehrmals im Qurʾan erwähnt ist). Der Prophet *(s.a.w.s.)* sagte zu ihm: »Du hast mir eine Frage gestellt, die mir noch nie vorher gestellt wurde. Die Schlüssel zu den Schätzen des Himmels und der Erde sind die folgenden«:

لَآ إِلٰهَ إِلَّا اللهُ وَاللهُ أَكْبَرُ
وَسُبْحَانَ اللهِ وَالْحَمْدُ لِلّٰهِ وَ
أَسْتَغْفِرُ اللهَ الَّذِي لَآ إِلٰهَ إِلَّا
هُوَ الْأَوَّلُ وَالْآخِرُ وَالظَّاهِرُ
وَالْبَاطِنُ يُحْيِي وَيُمِيتُ وَهُوَ
حَيٌّ لَا يَمُوتُ بِيَدِهِ الْخَيْرُ
وَهُوَ عَلٰى كُلِّ شَيْءٍ قَدِيرٌ

Lā ilāha illā Llāhu wa-Llāhu akbar.
Wa subḥān Allāhi wal-ḥamdu li-Llāhi
wastaghfiru Llāh alladhī lā ilāha illā Hū
wal-Awwalu wal-Ākhiru waẓ-Ẓāhiru wal-Bāṭinu
yuḥyi wa yumītu wa huwa Ḥayyan lā yamūtu.
Bi-yadihil-khayr wa huwa ʿalā kulli shayʾin Qadīr.

(Niemand außer Allah ist der Anbetung würdig.
Allah der Allmächtige ist der Größte.
Allah ist der Ruhmreiche und Lobenswerte,
und ich bitte Allah um Vergebung.
Es gibt keine Macht, Gutes zu tun
und keine Kraft, vom Übel errettet zu werden,
ausgenommen mit der Gnade Allahs.

Er ist der Erste und der Letzte.
Er ist der Erscheinende und der Verborgene.
Er ist der ewig Lebende, der niemals stirbt.
Er gibt das Leben und Er nimmt es hinweg.
Es ist ein Segen bei Allah dem Allmächtigen.
Er ist der Herrscher über alles.)

Der Prophet *(s.a.w.s.)* fährt fort: »O ʿUthmān, wer das jeden Tag einhundertmal rezitiert, der wird mit zehn Gnaden belohnt werden. Zunächst werden alle seine vergangenen Sünden vergeben sein. Zum zweiten wird es ihm erlassen, unter dem Feuer der Hölle zu leiden, zum dritten werden zwei Engel damit beauftragt werden, ihn Tag und Nacht vor Leiden und Krankheit zu beschützen. Zum vierten wird ihm ein Schatz von Segen zuteil. Zum fünften wird er soviel Segen ernten wie einer, der 100 Sklaven aus dem Stamme des Propheten Ismael *(a.s.)* freiläßt. Zum sechsten wird er mit dem Segen belohnt, den er erhielte, wenn er den ganzen Qurʾan die Psalmen und die Thora und die Bibel lesen würde. Zum siebten wird ein Haus für ihn gebaut im Himmel. Zum achten wird er mit einer frommen himmlischen Frau verheiratet werden. Zum neunten wird er mit einer Krone der Ehre gekrönt, und zum zehnten werden seine Empfehlungen (zur Vergebung) betreffend siebzig seiner Verwandten entgegengenommen.

O ʿUthmān, wenn du stark genug wärest, dann würdest du dieses Gedenken keinen Tag auslassen. Du wirst einer der erfolgreichen sein und jeden übertreffen, der vor dir war oder nach dir kommt.«

Einer der großen zeitgenössischen Sufis, Hazrat Abu Anees Barkat Ali von Dar-ul-Ehsan in Pakistan hat durch das Rezitieren dieser heiligen Formel eine einzigartige Stellung unter den Männern von Frömmigkeit erlangt. Am Eingang seines geistigen Heiligtums hat er ein großes Schild angebracht, auf dem diese unschätzbare Formel geschrieben steht. Sein eigenes Leben legt in großem Maße Zeugnis für die Wirksamkeit dieser Worte ab, denn er hat persönlich mehr als 10000 Hindus der niedrigsten Kaste adoptiert und ihnen eine vollständige Erziehung und Ausbildung gewährt. Außerdem unterhält er eine Klinik, die medizinische Versorgung gewährt und das Augenlicht von mehr als 3000 Menschen wiederhergestellt hat – und das alles bisher ohne irgendwelches Entgelt. Er hat mehr als 300 Bücher über den Islam und den Sufismus geschrieben, von denen alle kostenlos verteilt werden. (Auf dem Umschlag eines dieser Bücher steht geschrieben: »Diese Bücher sind für uns selbst geschrieben und für euch, sie zu lesen, aber sie sind nicht verkäuflich. Sie sind schon an Ihn verkauft worden, für den sie gedacht waren.«) Ein Strom von zahllosen Gläubigen ergießt sich in das wohlbekannte Heiligtum von Dar-ul-Ehsan. Sie alle erhalten durch Seine Gnade geistige Belehrungen von Leuten der vierzehn Sufi-Orden, denen Barkat Ali als

Lehrer, Meister und Shaykh vorsteht. *Mā shāʾ Allah!* Der Eigenschaften und Funktionen von Barkat Ali könnten noch weitere aufgezählt werden, aber jeder, der sein Leben mit offenem Geist in Augenschein nimmt, muß den Schluß ziehen, daß dieser Mann über den Bereich dessen hinausgewachsen ist, was gewöhnlich von Menschen vollbracht wird. Er ist jetzt 76 Jahre alt.

Die Formel für die Schlüssel zu den Schätzen des Himmels und der Erde kann nach jedem täglichen Gebet einundzwanzigmal rezitiert werden, und das dauert nicht länger als drei oder vier Minuten.

Allah sagt: »Die aber für Uns treulich kämpfen, die wollen Wir leiten auf Unseren Wegen.« (Qurʾan 29:69)

Am Abend des fünften *Rajab* a. H. 633 zog sich der große Heilige Hazrat Khwāja Muʿīnuddīn Chishtī *(r.a.)* wie gewöhnlich nach dem Nachtgebet *(ʿishā)* in seine Meditationszelle zurück. Er verschloß die Tür und begann, wie er es auch schon in den letzten dreißig Jahren immer getan hatte, mit seinen Übungen der unaufhörlichen Rezitation dieser Verse. Der *Khwāja* hatte seinen *murīd* befohlen, ihn in dieser Nacht nicht zu stören. Diese näherten sich ihm nicht, aber sie hörten durch die Tür die ganze Nacht hindurch Laute, die Ausdruck von beispielloser Ekstase waren. In den frühen Morgenstunden hörten die Laute auf. Als sich die Tür seiner Zelle zur Zeit des Morgengebetes *(fajr)* nicht öffnete, da fühlten alle große Besorgnis. Schließlich wurde die Tür von den Schülern aufgebrochen, welche zu ihrem Erstaunen fanden, daß die Seele des großen Heiligen den sterblichen Körper verlassen hatte. Der folgende Satz stand in glitzernd leuchtender Schrift auf seiner Stirn:

Hadhā ḥabību Llāh
Māta fī hubbi Llāh.
(Er ist der Geliebte Allahs
Und er starb in der Liebe Allahs.)

16 Das unfehlbare Heilmittel

Einst sah ich Gott den Allerhöchsten in einem Traum.
Er fragte mich: »Bayazid, was wünschst du dir?«
Ich erwiderte: »Ich will, was Du willst.«
Gott der Allerhöchste war erfreut und sprach:

»Ich bin dein und du bist Mein.«
Shaykh Bayazid Bistami *(r.a.)*

Der Heilige Prophet *(s.a.w.s.)* Allahs des Allmächtigen, mit hervorragendsten Tugenden begabt, war der vertrauenswürdigste Mensch in der ganzen Schöpfung. Sogar schon vor seiner Aussendung als Prophet wurde er *Amīn,* der Vertrauenswürdige geheißen. Man weiß, daß er nie etwas anderes sprach als die Wahrheit.

Der Prophet *(s.a.w.s.)* sagte: »Die Sure *al-Fātiḥah* enthält einen Balsam für alle Leiden.« Und er fuhr fort, genaue Instruktionen für die Verwendung dieses höchst geschätzten Heilmittels zu geben. Der Prophet *(s.a.w.s.)* sagte auch: »Ich erzähle dir von einer Sure, welche die größte ist und die mächtigste im Heiligen Qur'an. Es ist die Sure *al-Ḥamd* (das ist die Eröffnungssure *al-Fātiḥah*), welche aus sieben Versen besteht. Diese sind die *sab'ah mathānī* (die oft wiederholten sieben) und sie stehen für den ganzen Großen Qur'an.«

In einem anderen Hadith wird berichtet, daß der Prophet *(s.a.w.s.)* gesagt hat: »Von Ihm, der mein Leben besitzt, ist eine Sure wie diese niemals geoffenbart worden, weder in der Thora noch in der Bibel, noch im Rest des Qur'an.«

Die gesammelte Erfahrung der Sufis bestätigt, daß das Lesen und Rezitieren der Sure *al-Fātiḥah* mit wahrem Glauben und aufrichtiger Überzeugung alle Krankheiten heilt, ob sie jetzt geistig oder weltlich sind, äußerlich oder innerlich. Die Sure *al-Fātiḥah* kommt in allen *ta'widh* vor und wird auch mit Safran und Rosenwasser geschrieben, das dann eingenommen wird. Alle sechs Bücher des authentischen *(saḥīḥ)* Hadith berichten, daß die Gefährten *(r.a.a.)* sie für die Behandlung physischer und geistiger Krankheiten verwendet haben.

Der Satan hat bei vier Gelegenheiten gejammert, geweint und sein Haar ausgerissen: als er verflucht wurde, als er aus dem Himmel verstoßen wurde, als Muhammad *(s.a.w.s.)* zum Propheten gemacht wurde und als die Sure *al-Fātiḥah* geoffenbart wurde.

Hazrat Khwāja Mu'īnuddīn Chishtī *(r.a.)* hat gesagt: »Die unaufhörliche Rezitation der Sure *al-Fātiḥah* ist das unfehlbare Mittel für alles, was man braucht.«

Die Rezitation der Sure *al-Fātiḥah* gehört zu den häufigsten Übungen der Shaykhs auf ihrem Weg. Der Prophet Muhammad *(s.a.w.s.)* empfahl die folgende Art der Rezitation und sagte, daß man mit dieser Übung erfolgreich jede Krankheit heilen könne:

Man lese die Sure *al-Fātiḥah* an vierzig aufeinanderfolgenden Tagen je einundvierzigmal zwischen den *sunnah* (freiwillig) und den *fard* (Pflicht) *-raʿkats,* des *fajr* (Morgengebets). Bei dieser Rezitation muß man die Atempause weglassen, die gewöhnlich zwischen den ersten beiden Versen gelassen wird. Mit anderen Worten: Der Buchstabe *mim* von *ir-Raḥīm* wird mit dem Buchstaben *lam* von *al-ḥamdu li-Llāhi* zusammengezogen, so daß *mil-ḥamdu li-Llāhi* entsteht. Der Rest der Sure kann dann unter Befolgung der üblichen Atempausen rezitiert werden. Wenn der Patient von Geisteskrankheit befallen ist oder aus einem anderen Grund die Sure nicht selbst rezitieren kann, dann sollten die Worte rezitiert und auf Wasser geblasen werden, das der Patient dann trinkt.

Wir geben hier die Sure *al-Fātiḥah* noch einmal an, für jeden, der von ihren wunderbaren Heilwirkungen Gebrauch machen möchte.

بِسْمِ اللّٰهِ الرَّحْمٰنِ الرَّحِيْمِ ۝
اَلْحَمْدُ لِلّٰهِ رَبِّ الْعٰلَمِيْنَ ۝
الرَّحْمٰنِ الرَّحِيْمِ ۝
مٰلِكِ يَوْمِ الدِّيْنِ ۝
اِيَّاكَ نَعْبُدُ وَاِيَّاكَ نَسْتَعِيْنُ ۝
اِهْدِنَا الصِّرَاطَ الْمُسْتَقِيْمَ ۝
صِرَاطَ الَّذِيْنَ اَنْعَمْتَ عَلَيْهِمْ ۝
غَيْرِ الْمَغْضُوْبِ عَلَيْهِمْ وَلَا الضَّآلِّيْنَ ۝

Bismi Llāh ir-Raḥmān ir-Raḥīm
Il-ḥamdu li-Llāhi rabb il-ʿālāmin
Ar-raḥmān ir-Raḥīm
Māliki yawm id-dīn.
Iyyāka naʿbudu wa iyyāka nastaʿīn.
Ihdinaṣ-ṣirāṭ al-mustaqīm
Ṣirāṭ alladhīna anʿamta ʿalayhim
Ghayril-maghḍūbi ʿalayhim wa lāḍ-ḍālīn.

In Namen Allahs des Wohltätigen und Allbarmherzigen
1. Lob und Preis sei Allah, dem Herren der Welten;
2. dem gnädigen Allerbarmer;
3. der am Tage des Gerichtes herrscht;
4. Dich allein verehren wir,
zu Dir allein flehen wir um Beistand;
5. Du führe uns den rechten Weg;
6. den Weg derer, die Deiner Gnade sich freuen;
7. und nicht den Pfad jener, über die Du zürnst oder die in die Irre gehen.

Für einige mag auch diese Rezitation aus dem einen oder anderen Grund schwer oder unmöglich sein. Aber die Gnade Allahs ist unendlich! Wenn es einen, nachdem er mit absoluter Aufrichtigkeit versucht hat, alles in diesem Buch zu lernen und anzuwenden, nicht gelingt, das zu tun, dann wird die folgende Übung jede Krankheit heilen: Rezitieren Sie einfach: *Bismi Llāh ir-Raḥmān, ir-Raḥīm.* Dieser Vers ist die größte Eigenschaft von Allah dem Allmächtigen und alles, was versucht, der absoluten Heiligkeit Seiner Gnade entgegenzuwirken, wird zu Asche verbrannt.

Einst war Hazrat Abu Bakr *(r.a.)* krank. Die Leute kamen, ihn zu besuchen und als sie ihn in seiner sichtbar schlechten Verfassung zu Gesicht bekamen, fragen sie ihn: »Warum rufst du keinen Arzt?« Da antwortete Abu Bakr: »Ich habe den Arzt schon gerufen.« Da fragte sein Freund: »Was hat der Arzt gesagt?« und Abu Bakr antwortete: »Er hat gesagt, ›Ich bin mächtig in dem, was Ich beabsichtige.‹«

Es gibt nichts, was Allahs des Allmächtigen Liebe zu Seinen geliebten Freunden besiegen kann. Danach gibt es nichts weiter, was noch gesagt werden könnte oder sollte.

Allāhu aʿlam!
Rabbī qad ātaytani min al-mulki
wa ʿallamtani min taʾwīl il-ahādith
Fāṭir as-samāwāti wal-arḍ!
Anta walīyī fīd-dunyā wal-ʿākhirah.
Tawaffanī musliman wa alhiqnī biṣ-ṣalihīn.
Ashhadu an lā ilāha ilā Llāh;
Wa ashhadu anna Muḥammadan ʿabduhu wa rasūluh. Āmīn!

(O mein Herr!
Du hast mir etwas von der überlegenen Macht gegeben.
Und Du hast mich etwas gelehrt
von der Interpretation der Ereignisse.

Du Schöpfer des Himmels und der Erde!
Du bist mein Freund, der mich beschützt
in dieser Welt und im Jenseits.
Laß mich in Ergebenheit zu Dir sterben
und bringe mich zu den Gerechten.
Ich gebe Zeugnis,
daß es keine Gottheit gibt außer Allah
und ich gebe Zeugnis,
daß Muhammad Sein Diener und Bote ist.
So sei es!)

As-salāmu ʿalaykum wa raḥmatu Llāhi wa barakatuhu!

Mögen der Frieden und der Segen Gottes mit Euch sein!

Anhang I
Der islamische Kalender

Dem moslemischen Jahr liegt der Mondzyklus von 354 Tagen zugrunde, der aus zwölf Monaten beziehungsweise Monden zu je 29 oder 30 Tagen besteht. Dieser Kalender begann im Jahre 622 der allgemeinen Zeitrechnung (abgekürzt im folgenden C. E., das heißt »common era«), als der Prophet Muhammad *(s.a.w.s.)* von Mekka nach Medina auswanderte. Die zwölf islamischen Monate sind die folgenden:

Muḥarram: Der 10. dieses Monats heißt *ʿAshurah,* an diesem Tage wird des Märtyrers Husayn Ibn ʿAlī gedacht, der am 10. Muḥarram 680 C.E. in Karbalah starb.

Ṣafar

Rabīʿal-Awwal: Der 12. dieses Monats ist der Geburtstag des Propheten Muhammad *(s.a.w.s.).*

Rabīʿath-Thānī: Der 11. dieses Monats ist der Geburtstag von ʿAbdul-Qādir Jīlānī *(r.a.).*

Jumādā al-ūlā

Jumādā al-ākhirah

Rajab: Der 27. dieses Monats ist der Jahrestag der *miʿrāj,* der Erhebung des Propheten *(s.a.w.s.)* in den Himmel. Am 6. dieses Monats wird der Geburtstag von Hazrat Khwāja Muʿīnuddīn Chishtī *(r.a.)* gefeiert.

Shaʿbān: Der 14. und 15. dieses Monats ist *Shab al-Barāʿat,* das sind die Tage, wo das Schicksal für das kommende Jahr festgelegt wird.

Ramaḍān: Der heilige Fastenmonat. Am 23., 25. oder 27. ist Laylat al-Qadr (die Nacht der Macht). Im Verlaufe dieses Monats sind der Qurʾan und auch alle anderen geoffenbarten Bücher zum ersten Male von Allah dem Allerhöchsten herabgekommen.

Shawwal: Der 1. Tag ist ʿĪd al-Fiṭr, das Fest, das das Fasten beendet.

Dhul-Quaʿdah

Dhul-Hijjah: In diesem Monat wird die Pilgerfahrt nach Mekka *(hajj)* zu Ende gebracht. Vom 10. bis zum 12. dieses Monats wird das Opfer von *ʾĪd al-aḍḥā* gefeiert.

Da die Daten auf einem Mondkalender basieren und nach dem Auftreten des Neumondes berechnet werden, bleibt der Kalender gegen den der westlichen Welt ungefähr 11 Tage pro Jahr zurück.

Anhang II

Einige hilfreiche kurze Suren aus dem Heiligen *Qur'an.*

112 Sure *al-Ikhlāṣ* (die Einheit)

بِسْمِ ٱللَّهِ ٱلرَّحْمَٰنِ ٱلرَّحِيمِ

قُلْ هُوَ ٱللَّهُ أَحَدٌ ﴿١﴾

ٱللَّهُ ٱلصَّمَدُ ﴿٢﴾

لَمْ يَلِدْ وَلَمْ يُولَدْ ﴿٣﴾

وَلَمْ يَكُن لَّهُۥ كُفُوًا أَحَدٌۢ ﴿٤﴾

Bismi Llāh ir-Raḥmān ir-Raḥīm.
1. Qul Huwa Llāhu Aḥad;
2. Allāhuṣ-Ṣamad;
3. Lam yalid, wa lam yūlad;
4. Wa lam yakul lahū kufuwan aḥad.

Im Namen Allahs des Wohltätigen und Allbarmherzigen.
1. Sprich: Allah ist der Einzige!
2. Allah, der ewig von allen Gesuchte!
3. Er zeugte nicht und ist nicht gezeugt.
4. Und kein Wesen ist Ihm gleich.

113 Sure *al-Falaq* (der Tagesanbruch)

بِسْمِ اللّٰهِ الرَّحْمٰنِ الرَّحِيْمِ
قُلْ اَعُوْذُ بِرَبِّ الْفَلَقِ ﴿١﴾
مِنْ شَرِّ مَا خَلَقَ ﴿٢﴾
وَمِنْ شَرِّ غَاسِقٍ اِذَا وَقَبَ ﴿٣﴾
وَمِنْ شَرِّ النَّفّٰثٰتِ فِي الْعُقَدِ ﴿٤﴾
وَمِنْ شَرِّ حَاسِدٍ اِذَا حَسَدَ ﴿٥﴾

Bismi Llāh ir-Raḥmān ir-Raḥīm
1. Qul aʿūdhu bi-rabb il-falaq.
2. Min sharri mā khalaq.
3. Wa min sharri ghāsiqin idhā waqab.
4. Wa min sharrin naffāthāti fīl-ʿuqad.
5. Wa min sharri ḥāsidin idhā ḥasad.

Im Namen Allahs des Wohltätigen und Allbarmherzigen
1. Sprich: Ich suche Zuflucht im Herren des Tagesanbruchs
2. vor dem Übel, das Er erschaffen hat,
3. vor dem Übel der Finsternis, wenn sie mächtig wird,
4. vor dem Übel der unheilvollen Zauberkunst
5. und vor dem Übel des Neiders, wenn er beneidet.

114 Sure *an-Nās* (die Menschen)

بِسْمِ اللّٰهِ الرَّحْمٰنِ الرَّحِيْمِ ○

قُلْ اَعُوْذُ بِرَبِّ النَّاسِ ۝١

مَلِكِ النَّاسِ ۝٢

اِلٰهِ النَّاسِ ۝٣

مِنْ شَرِّ الْوَسْوَاسِ ۙ الْخَنَّاسِ ۝٤

الَّذِىْ يُوَسْوِسُ فِىْ صُدُوْرِ النَّاسِ ۝٥

مِنَ الْجِنَّةِ وَالنَّاسِ ۝٦ ع

Bismi Llāh ir-Raḥmān ir-Raḥīm
1. Qul aʿūdhy bi-Rabbin-nās.
2. Mālikin-nās.
3. Ilāhin-nās.
4. Min sharr il-waswās il-khannās.
5. Alladh-i yuwaswisu fī ṣudūrin-nāsi.
6. Min al-jinnati wan-nās.

Im Namen Allahs des Wohltätigen und Allbarmherzigen
1. Sprich: Ich suche Zuflucht im Herren der Menschen,
2. dem König der Menschen,
3. im Gott der Menschen,
4. vor dem Übel des kriechend-schleichenden Einflüsterers,*
5. der einflüstert in die Herzen der Menschen,
6. vor dem Jinn und vor schlechten Menschen.

* Bezeichnung für den Satan

Anhang III
Die göttlichen Eigenschaften

Allah der Allmächtige ist letztlich unerkennbar. So sehr wir es auch versuchen, wir haben immer nur ein unvollständiges und teilweises Verständnis von Ihm. Gott ist, wie die Sufis stets sagen, *Allāhu akbar,* das heißt »Allah ist größer als alles, was wir Ihm beimessen«.

Damit wir anheben können, eine geistige Vorstellung Seiner zu haben, teilte Allah uns im Heiligen Qur'an die neunundneunzig Seiner göttlichen Eigenschaften mit, die, wenn man sie insgesamt betrachtet, eine Vorstellung von Seiner alles umfassenden, alles durchdringenden allmächtigen Natur ermöglichen. Diese Eigenschaften nennt man *al-asmā' al-ḥusnā* (die herrlichen Namen). Sie spielen bei den Sufi-Übungen, den sogenannten *waẓifa,* eine Rolle.

Allah

الرحمن جل جلاله

1. Ar-Raḥmān
Der Gnädige, der Wohltätige, der Mitleidsvolle

الرحيم جل جلاله

2. Ar-Raḥīm
Der Gnadenreiche

الملك جل جلاله

3. Al-Malīk
Der König, der souveräne Herr

القدوس جل جلاله

4. Al-Quddūs
Der Heilige

السلام جل جلاله

5. As-Salām
Der Friede

المؤمن جل جلاله

6. Al-Muʾmin
Der Bewahrer des Glaubens, der Verleiher der Sicherheit, der Getreue

المهيمن جل جلاله

7. Al-Muhaymin
Der Beschützer, der Hüter

العزيز جل جلاله

8. Al-ʿAzīz
Der Mächtige

الجبار جل جلاله

9. Al-Jabbār
Der Zwingende

المتكبر جل جلاله

10. Al-Mutakabbir
Der Erhabene, der Großartige

11. Al-Khāliq
Der Schöpfer

12. Al-Bāri᾿
Der, der aus dem Nichts erschafft

13. Al-Muṣawwir
Der Gestalter

14. Al-Ghaffār
Der Vergebende

15. Al-Qahhār
Der Unterwerfer,
der Allmächtige, der Besieger

16. Al-Wahhāb
Der Verleiher

17. Ar-Razzāq
Der Geber, der Erhalter

18. Al-Fattāḥ
Der Öffner, der Befreier,
der Richter

19. Al-ʿAlīm
Der Allwissende, der Wisser

20. Al-Qābiḍ
Der Zügler, der Verweigerer

الباسط جلّ جلاله

21. Al-Bāsiṭ
Der Gewährer,
der Mehrer, der Verbreiter

الخافض جلّ جلاله

22. Al-Khāfiḍ
Der Herabsetzer

الرافع جلّ جلاله

23. Ar-Rāfiʿ
Der Erheber

المعزّ جلّ جلاله

24. Al-Muʿizz
Der Ehrende, der Stärkende

المذلّ جلّ جلاله

25. Al-Mudhill
Der Entehrende, der Demütigende

السميع جلّ جلاله

26. As-Samīʿ
Der Allhörende, der Hörer

البصير جلّ جلاله

27. Al-Baṣīr
Der Allsehende, der Wahrnehmende

الحكم جلّ جلاله

28. Al-Ḥakam
Der Richter

العدل جلّ جلاله

29. Al-ʿAdl
Der Gerechte, der Ausgleichende

اللطيف جلّ جلاله

30. Al-Laṭīf
Der Edle, der Anmutige

31. Al-Khabīr
Der Bewußte

32. Al-Ḥalīm
Der Zurückhaltende, der Milde

33. Al-ʿAẓīm
Der Großartige, der Ungeheure

34. Al-Ghafūr
Der Vergebende

35. Ash-Shakūr
Der Dankbare,
der Vergelter des Guten

36. Al-ʿAlī
Der Hohe, der Erhabene

37. Al-Kabīr
Der Große

38. Al-Ḥafīẓ
Der Erhalter,
der Beschützer, der Hüter

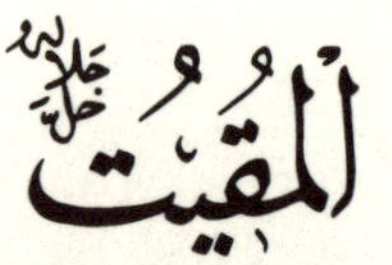

39. Al-Muqīt
Der Ernährer,
der Erhalter, der Stärkende

40. Al-Ḥasīb
Der Abrechner

41. Al-Jalīl
Der Majestätische

42. Al-Karīm
Der Gütige, der Großzügige

43. Al-Raqīb
Der Beobachtende, der Beobachter

44. Al-Mujīb
Der Verantwortliche, der Zuhörende (beim Gebet)

45. Al-Wāsiʿ
Der Ungeheure,
der Allumfassende, der Universelle

46. Al-Ḥakīm
Der Weise

47. Al-Wadūd
Der Liebende

48. Al-Majīd
Der Ruhmreiche

49. Al-Bāʿith
Der Erwecker (von den Toten)

50. Ash-Shahīd
Der Zeuge

الحق

51. Al-Ḥaqq
Die Wahrheit

الوكيل جل جلاله

52. Al-Wakīl
Der Bevollmächtigte,
der Anwalt, der Stellvertreter

القوي جل جلاله

53. Al-Qawī
Der Starke

المتين جل جلاله

54. Al-Matīn
Der Feste, der Stetige

الولي جل جلاله

55. Al-Walī
Der beschützende Freund, der Patron

الحميد جل جلاله

56. Al-Ḥamīd
Der Lobenswerte

المحصي جل جلاله

57. Al-Muḥsī
Der Buchführer, der Rechnende

المبدئ جل جلاله

58. Al-Mubdīʾ
Der Hervorbinger, der Erzeuger

المعيد جل جلاله

59. Al-Muʿīd
Der Wiederinstandsetzer,
der Wiederhersteller

المحيي جل جلاله

60. Al-Muḥyī
Der Beschleuniger

المميت جل جلاله

61. Al-Mumīt
Der Verursacher des Todes,
der Zerstörer

الحي جل جلاله

62. Al-Ḥayy
Der ewig Lebende, der Lebendige

القيوم جل جلاله

63. Al-Qayyūm
Der Ewige, der sich selbst Erhaltende

الواجد جل جلاله

64. Al-Wājid
Der Glanzvolle, der Edle

الماجد جل جلاله

65. Al-Mājid
Der Ruhmreiche

الواحد جل جلاله

66. Al-Wāḥid
Der Einzigartige

الأحد جل جلاله

67. Al-Aḥad
Der Eine

الصمد جل جلاله

68. Aṣ-Ṣamad
Die ewige Hilfe für die Schöpfung

القادر جل جلاله

69. Al-Qādir
Der Fähige, der Begabte

المقتدر جل جلاله

70. Al-Muqtadir
Der Vorherrschende, der Mächtige

المقدم جل جلاله

71. Al-Muqaddim
Der Beförderer, der Vorwärtsbringer

المؤخر جل جلاله

72. Al-Mu'akhkhir
Der Verzögerer, der Hinderer, der Verschiebende

الأول جل جلاله

73. Al-Awwal
Der Erste

الآخر جل جلاله

74. Al-Akhir
Der Letzte

الظاهر جل جلاله

75. Aẓ-Ẓāhir
Der Manifeste, der Äußere

الوالي جل جلاله

76. Al-Bāṭin
Der Verborgene, der Innere

الباطن جل جلاله

77. Al-Wālī
Der Regent

المتعالي جل جلاله

78. Al-Muta'ālī
Der Hohe Erhabene

البر جل جلاله

79. Al-Barr
Der Rechtschaffene

التواب جل جلاله

80. At-Tawwāb
Der, der die Reue entgegennimmt, der Mildernde

المنتقم جل جلاله

81. Al-Muntaqim
Der Rächer

العفو جل جلاله

82. Al-ʿAfū
Der Vergeber,
der Entgegenkommende, der Milde

الرؤوف جل جلاله

83. Ar-Raʾūf
Der Mitleidsvolle

مالك الملك جل جلاله

84. Mālik Al-Mulk
Der Inhaber der Souveränität

ذو الجلال والإكرام جل جلاله

85. Dhūl-Jalāli Wal-Ikrām
Der Herr der Majestät und der Güte

المقسط جل جلاله

86. Al-Muqsit
Der für Gerechtigkeit Sorgende

الجامع جل جلاله

87. Al-Jāmiʿ
Der Sammler, der Versammler

الغني جل جلاله

88. Al-Ghanī
Der, der sich selbst genug ist,
der Reiche, der Unabhängige

المغني جل جلاله

89. Al-Mughnī
Der Bereicherer

المانع جل جلاله

90. Al-Māniʿ
Der Zurückhalter, der Verhinderer

الضار جل جلاله

91. Aḍ-Ḍār
Der Erzeuger der Not

النافع جل جلاله

92. An-Nāfiʿ
Der Hilfreiche, der Begünstigende

النور جل جلاله

93. An-Nūr
Das Licht

الهادي جل جلاله

94. Al-Hādī
Der Führer

البديع جل جلاله

95. Al-Badīʿ
Der Schöpfer, der Erfinder,
der Unvergleichliche

الباقي جل جلاله

96. Al-Bāqī
Der ewig Währende, der Dauernde

الوارث جل جلاله

97. Al-Wārith
Der Erbe

الرشيد جل جلاله

98. Ar-Rashīd
Der Führer zum rechten Weg,
der Leiter

الصبور جل جلاله

99. Aṣ-Ṣabūr
Der Geduldige

Allāhu Akbar

Anhang IV
Alphabetisches Verzeichnis arabischer Begriffe

Abjad: Auch *jafr* genannt; die Wissenschaft der Zuordnung von Zahlenwerten zu den Buchstaben des arabischen Alphabets.

Akhlāṭ (Einzahl: *khilṭ*): Essenzen, Temperamente.

Allāh: Der Eigenname des einen wahren Gottes; (*al-ilah:* die Gottheit).

Amīn: »So sei es«, Ausspruch am Ende von Gebeten.

ʿAql: Schöpferisches Denken, Kraft der Vernunft, der menschliche Geist.

ʿArsh: Der Thron Allahs, der neunte Himmel.

a.s.: Abkürzung für *ʿalayhi as-salām* »Friede sei mit ihm«, der Segensspruch, den man auf Namen von Propheten folgen läßt.

ʿAsr: Das pflichtgemäße Gebet in der Mitte des Nachmittags *(ṣalāt).*

Attar: Das echte aus einer Blüte, einem Holz oder einer Rinde ausgepreßte Öl, von dem man sagt, daß es die Essenz der Seele der betreffenden Pflanze enthält.

Bismi Llāh ir-Raḥmān ir-Raḥīm: »Im Namen Gottes, des Allergnädigsten, des Allergnadenreichsten«, das sind die Eröffnungsworte des Qurʾan. Sie werden häufig als Anrufung am Anfang einer Rede oder Handlung verwendet.

Chilla: Ein einsamer Raum für geistige Übungen, der Ausdruck wird auch für eine vierzig Tage währende Übung der Einsamkeit verwendet.

Dargah: Ein geistiges Heiligtum oder ein Versammlungsort für lebende Sufi-Meister.

Dayo paree: Geister.

Ḍammah: Ein Zeichen, das in der arabischen Sprache verwendet wird, um den langen Vokal *u* zu bezeichnen.

Dhikr (auch *zikr* transkribiert, was auf türkische oder persische Aussprache hinweist): »Gedenken«, die Sufi-Zeremonie der liturgischen Rezitation heiliger Formeln und göttlicher Namen.

Fajr: Das im Islam pflichtgemäße Gebet vor der Morgendämmerung. Das Wort bezeichnet auch die Zeit für dieses Gebet.

Fanā': Vernichtung, Auflösung, Hinscheiden.

Fatḥah: Zeichen, das in der arabischen Sprache zur Bezeichnung des langen Vokals *a* bezeichnet wird.

al-Fātiḥah (die Eröffnung): Das erste Kapitel des Qur'an, von dem man sagt, daß es in sich den ganzen Qur'an in konzentrierter Form enthält.

Fikr: Die Welt der Gedanken, die tiefe Meditation, das Gedenken an Gott durch mentale Mittel.

Furjah: Das Reich der Menschen, der vierte Zwischenraum in der Hierarchie der Schöpfung.

Garmi (persisch): »Warm«, das Wort wird zur Bezeichnung der Wirkung von Nahrungsmitteln auf den Stoffwechsel verwendet.

al-Ghafūr (der Vergebende): Eine der göttlichen Eigenschaften.

Ghayb: Das Unsichtbare, wie es im Qur'an beschrieben wird. Dazu gehören die Welten der Jinns, der Engel, der körperlosen Seelen und die anderen Ebenen der Existenz.

Hadith (oder ḥadīth): Bericht, der eine *sunnah* des Propheten *(s.a.w.s.)* oder der damaligen Moslemgemeinde enthält.

Ḥakīm: »weise«, ein Arzt, der physische, mentale und geistige Krankheiten behandelt.

Ḥaqīqah (oder *ḥaqīqat*): von *ḥaqq:* »Wahrheit«, eine der vier Stufen der mystischen Erfahrung im Sufismus, die göttliche Wirklichkeit.

Himmah: Meditation, konzentrierte Aufmerksamkeit.

Ḥujrah: Meditationszelle eines Shaykhs.

Idhn: Die Erlaubnis Gottes.

Ihṣān »Segen«: Der innere Zustand, wie er von der Einhaltung der Lebensweise des Islam kommt.

'Ilm: Wissen.

Īmān: Glaube an Gott.

Insān: Die erschaffene Welt, das Leben, der Mensch.

'Ishā: Die Nacht, das fünfte, im Islam pflichtgemäße Gebet des Tages.

Islām: »Ergebung«, »Friede«, die Lebensart, die in den Lehren des Qur'an enthalten ist und durch die Reden und die Handlungsweisen des Propheten Muhammad *(s.a.w.s.)* nahegelegt wird.

Jinn: Eine Schöpfung Allahs, aus rauchlosem Feuer gemacht, durch den Befehl des Qur'an eingerichtet.

Ka'bah: Der Bezirk des Heiligen Hauses, der erste Gebetsplatz, der vom Propheten Abraham *(a.s.)* zur Anbetung des einen Gottes erbaut wurde, in Mekka, Saudi Arabien, gelegen.

Karāmah: Eine wunderbare Erfahrung, die durch einen Sufi-*Shaykh* hervorgerufen wurde (siehe auch *mu'jizah*).

Kaṣrah: Ein Zeichen, das in der arabischen Sprache zur Bezeichnung des kurzen Vokallautes *i* verwendet wird.

Khanaqah: Ein Gebäude, das zur geistigen Übung der Einsamkeit und zur Ausbildung verwendet wird. Für gewöhnlich gibt es dort drei Arten von Bewohnern: Menschen in der Zurückgezogenheit, Menschen in der Gesellschaft und auch reisende Besucher.

Lā ilāha illā Llāh, Muḥammadun rasūlu Llāh: Die *kalimah,* das moslemische Glaubensbekenntnis. Übersetzung: »Es gibt keine Gottheit außer Allah. Muhammad ist der Botschafter Gottes«.

Mā shāʾ Allāh: »Möge es Allah gefallen« oder auch: »Wie es Allah gefällt«.

Maʿrifah (oder *maʿrifat*): Eine der Bedingungen der Erfahrung der Sufis, in der ein Lichtblick der göttlichen Wirklichkeit erhascht wird, das Wissen, das in diesem Zustand existiert.

Majdhūb: Der, der den Zustand der göttlichen Trunkenheit erfährt.

Mahal: Haus oder Ebene.

Maghrib: Das im Islam pflichtgemäße Gebet nach Sonnenuntergang.

Malāʾikah (Einzahl: *malak*): Engel.

Maqām: Rastplatz, Station, Zustand.

Miswāk: Eine Art Zweig des Pelu-Baumes, empfohlen zum Putzen der Zähne und zur Reinigung des Mundes (manchmal verwendet man statt dessen eine Lakritzenwurzel oder einen Ölzweig).

Muʿjizah: Göttliches Wunder, das keine menschliche Tätigkeit oder Vermittlung zuläßt, ein Geschehen jenseits der Naturgesetze und der Vernunft.

Murīd: Schüler eines Sufi-Shaykhs.

Murshid: Führer, ein Sufi-Shaykh, Lehrer.

Muslim: Einer, der die Lebensart des Islam annimmt und befolgt, einer, der an Gott glaubt.

Nāfil: Zusätzlich oder freiwillig, zum Unterschied von pflichtgemäßem *(fard)* Gebet.

Namāz (persisch, Urdu und türkisch für *ṣalāt*).

Niyyah (oder *niyyat*): Absicht, förmliche Erklärung, etwas zu tun.

Nūr: Das Licht Allahs.

Nafs: Die Gelüste, die Antriebe des Körpers wie Hunger, der Wunsch nach Reichtum und Ruhm, der Geschlechtstrieb usw.

Nafas: Der Atem des Geistes, der Pulsschlag.

ʿūd: Ein Attar, ein essentielles Öl, das aus dem Holz des Aloe-Baumes gewonnen wird.

Qalb: Herz, menschlicher Geist, Seele, schönster Teil, echt, rein.

Qiblah: Die Richtung, in die man sich beim islamischen Gebet wendet, die Richtung vom gegenwärtigen Standpunkt zur *Kaʿbah* in Mekka.

Qiyām: Eine der Stellungen des *ṣalāt;* gerades Stehen, die Hände werden entweder zur Seite abwärts gehalten oder die rechte Hand ist unmittelbar unterhalb des Nabels über die linke gelegt.

Qur'an: »Rezitation«, die geoffenbarte heilige Schrift des islamischen Glaubens, vom Erzengel Gabriel *(a.s.)* an den Propheten Muhammad *(s.a.w.s.)* im Laufe von 23 Jahren weitergegeben.

Qurb: Nähe, Nachbarschaft, Annäherung, Umgebung.

r.a.: Abkürzung für *raḥmatu Llāh alayhi,* heißt übersetzt: »Möge der Segen Allahs mit ihm sein«, Segensspruch, der auf die Namen verstorbener Sufis folgt.

r.a.a.: Abkürzung für *»raḍiy Allāhu ʿanhu«,* »Möge Allah an ihm Gefallen finden«, Segensspruch, der auf die Namen der Gefährten des Propheten folgt.

Raʿkat (oder *rakʿah*): Eine Einheit des *ṣalāt,* des islamischen Gebets.

Ramaḍān: Islamischer Monat, bezeichnet die Tage, an denen die ursprünglichen Heiligen Schriften von Gott herabgesandt wurden, darunter auch der Qur'an; der islamische Fastenmonat.

Rasūl Allāh: Der Botschafter Gottes *(s.a.w.s.),* der Prophet Muhammad *(s.a.w.s.).*

Rūḥ: Die Seele, die Essenz, der Atem Gottes, die Offenbarung.

Rukūʿ: Eine der Stellungen im Pflichtgebet des Islam, die Hüfte ist gebeugt, die Hände liegen auf den Knien.

Ṣalāt: Das Gebet, das im Islam pflichtgemäß fünfmal im Tag ausgeführt wird.

Sajdah: Stellung der tiefen Verneigung im islamischen Gebet.

Samā': Himmel.

Samāʿ: Ekstatische Anbetung, übersinnliche Wahrnehmung durch das Gehör.

Sardi (Persisch): »Kalt«, der Ausdruck wird im Zusammenhang mit der Wirkung von Nahrungsmitteln auf den Stoffwechsel verwendet.

s.a.w.s.: salla ʿalayhi wa sallama (Er sei verehrt und gepriesen). Segensspruch, der auf den Namen des Propheten Muhammad folgt [Anmerkung des deutschen Übersetzers].

Shaykh: Sufi-Meister, Führer, Lehrer.

Shajarah: Aufzählung der Namen der Shaykhs in einem *silsilah.*

Sharīʿat (oder *sharīʿah*): Die göttlichen Gesetze und Vorschriften für das menschliche Leben, wie sie von allen Propheten verkündet wurden, aber richtig und vollständig und besiegelt am Beginn der letzten Botschaft, des Heiligen Qur'an.

Silsilah: Geistiger Stammbaum, Reihe der Übertragung der geistigen Würde und der Lehre eines *ṭarīqat.*

aṣ-Ṣirat al-mustaqīm: Der rechte Weg; der im Heiligen Qur'an festgelegte Weg der rechten Lebensführung.

Sirr: Göttliches Geheimnis, größtes Geheimnis, Wurzel, Ursprung.

Ṣiyām: Fasten; insbesondere das islamische Fasten im Monat *Ramaḍān.*

Subḥān Allāh: »Ruhm und Preis sei Allah«.

Sunnah: Die Verhaltensweisen des Propheten Muhammad *(s.a.w.s.).* (Manchmal auch die Berichte anderer über das Leben des Islam.)

Sūrat (oder *sūrah*): Ein Kapitel des Qurʾan. Der Heilige Qurʾan besteht aus 114 Suren unterschiedlicher Länge.

Ṭarīqat (oder *ṭarīqah*): (von *tariq,* der Weg). Der Weg der Sufis. Das Wort bezeichnet auch eine Entwicklungsstufe im Sufismus.

Taʿwīdh: Religiöses Amulett oder gesprochene religiöse Formel, welche Verse aus dem Heiligen Qurʾan enthält und manchmal auch Zahlen. Häufig von Shaykhs für Heilzwecke zusammengestellt.

Wahm: Vorstellungskraft, die Fähigkeit, das wahrzunehmen, was nicht gegenwärtig ist, die Entscheidung Allahs.

Walī (Mehrzahl: *awliyāʾ*): Freund Gottes, Heiliger.

Waqf: Im geschriebenen Text des Qurʾan markierte Atempause.

Wiṣāl: Vereinigung, Hochzeit, Einheit.

Yā Ḥayyu! Yā Quayyūm!: Wörtlich: »Oh der Lebendige! Oh der ewig Währende!« Nach einigen Sufis enthalten diese beiden Eigenschaften Allahs zusammen den größten Namen Allahs.

Yawm al-qiyāmah: Der Tag des Gerichts.

Anhang V
Bibliographie

Abdullah, Mawlawi und Maulawi, Ala' Addin (Herausgeber): Mizan-ul-tibb (Persisch). Haidari Press, Bombay, keine Angabe des Erscheinungsjahres

Al-Ghazzali: The Mysteries of Fasting. Ashraf Press, Lahore, 1968

Al-Ghazzali: The Mysteries of Purity. Ashraf Press, Lahore, 1970

Ali, A: Yusuf: The Meaning of the Illustrious Qur'an. Ashraf Press, Lahore, 1967

Ali, Sufi Abu Anees Muhammad Barkat: Makshoofat-e-manazal-e-ehsan, (übersetzt aus dem Urdu ins Englische von Muhammad Iqbal). Dar-ul-Ehsan Publications, Faisalabad/Pakistan, 1978; Band I und II

Balkhi, Sultan Ulema Bahauddin Walid: Kitab-ulma' arif. Manuskript aus dem 13. Jahrhundert

Balkhi, Maulana Jelaluddin Rumi: Masnavi. Manuskript aus dem 16. Jahrhundert

Begg, Mirza Wahiduddin: The Big Five of India in Sufism. W.D. Begg, Ajmer/Indien, 1972

Begg, Mirza Wahiduddin: The Holy Biography of Hazrat Khwaja Muinuddin Chishti (indische Ausgabe). W.D. Begg, Ajmer/Indien, 1968

Dehlvi, Hazrat Maulana Ahmad Saeed: Prophetic Medical Sciences (The Savior). Arshad Saeed, Delhi, 1977

Eaton, Richard M.: The Shrine of Baba Farid in Pakpattan, Multan Suba. Vortrag im Rahmen der Association for Asian Studies Conference. Los Angeles/Kalifornien, 1. April 1979

El-Salakawy, Ahmed A.: Spotlights on Medical Terminology: The Human Body Systems (Arabisch), 1972

El-Salakawy, Ahmed A.: Fundamentals of Medical Terminology. (Arabisch). Dar al-Maaref, Kairo/Ägypten, 1968

Elgood, Cyril (Übersetzer): Tibb-ul-Nabbi or Medicine of the Prophet, being a Translation of Two Works of the Same Name. I. The Tibb-ul-Nabbi of al-Suyuti. II. The Tibb-ul-Nabbi of Mahmud bin Mohammed al-Chaghhayni,

Together with Introduction, Notes & Glossary. Publikationsdaten nicht verfügbar

Ewing, Katherine: The Sufi as Saint, Curer and Exorcist in Modern Pakistan. Vortrag im Rahmen der Association for Asian Studies Conference. Los Angeles/Kalifornien, 1. April 1979

Gohlman, William E.: The Life of Ibn Sina. State University of New York Press, New York, 1974

Gruner, O. Cameron, MD: A Treatise on the Canon of Medicine of Avicenna, Incorporating a Translation of the First Book. Augustus M. Kelly, New York, 1970

Hashmi, El Sheikh Syed Mubarik ali Jilani: An Introduction to Psychiatry, Based on Teachings of the Holy Quran and Practise; Also Contains Results of Scientific Demonstration of Curing Incurable Mental Diseases in the Psychiatric Institute Taif, Saudi Arabia. Zavia Books, Lahore, 1976–77. Neuauflagen 1979 und 1981

Ibn Sina: Qamus al=qanun fiʾl-tibb. Idarah taʾrikh al-tibb waʿl-tahqiq al-tibbi, Neu Delhi, 1967

Kamal, Hassan, Dr.: Encyclopedia of Islamic Medicine. General Egyptian Book Organization, Kairo, 1975

Karim, Alhay Maulana Fazlul: Gazzqaliʾs ihya ulum-id-din, or the Revival of Religious Sciences, The Book of Constructive Virtues. F. K. Islam Mission Trust, Dacca/Pakistan, 1971; Erster Teil

Khan, Muhammad Muhsin Khan, Dr. (Übersetzer): Sahih al-bukhari. Islamic University, Al-Medina al-Munauwara/Saudi Arabien, 1974, Bd. 1–12; Neuauflage 1976

Khan, Sayed Mohammad Husain: Qarabaadin-e kabir. (Persisch.) Munshi Nool, Bombay, keine Angabe des Erscheinungsjahres

Lawrence, Bruce B.: Healing Rituals among North Indian Chishti Saints of the Delhi Sultanate Period. Vortrag im Rahmen der Conference of the Association for Asian Studies Conference. Los Angeles/Kalifornien, 1. April 1979

Levey, Martin und al-Khaledy: The Medical Formulary of al-Samarqandi and the Relation of Early Arabic Simples to Those Found in the Indigenous Medicine of the Near East and India. University of Pennsylvania Press, Philadelphia, 1967

Macey, Ann, Pam Hunte und Hassian Kamiab: Indigenous Health Practioners in Afghanistan. Ministry of Public Health, Kabul, 1975

Nicholson, R.A. (Übersetzer): Kashf al-Mahjub of al-Hujwiri. Luzac & Co., London, 1970

Nizami, Ashraf F.: Namaz: The Yoga od Islam. Ashraf F. Nizami, Baroda/Indien, 1976; Neuauflage 1977

Pelt, J.M. und J.C. Younos: Plantes Medicinales et drouges de l'Afghanistan.

Auszug aus dem Bulletin de la Société de Pharmacie de Nancy, Nr. 66 (September 1965)

Quasem, Muhammad Abul: The Jewels of the Qur'an, al-Ghazali's Theory. Dr. M.A. Quasem, Selangor/Malaysia, 1977

Rashid, Abdul, Mohammad Azam, Ahmad Jan und Mohammad Ibrahim: Rahat-ul-atfal. (Persisch). Government Printing House, Reign of Habibullah, Kabul

Schimmel, Annemarie: Mystycal Dimensions of Islam. University of North Carolina Press, Chapel Hill, 1976

Shafii, Mohammad, M.D.: Adaptive and Therapeutic Aspects of Meditation. International Journal of Psychoanalytic Psychotherapy, 2 Nr. 3 (1973)

Shafii, Mohammad, M.D.: Light, Biological Rhythm and Integration of Personality in Sufi Meditation. Unveröffentlichte Arbeit.

Siddiqi, 'Abdul Hamid (Übersetzer): Sahih Muslim. Ashraf Press, Lahore, 1976, 1978; Bände 1–4

Sprenger, Aloys. M.D.: Abdu-r-Razzaq's Dictionary of Technical Terms of the Sufis. Zulfiqar Ahmad, Lahore, 1974

Steingass, E., Ph.D.: Persian-English Dictionary. Routledge & Kegan Paul, London, 1963

Suhrawardi, Shaikh Shahaab Ud-Din, 'Umar B. Muhammad: The 'Awarif-Ul-ma'arif. Ashraf Press, Lahore, 1973

Tabibi, Dr. Abdul H.: Sirr-i tassawuf-i Afghanistan. (Persisch). Ministry of Information and Culture, Kabul, 1977

Thomson, Robert, N.D.: Natural Medicine. McGraw-Hill Book Co., New York, 1978

Thomson, Robert, N.D.: The Grosset Encyclopedia of Natural Medicine. Grosset & Dunlap, New York, 1980

Thomson, Robert, N.D.: A Handbook of Common Herbal Remedies. BiWorld Publishers, Orem/Utah, 1981

Thomson, Robert, N.D.: Application of Tibb-ul-Nabbi to Modern Medical Practice. Journal of the Islamic Medical Association, Trenton, N.J., 11 Nr. 1,2 (April 1980)

Thomson, Robert, N.D.: Medicines for the Soul. Unveröffentlichtes Manuskript

Valiuddin, Dr. Mir.: Contemplative Disciplines in Sufism. East-West Publications (U. K.) Ltd., London, 1980

Valiuddin, Dr. Mir.: The Qur'anic Sufism. Motilal Banarsidass, Delhi, 1959; Neuauflage 1977

Zamani, M.H. Saheb, Ph. D. (Herausgeber): Khat-i sewwom (The Personality, Sayings, and Thoughts of Shams-e Tabrizi). Atai Press, Teheran, 1972

Register

mai

sur vos
arborant
us adres-
euses ou
ran d'un
amp. Des
à Atlanta,
ces écolo-
ne fabrica-
vec les re-
du dépôt
plus sé-
tion de
qui fait
qui ne
nergie,
es: les
chargé
sur le
passer
ts dif-
Les
s dé-
im-
ok,
no-

TROUVAILLE

Champagne facile

«Le plaisir de boire une bouteille de vin ou de champagne commence par le débouchage dans les règles de l'art et sans efforts», aime répéter Herbert Allen, un ingénieur texan à la retraite passionné de bons vins. Dont acte: plus de trois cent mille Suisses ont déjà acheté son tire-bouchon révolutionnaire doté d'une vrille en téflon, le Screwpull. Restait le problème du champagne, que Herbert Allen a fini par résoudre: une clé en forme d'étoile baptisée Champagne Star, vendue en Suisse depuis le début de l'année. Ses quatre branches offrent aux doigts un solide point d'appui. Un quart de tour, et voilà: on contrôle parfaitement la sortie progressive du bouchon, poussé par le gaz contenu dans la bouteille. Désormais, celles et ceux qui craignaient l'instant du pop fatidique n'auront plus à échafauder mille prétextes pour déléguer à d'autres cette redoutable épreuve... (Dans les magasins d'arts ménagers, env. 20 fr.)

39